김형관 피디의

중국 조선족 아리랑

김형관 피디의 중국 조선족 아리랑

초판인쇄 2017년 5월 25일
초판발행 2017년 5월 26일

지은이 김형관
펴낸이 김재광
펴낸곳 솔과학
편　집 김용덕

출판등록 제 10-140호 1997년 2월 22일
주　　소 서울시 마포구 독막로 295번지 302호(염리동 삼부골든타워)
대표전화 02)714-8655
팩　　스 02)711-4656

ISBN 979-11-87124-22-1-93910

춤 조선춤 아리랑

김찬정 피디의

솔과학

책을 출간하며...

중국에서 살고 있는 조선족에게 "아리랑"은 타 민요보다 민족의 상징성을 느끼며, "중국 속에서 살아가지만 한민족의 피를 이어받은 중국 사람입니다." 라는 말을 하며 살아가고 있다.

"아리랑"은 과연 누구의 것인가? 참으로 아이러니하게도 아리랑은 중국에서 먼저 국가문화재로 등록하였고 이후 한국에서 유네스코 세계무형문화유산으로 등록되었고 2014년에는 북한에서도 유네스코 세계무형문화유산에 등재되었다. 중국, 북한, 한국이 각각 자국의 문화재로 등재시키는 이 현실에서 과연 아리랑은 누구의 문화로 보아야 할까?

중국 조선족들의 아리랑은 압록강과 두만강을 건너 중국 동북에서 자리 잡기까지의 과정에 자신들의 생존과 발전의 길에서 중국내 소수민족과 이주민족 사이에서 좀 다른 길을 걷지 않으면 안 되었던 삶이 있었던 것이다. 중국 동북지역의 개간 산업과 일제 강점기의 치욕적인 삶과 항쟁의 생활을 함께 하면서 우리의 전통을 이어가려는 한민족의 뿌리를 버리지 않았던 것이다. 항일가요, 구전민요, 신 아리랑, 창작아리랑에 대한 노래뿐만 아니라 하나의 공연문화로 자리 잡고 있다. 조선족들의 살아온 시대적 표징이요 정신적 좌표로서 조선족 정서를 표현하였는바 조선족 음악보물의 진품 일뿐만 아니라 조선족들에게는 한 떨기 아름다운 진달래가 되기는 손색이 없을 것이다. 중국은 아리랑뿐 아니라 여러 조선족 문화재를 세계급, 국가급, 성급, 주급, 시급 등으로 문화재로 전산작업 및 기록을 하고 있다.

이전의 기록에서 '아리랑'의 기록은 1910년 전후로 독립투사와 항일 운동에서의 많은 아리랑이 전쟁 속에서의 노동요, 세태요, 애정요 등 민요이지만 주체사상과 조금 다른 형태의 민요로서의 이어 갔다는 사실이다.

북한에서는 '조선민주주의 인민공화국의 민요 〈아리랑〉'이란 명칭으로 유네스코에 인류무형문화유산으로 등재 신청(2014년 6월 11일)하여 2014년 12월에 등재되었다. 북한의 아리랑은 연인원 10만 명이 동원되는 '아리랑 집단체조공연'으로 2002년 처음 시작된 아리랑 공연은 수해 등으로 중단된 3년을 빼곤 지난해까지 매년 7월 말에 시작돼 2~3개월간 진행되는 추세이다.

한국에서는 "정선 아리랑"이 유일하게 지방문화재로 지정되어 오늘에 이르고 있으며, 최근 아리랑이 유네스코에 등재되고 이후 2년 뒤인 2015년 9월에 지역통합으로 국가지정 중요무형문화재 제129호로 등재되었다. 아리랑은 이처럼 한국, 중국, 북한에서 각기 자국의 문화를 주장하며 전승되고 있지만, 그러나 무엇보다도 아리랑은 한민족의 것임엔 틀림없다.

필자가 조선족의 문화에 관심을 기울인 것은 1995년부터이다. 조선족의 문화에서는 전통과 민속, 민요 등이 변질되지 않은 채 많이 남아 있음을 발견한 이후 한국방송(KBS 1TV 6시 내고향, 특집방송, 다큐멘타리 등)에서 "조선족 촌을 찾아서" 라는 프로그램으로 마음을 먹고 방송 기획안 및 촬영, 방송을 지금까지 하고 있다.

방송은 중국 현지에서 볼 수 있는 공중파(KBS 1TV) 방송으로 했으며 지금까지 중국 동북 5개성(요녕성, 길림성, 흑룡강성, 하북성, 내몽고자치구)의 조선족 촌을 찾아다니며, 방송에서는 "조선족 촌을 찾아서"라는 타이틀로 1997년도부터 2013년까지 약 300여개의 마을(촌) 현지답사와 100여개 마을을 방송을 하였다. 방송에서는 조선족의 생활, 조선족의 민요, 놀이, 음식, 축제 등 과거와 현재의 모습을 기록으로 남기게 되었다.

이렇게 기록으로 담지 않았으면 미래에는 사라질 뻔한 자료들이 여러 가지가 있다. 연변 조선족 자치주 50주년 때는 전체적인 무용을 담당했던 김정훈 선생님이 촬영 이후로 중풍으로 쓰러져 민족의 전통을 이어가지 못할 위기에 닥친 적이 있으며, 가야금 산조를 북한에서 배워 후배들에게 전수를 하신 고 김진 선생님 벌써 하늘나라로 가신지가 10여년이 되었고, 1982년 “장백의 새 아리랑”을 작곡하여 중국 조선들의 사랑을 많이 받으신 안계린 선생님도 2014년(지난) 7월에 돌아가셨다.

이 모든 일들을 지켜보던 나로서는 지금까지 가지고 있던 내용을 하루 빨리 책(자료)으로 만들어야겠다는 책임감이 들게 되었다. 수많은 문화속의 전통을 이어 오시는 분들이 한분, 한분 사라져 가는 것을 보면서 하루 빨리 영상 작업과 발자취를 따라가 보고 싶었다.

한국에서는 "강릉 단오제"가 세계문화유산으로 등재되었고 중국조선족은 "농악무"를 세계문화유산으로 올리면서 양국 간의 소리 없는 문화 싸움이 시작되었다. "아리랑"조차 한국에서는 우리의 “아리랑”이라고 하고, 중국 조선족들은 같은 한민족으로 조선족들의 “아리랑”이 조선족의 자랑이라고 힘을 모아 문화재로 등록을 하였다고 한다. 이것이야말로 문화 전쟁이요, 국제적인 문화재로 선점을 하기 위한 전초전이 아닐까 생각한다.

"아리랑"이 한국, 북한, 중국 등 한민족의 다국적 문화재로 등재를 했으면 하는 바램 이였지만 그렇지 못하게 되었다. 중국 조선족의 아리랑은 220만 조선족들이 불러지는 것이고, 한민족의 뿌리인 동시에 고난과 애환, 슬픔, 환희의 아리랑인 것이다.

2002년 조선족 자치주 50주년의 행사 때와 2012년 조선족 자치주 60주년 행사와는 과거의 조선족과 현재, 미래의 조선족의 모습을 보는 느낌이었다. 이주 1세대의 "아리랑"과 이주 이전의 "아리랑"은 현재의 "창작 아리랑"에서 한민족의 동질성과 민족성이 나타난다. 아리랑은 조선족의 단순한 민요가락이 아니라 한민족의 고향의 노래이고 핏줄에 얽힌 한 맺힌 노래로서 기쁠 때나, 슬플 때나 함께하는 노래인 것이다.

시대가 많이 바뀌고 세상이 크게 변하여 항일가요, 구전민요에 대한 사람들의 흥취가 많이 없어졌다고 하여도 중국 동북의 이주민인 조선족들의 민요과 전통은 영원히 이어나갈 것이다. 이런 의미에서 조선족의 문화는 우리의 문화유산의 한 부분일 것이라고 말할 수 있을 것이다. 중국 속에서 우리 문화를 지키려는 분들에게 감사를 표하며 "아리랑"은 나의 것이 아닌 한민족의 아리랑이란 것이라는 말을 남기고 싶다. 이글을 쓰기까지 중국 조선족촌의 민요를 부르는 분들과 많은 자료와 아낌없는 협조를 해주신 분들에게 다시 한 번 감사의 말을 전하고 싶다.

특히 많은 자료를 선뜻 내 주신 김봉관(채보 자료 및 악보) 선생님에게 많은 감사의 말을 전하고 싶으며, 고 안계린(음악 작곡가) 선생님, 김정훈(음악 채보 및 고전 춤) 선생님, 전화자(민요) 선생님, 조남선(음악) 선생님에게 고마움을 다시 한 번 전하고자 합니다.

세계에서 제일 아름다운 노래, 한민족의 노래, 통일의 노래, 한민족의 문화 중심의 아이콘이자 한민족의 정서인 아리랑! 한 사람이 아닌 한민족의 한마음으로 "중국 조선족 아리랑" 글을 봐주시면 하는 마음입니다.

2016년 3월

변산반도 한 기슭에서

김 형 ○

목 차

제1장 중국 조선족 민요 "아리랑"

1. '한민족의 문화', '중국 소수민족 문화'
2. 민간 문화예술의 채보정리 사업
3. 조선족 문화 예술 속의 "아리랑"
4. 중국 소수민족 조선족들이 생각하는 "아리랑"
5. 아리랑! 중국 국가 급 무형문화재이다.
6. 조선족의 문화에서 나타난 "아리랑"
7. 조선족 민요 속에서 "아리랑"은 어디에 있는가?
8. 한민족 민요 "아리랑"의 특징

1. '한민족의 문화', '중국 소수민족 문화'

“정신이 없는 역사는 정신이 없는 민족을 만들고, 정신이 없는 나라를 만든다.”고 하지 않았던가. 아리랑이 우리 정신을 깨우는 아침이 되어야 할 것이다.[1] 라고 단재 신채호 선생은 이렇게 말을 했으며, 멕시코 유카탄반도의 애니캥 후손은 “우리의 부모들은 나라를 잃은 서러움을 안고 타향살이를 떠났다. 우리는 아리랑을 부를 자격이 있다.”[2]

“아리랑”은 우리 마음속의 소리이자 민요이다. 민요는 민족의 얼을 고스란히 담고 있고 지역적 향토색채가 많아서 누구든지 고향을 생각하듯이 정겨운 마음으로 부르기 좋아한다. 이러한 “아리랑”이 한민족이 있는 곳, 여러 나라에서 불러진 것은 물론이고 외국에서 점차 불러지면서 그 진가를 점차 알리기 시작했다.

중국에는 한족 포함 56개의 민족들이 함께하고 14억의 인구들이 살아가는 중국에서의 한민족은 누구이가? 아리랑이란 무엇인가?

중국 소수민족인 조선족 사회에서 50여 년 간 조선족의 민요 채보와 발굴하며 조선족의 민요 역사와 풍속과 애환이 담긴 삶을 살아온 민요음악 학자이자 연구가인 김봉관 선생님은 아리랑에 대하여 “조선족, 아니, 한민족의 혼이요, 정신입니다”[3] 라고 큰소리로 이야기를 했다. 아리랑타령은 우리 조선족의 마음과 희망을 키워온 민족성, 민속성, 대중성이 깊은 문화유산이라는 것이다.

중국의 조선족 문화는 일재 강점기 이전과 이 후 중국의 문화는 문화대혁명[4] 이전과 이후로 나누며, 최근의 2000년대 이후로 나누어야 할 것이다.

1950년대부터 조선족의 민간 예술인들의 민족 문화 유산이 사라져 가는 것을 보고 문

---

1. 단재 신채호 선생의 말씀 중에서...
   신채호(申采浩,1880년12월8일~1936년2월21일) 독립운동이자 사회주의적 아나키스트 사학자이다.
2. 1995년 도전지구탐험대 프로그램 제작차 멕시코 마야 원주민 지역에서 만난 애니캥 후손과 대화중에서...
3. 김봉관(1942년생) 길림성 화룡출생
   전 도문시 문화관장, 중국음악가 협회회원, 조선족 민속음악조사, 2009년8월25일 연길에서 “≪중국조선족민간음악집≫의 출판, 1952년~2009년까지 57년동안의 자료를 6년이란 작업을 거쳐 완성. 수집, 정리한 1,540여곡 중에서 중복된 부분, 미완성작품, 기타류형의 작품을 제외하고 1047수를 기록 했다. 문
4. 공식 명칭은 무산계급 문화 대혁명(無 階級文化大革命). 이 운동은 이 기간 동안 전국적인 혁명의 기운과 혼돈 및 경제적 침체를 일으켰다.

화의 위험성을 처하게 되자 당시 연변 조선족자치주 제1임 당위서기이며 주장이던 주덕해는 "불을 끄러 달려가는 소방차의 속도로 민간예술에 대한 발굴, 수집, 정리, 연구 사업을 다그치라"고 민간 문예 활동가들에게 호소하였다고 한다.

"아리랑, 심청가, 적벽가, 춘향가, 가사 등 문화적인 측면에서 지금 준비하지 않으면 노처 버리고 머리에서 지워져 버린다" 라며 수집과 정리를 지시하여 조선족들은 준비하고 남기게 되었다고 한다. 특히 1970년대 초까지 채집을 하여 1990년에 발표를 하게 되었고, 90년대 중반부터 한국의 학자, 연구가 들이 찾아오게 되고, 많은 사람들이 알게 되었다고 한다.

당시 특별임무를 부여받고 조사에 참여한 분 중에는 모두(음악부분) 돌아가시고 막내인 김봉관 선생님만 살아 계신다고 한다. 중국에서 아리랑, 적벽가, 심청가, 농악무 등 중국 국가무형문화재 등제와 세계 문형문화재 등제는 중국속의 조선족은 하나의 일원이고 국가에 인정을 받고 싶었던 것일 것이다.

아리랑은 그야말로 한민족의 동시대적인 아리랑이라고 생각한다. 한국을 제외하고 북한, 중국, 일본, 미국, 러시아, 독일 등 많은 나라에서 한민족의 뿌리를 가지고 있는 한민족이라면 누구나 부를 수 있다. 나라별 각기 다른 많은 아리랑은 선율과 가사가 조금씩 다르기는 하지만 기본정서가 구조적으로 배합돼 있는 데 공통점이 있다.

제일 먼저 말하고 싶은 말은 대한민국에서 말하는 아리랑과 중국에서 말하는 아리랑은 생각의 차이가 많으며, 민족성의 차이와 중국 소수민족의 차이가 다르다는 사실이다. 구 아리랑은 내용과 창법은 비슷하나, 최근 들어 창작 아리랑과 신 아리랑의 차이는 많이 다르다는 사실이다.

중국 조선족들의 아리랑의 문화는 구전민요, 신 아리랑, 창작 아리랑뿐만 아닌 1939년 아리랑 가극부터 1989년 12월 5일 연변 가무단의 대형 "아리랑" 가극을 연변 예술극장에서 첫 공연을 가졌으며, 5막7장인 가극 '아리랑' 은 1990년 11월 중국 국가 문화부에서 거행한 "90 전국가극경연"에서 종합상인 우수 극목상을 받았다.[5] 또한 우수 작곡상(최삼명, 안국민, 최창규, 허원식), 우수 배우상(류영화, 림경진, 리혁철, 리유희), 1991년 9월 26일 국가 문화 최고상인 제1차 문화(文華)상 등 중국 공산당 창건 70돐 헌례공연에

도 참여 하였다.

필자 또한 한국과 중국을 1995년부터 수백 번을 오고 가면서 글에 대한 이해를 돕기 위해 우리의 글보다 현지에서의 자료는 중요시하고 원본의 훼손을 적게 하기 위해서 중국 조선족의 글을 그대로 전하고자 함이다.

전통 민요가 보급되는 데는 자신들만의 특징이 있다. 시골의 아낙들이 부르는 노래가 인기를 힘입어 명곡이 되고, 안 되는 곡도 있기 마련입니다. "아리랑", "구민요", "타령" 등 우리 민족의 우수한 민요가 서민들의 입과 입을 통해 내려오면서 그 독특한 생명력을 이어오지 않았나 생각한다.

중국을 처음 방문(福建省 福州市)한 1995년이지만 본격적으로 동북 5개성의 조선족 촌을 답사 및 준비한 것은 1997년이며, 방송 프로그램 아이템, 프로그램 기획, 촬영, 방송한 시기는 1999년부터 2017년까지이며 중국 연변 조선족 자치주 50주년, 60주년 행사와 연구가들의 만남이 계속 되었고, 현재도 방송촬영과 연구 조사를 계속하고 있다. 지난 2003년부터 2013년 1월은 재중동포(조선족)의 아리랑과 민요 등 현재 살아계시는 분들을 위주로 조사와 향우 조사에 대한 답을 듣고자 했다.[6] 중국 동북 5개성의 조선족, 한족, 만주족, 몽고족, 한민족들이 부르는 민요와 아리랑에 대한 내용을 조명하고자 함이고 글로 남기게 되었습니다.

중국은 2011년 9월 아리랑을 자국의 국가유산으로 지정하는 등 유네스코 문화유산 등재 움직임을 드러냈다. 하지만 유네스코에 문화재 등재 신청서는 내지 않았다. 고 했다.

중국이 아리랑 등 조선족 무형문화를 국가유산, 성급, 주급, 시급 문화재로 등록한 것은 자국 내 소수민족 문화 보호 차원에서 이뤄진 일이고 어디까지나 중국 내부에 한정된 조치다. 이를 두고 우리 것을 빼겼다고 분개하는 것은 과민반응이 아닌가 생각된다.

"한국인들이 세계 어디에서 살고 있든 조국과 서로서로를 연결시켜준다. 아리랑의 감정적 끈은 많은 한국인들이 20세기 초 일제 강점기 기간 동안 이주되었던 일본, 중국, 러

---

5. 연변음악 2002년 7~8호(연변조선족자치주 성립50돐 기념 우수가요특집 호(연변 인민 출판사 2002) 173 P.
중국 조선족 음악연구회, 중국 음악가협회 연변분회 대사기의 기록.
6. 1999년~2012년까지 재중동포 "조선족 촌을 찾아서"라는 제목으로 동북의 5개성을 돌며 KBS 1TV 6시 내고향과 타 방송에 방영했으며, 조선족의 생활, 민요, 음식, 제례, 의례, 풍습에 대한 주 내용을 방영했음.

시아, 중앙아시아 국가들 대부분이다. 아리랑은 또한 비교적 최근에 브라질, 독일, 미국, 캐나다, 호주, 뉴질랜드, 기타 여러 나라로 이민을 간 한국인(한민족)들 사이에서도 활발하게 전해지고 있다."[7]

2011년 9월 20일 국정감사에서는 중국이 조선족 무용 농악무를 유네스코 세계무형문화유산으로 등재(2009년 10월)한 것을 상기시키며 아리랑은 그리 되지 못하게 막아야 한다는 주장도 나왔다. 당시 조선족 민요, 민속 관련 총 지휘자와 중국 연변에서 술자리를 같이 할 기회에 들은 이야기는 "한국이 중국의 단오를 유네스코에 올린 것이 계기가 되어 농악무와 아리랑, 춘향가, 심청전, 수심가, 혼례, 제례, 퉁소, 짚신, 아기 돌잔치 등 여러 가지 조선족들의 문화를 중국내 소수민족 정책에서 나오는 것과 같이 국가, 성급, 주급 문화재를 올리고, 그 이후에는 세계에 등제 및 지정을 받으려 지금도 준비하고, 상부(정부)에서 비준(지시)이 내려온다고 한다."[8]

"아리랑의 경우 한국에서 혼자만 하지 말고 중국과 북한이 함께 제안을 했으면 좋았을 걸 왜 자신들이 주장과 고집만 부리는지 모르겠다" 라고 반복해서 나에게 말한 기억이 난다.

아리랑이라 함은 한국의 한 나라가 아닌 세계에 흩어져 있는 한민족의 아리랑이기 때문이다. 북한, 중국 동북 조선족의 아리랑도 한민족의 아리랑이요, 일본, 미국, 유럽, 아프리카의 한민족 모두 한마음이 되는 같은 아리랑이기 때문이다.

중국 속에서 우리 문화를 지키려는 분들에게 감사를 표하며 "아리랑"은 나의 것이 아닌 한민족의 아리랑이란 것이라는 말을 남기고 싶다.

---

7. 아리랑에 관한 정부에서 유네스코 위원회에 올린 서류 중 "D. 유산의 지리학적 위치와 범위" 내용
8. 2009년 10월 "조선족 농악무"가 중국문화로 유네스코의 인류무형문화재 등록, 농악무는 한반도에서 생겨난   것이다. 하지만 100여 년간 이 문화를 계승 발전시켜 온 것은 조선족(길림성 왕청현 배초구진)이였다고 생각   하고 있다. 그 이후 "아리랑", "가야금산조", "심청가", "적벽가" 등 중국 국가급 문화재로 등제 시켰다.

2. 민간 문화 예술의 채보 정리 사업

중국에서의 "아리랑" 연구 사업은 조선족들의 집단 이주 지역 및 연변 조선족 자치주에서부터 일어났으며, 타 지역은 개인적으로 부르거나 민요를 좋아하는 사람들이 지켜 나가고 있었다. 1952년부터 80여만㎢ 에 달하는 중국의 동북3성(하북성과 내몽고 자치주는 조사와 채보를 하지 않았다)의 넓고 넓은 땅위에서 금 덩어리 보다 더 귀중한 우리 민족의 얼을 되찾기 위한 활동을 하게 되었다. 조선족의 민족문화유산인 가사, 가곡, 시조, 판소리, 잡가, 단가, 장가, 민요, 기악, 곡예, 무용, 옛이야기, 공예미술 및 풍속습관, 무속 등을 발굴, 수집, 정리하는 사업은 힘들고 어려움과 성스러운 사업이라고 생각하게 되었다.

제1차로 민간예술의 발굴, 수집(채보), 정리 사업으로 분산 되었었다. 당시 연변가무단에서는 민간 예술인들을 초청하여 전통예술을 전수받았고 수차에 걸쳐 민간예술인을 찾아다니는 한편 민요, 판소리 및 민간무용수집(채보), 정리, 연구 작업을 진행하였다. 연변예술학교에서는 박정렬, 김문자, 이금덕, 신옥화 등 민간예술인들을 초청하여 교사로 부임시켰으며 연변라지오 방송국에서는 많은 사람과 물량을 동원하여 수집한 많은 자료들을 방송하였다.

1959년에 연변조선족자치주에서는 중국 중앙 정부에 해당부분에 제기하여 국가적으로 조선민주주의인민공화국(북한) 가야금전문가 지만수와 민족성악전문가 방옥란을 초청하여 1년간 조선전통음악을 전수받았다.[9)] 북한에서 직접 가야금 산조를 배우신 고 김진 선생님(2003년 사망)은 평양에서 김창조(1865~1919)명인에게 배웠다고 한다.[10)]

9. 당시 북한의 가야금전문가 지만수와 민족성악전문가 방옥란의 지도하에 연변예술대학의 예술인들과 관련자들의 교육을 받았다.
10. 연변 조선족 자치주 연길시의 고 김진 선생님의 가야금 산조의 확인은 필자와 한국의 양승희(梁勝姬) 인간 문화재(2005년 3월 13일 지정)에게 확인 하였다.

〈중국 조선족 "민요곡집" "조선족 민요곡집" 옛 "조선", "아리랑"〉

제2차는 민간예술 발굴, 수집, 정리 사업은 1961년에 국가문화부와 중국음악가협회의 연합통지정신에 근거하여 "연변 민간 문예 연구조"를 설립하였는데 정길운, 리영규, 리황훈, 김덕균 등 여러 선생님들의 피나는 노력으로 수많은 민간예술자료들을 남기게 되였다.

연변예술학교에서는 김진, 조순희, 정준갑 등 선생님들의 노력으로 "가야금 곡집"(등사본으로 내부자료 1-5집), "조선 민가집"(등사본으로 내부자료 1-5집), "춘향전", "심청전" 등을 편찬하였다. 연변인민방송국에서는 많은 전통예술 자료를 녹음하고 방송하였다. 그리하여 수많은 고귀한 자료가 햇빛을 보게 되었다. 민간 예술의 수집, 정리, 연구 사업에서 최고의 시기가 되었고, 빛을 보게 되었다.

하지만 중국 정부의 "문화대혁명"[11] 기간에 이 고귀한 문화, 예술 자료들이 대부분 분실 되였거나 소각 되였으며 많은 민간 예술, 음악사업자들이 "구린내 나는 아홉째" 혹은 "특무(간첩)"로 몰리거나 몰매 맞는 등 참기 어려운 고통에 시달리고 적지 않는 민간예인들이 "잡귀신(떠돌이)"으로 불리거나 심한 타격을 받다보니 문화 예술 사업이 중지될 수밖에 없었다.

제3차는 민간예술 발굴, 수집(채보), 정리 사업은 1978년 중국 국가문화부, 중국민족

11. 문화 대혁명(文化大革命)은 1966년부터 1976년까지 중화인민공화국에서 벌어졌던 사회적, 정치적 격동으로, 공식 명칭은 무산계급 문화 대혁명(无产阶级文化大革命)이며, 이 운동은 이 기간 동안 전국적인 혁명의 기운과 혼돈 및 경제적 침체를 일으켰다.
12. 이황훈(1968년) 민족음악 수집, 발굴과 채보 등 작업 시 어려움이 있자 당시(1978년 2월~) 사무실이 비 좁고, 외지에서 오신 분들의 숙, 식이 어려워 자신의 집을 내주어 수집하는데 큰 보탬이 되었다.

사무위원와 중국음악가협회의 “2000년까지 중국의 예술집성을 완성 할 데 대한” 지시정신에 좇아 연변에서도 대폭적이고 비교적 장구(대대적)한 수집, 정리 기구(길림성 연변조선족 예술집성 판공실)가 건립 되였다. 김창호(당시 자치주 문화국 부국장)를 단장으로 한 정길운(문학), 리황훈(음악), 김태갑(문학), 김봉관(음악), 리동구(촬영), 림성진(음악) 등 선생님들로 조직된 6인조가 길림성 훈춘현 정암촌으로 부터 시작하여 수집, 정리 사업에 뛰여들었다.

1952년부터 지금까지 연변 조선족 자치주의 민간예술 수집(채보), 정리, 연구 사업에 참가한 분들은 아래와 같다.

정진옥, 김태희, 정길운, 김진, 고자성, 김성민, 리인희, 김례삼, 왕보림, 동희철, 서영화, 조성일, 안국민, 최삼명, 허원식, 김태갑, 리동구, 정준갑, 김남호, 조순희, 김덕균, 김승경, 안계린, 김원창, 리룡득, 박창묵, 김재권, 천수산, 전화자, 강신자, 김정훈, 백정소, 김순련, 최연숙, 권균, 김계봉, 박금룡, 조기덕, 김봉관 등이다.

또 중국 조선족의 자료와 자문 및 민요, 가사, 전통음악을 직접 불러주신 원로 예술인(전문가 및 민간 예술인)들로는 아래와 같다.

조종주, 우제강, 강성기, 조한룡, 김문자, 신옥화, 박정렬, 리금덕, 리임룡, 김상순, 하태익, 최자일, 유영태, 조한룡, 리상철, 신철, 리병지, 차송녀, 김말순, 조복남, 리현규, 김경모, 서명봉, 오수만, 구룡환, 전석호, 리복래, 현춘월 등이다.

채보, 녹음 등 장비라고는 새 장구 하나, 무게가 20㎏ 넘는 “601”표 녹음기 1대, 녹음카세트 4개, 이것이 전부였다.[12)]

일재 강점기시대 잔혹한 압박과 착취에 못이겨 그리운 고향과 부모처자들을 이별하고 살길을 찾아 이주하여 온 조선족 한민족들은 광활하고 메마른 중국 동북의 산악지대에 정착하여 살고 있었다.

수집조의 채보, 수집, 정리 길에서 여정이 먼 곳은 기차나 버스를 이용하였으나 무거운 짐을 지고 험악한 산길, 논길, 밭길을 돌아 오르며 수 십리 강행군을 하였다. 수집조은 지친 다리를 끌며 마을에 도착하여서는 쉴 사이도 없이 그 지역의 "노인협회"나 "독보조(노인회관)"를 찾아 그곳의 정황과 민간예술인들을 조사하고 저녁 6시가 되면 술과 안주를 차려놓고 민간예술인들을 초청하여 대접하였다. 그럴 때면 우리는 민간예술인들에게 찾아온 의도와 수집사업의 의의를 잘 설명하고 술잔이 두어 잔 돌리게 되면 우리 몇몇이 소리나 타령을 몇 곡을 불렀다. 그러자 민간예술인들도 흥에 못이겨 일어나 덩실덩실 춤을 추며 우리의 노래를 받아넘겼다.[13]

수집 조들은 그 순간을 놓칠세라 "601"녹음기를 틀어 놓고 그들의 육성을 녹음 했다. 흥겨운 놀이판은 5~6시간 연속되다가 우리의 권유로 아쉽게 끝난다. 연이어 우리는 밤새워 녹음카세트의 음성을 종이에 기록한다. 그러다 보니 새벽녘에야 눈을 좀 붙이는데 아침 늦밤을 자고 일어나야 한다. 늦은 아침을 대충 먹은 다음 전날 저녁 노래를 부른 민간예술인들을 찾아가 기록 중의 의문점이나 희미한 부분을 보충하며 채보 기록을 정확하게 진행하였다. 다음 행사장이나, 민간 예술인들과의 약속을 위하여 곧 떠나야 하는데 때론 점심시간을 놓쳐 과자나 빵으로 끼니를 채울 때가 많았다.

채보된 악보정리과정에서 섬세한 장식음과 다양하고 복잡한 목 떨림, 농현 등을 그대로 적어야 하였는데 여러 가지 난관에 봉착하였다. 시골의 노년 음악인들의 고령으로 말미암아 소리가 높은 음이 올라가지 않으며, 낮은 음으로 대치되거나 반드시 길게 뽑아야 할 지속음(긴 음정)이 휴지부(죽은 음 부분)로 대치되는 현상이 많아 정확도를 측정하기 어려웠다. 그나마 4개 밖에 되지 않는 녹음카세트의 음성을 다 기록한 다음 이튿날 저녁엔 그 위에 다른 음성을 녹음하다보니 이미 녹음하였던 음성이 소실되는 복구 할 수 없는 안타까운 일도 많이 발생하였지만 수집 조들은 여러 가지 어려움을 극복하면서 민족 문예

13. 김봉관 선생님의 글(중국 조선족 민간 음악집) 중에서...조선족의 민요는 절과 절을 연속 부르게 되여 있다.

(문화) 사업을 계속 진행하여야만 하였다.

열악한 환경 속에서도 수집 조는 낙천적으로 매일과 같이 웃음 속에서 보냈고 일하면 일할수록 흥겨웠다. 그것은 수집조가 하는 일이 겉보기에는 하찮은 일 같지만 본 세대에 살고 있는 수집 조들은 마땅히 책임지고 해내야 할 중책임을 심각히 느끼었기 때문 이였다.

이들은 조상들이 물려준 민족의 얼을 착실히 계승하여 후세에 고스란히 넘겨줄 역사적 책임감에서 그 무엇도 두렵지 않았다. 민족을 위한 사업은 그 무엇보다도 크고 중대한 일임을 인식한 그들은 이런 사업진행과정에서 금전이나 지위, 명예 같은 개인의 명예나 생활을 고려할 형편도 못된다고 일치하게 생각하였다.

민족의 얼을 되찾기 위한 성스럽고, 감격스런 사업에서 자신의 몸 일체를 다 바치신 분들의 노력으로 하여 귀중한 민족유산이 보존 될 수 있게 되였다. 조선족의 민족유산수집, 정리 사업에서 한 평생를 다하신 선생님들의 명복을 빌면서 머리 숙여 감사의 인사를 드린다.

연변조선족자치주에선 세 차례 되는 민간예술 발굴, 채집, 정리, 연구 사업을 진행 하였다. 50년대와 60년대 두 차례의 민간예술발굴사업에서 60여개 현, 시와 120여개의 마을을 돌아다니며 3,000여명의 민간예술일군을 방문하였다. 세 번째인 1978년부터 2000년까지만 하더라도 250여개 현, 시, 촌의 지역을 돌아다니면서 8,000여차의 민간예술인을 방문하였고 4,000여수의 민요, 판소리를 청취하였으며 2,000여수의 민요, 판소리를 수집, 정리하였다. 후에 김남호 선생님은 집성판공실(사무실)의 직원들을 인솔하여 길림성 조선족 예술집성 임무를 완수하여 중앙에 보고하였고 "중국 길림성 조선족 예술집성 사업"을 완성하였다.

이 사업은 돈을 벌거나 명예를 얻는 일도 아니다. 자기의 돈과 정열을 써가면서 고난한 여정을 걸어가야 하는 만큼 이 민족 사업엔 자신의 희생정신이 필요하였다. 사업진행 중에서 가장 어려운 문제는 민간예술인들이 노래 부르는 것을 꺼려하는 것이었다. 10년간의 "문화대혁명"기간 허다한 민간 예술자료가 훼손 되였고 수많은 민간예술인들이 "잡귀신"으로 몰리거나 핍박을 받고 참기 어려운 박해를 받았다. 수집조가 민간예술인들을 찾아가면 적지 않은 원로예술인들이 두려움을 앞세우며 노래 부르기를 거절하였다. 그것은 또 다시 문화대혁명처럼 정부와 지역민들에게 "잡귀신"으로 불리 울까 봐서 였다. 전통 문화예술 수집조는 한민족의 예의를 차려 노인들을 존경하며 몇 번의 반복적인 설득 교육을 진행하여서야 시골 노인들 및 노래와 춤 등 문화를 이어가는 그들의 소리를 들을 수 있었다.

리황훈 선생님의 장단연구(1970년대 채보 당시의 모습)

3. 조선족 문화 예술 속의 "아리랑"

중국 조선족 문화 예술 속의 한민족 "아리랑"에는 지역에 따라 "정선 아리랑", "진도 아리랑", "밀양 아리랑", "경기(본조)아리랑", "영천아리랑", "청주아리랑", "해주아리랑"과 같이 지역에 따라 아리랑이 있고 격변하는 시대에 따라 달라졌으며, 1930년대 이후 숱한 신 민요아리랑이 잇따라 창작 되였을 때, "신민요 아리랑", "독립군 아리랑" 같은 아리랑이 만들어지고 최근 들어 창작 아리랑으로 발전된 "연변아리랑", "된장 아리랑", "아리랑 가락 속에" "기쁨의 아리랑", "장백산 아리랑", "송화강 아리랑" 등 수 많은 아리랑이 태어나고 있다.

한민족의 민요로써 아리랑은 전통민요, 신민요, 대중가요 같은 길을 걸어 왔으며 아리랑의 효시라고 보아야 할 "경기아리랑"은

아리랑 아리랑 아라리요
아리랑고개로 넘어간다.
나를 버리고 가는 님은
십리도 못가서 발병이 난다.

라는 가사 구절로 유명하지만 여기에서 말하고자 하는 "아리랑" 중에서 중국 동북지역의 조선족이 불러지는 "아리랑"을 나열해보고자 한다.

각기 다른 많은 아리랑은 선율과 가사가 조금씩 다르기는 하지만 아리랑은 그야말로 한(조선)민족의 통시대적인 아리랑이요, 한민족의 통 공간적인 아리랑이다. 그래서 아리랑은 한민족의 정서의 원형이요 공통분모(共通分母)이다.

중국의 조선족의 민족 교육과 문화에 있어 1945년 일재시대가 한반도를 떠나 중국 만주 지역으로 이동 후 중국의 만주 지역의 많은 변화가 일어났다. 그 때 중국 조선족의 지도자 중 한 사람인 주덕해(1911-1972, 원명은 오기섭(吴基涉), 전 연변 조선족자치주 제1임 당위서기이며 주장)[14] 는 조선민족 사업을 위해 여러 가지 일을 하였다. 1948년 4월 동북행정위원회 인민정부 민족사무처 처장을 담임하며 후에는 동북행정위원회 부주임으로

14. 주덕해(1911-1972) 원명은 오기섭(吴基涉), 전 연변 조선족자치주 제1임 당위서기이며 주장 1911년 음력 3월 5일, 러시아 원동 연해주 우수리스크부근의 산촌에서 한 가난한 농민의 아들로 태어났다. 소년기:1920년 3월부터 길림성 화룡현 수동촌에서, 청년기:흑룡강성의 동녕, 동경성, 임구, 밀산 등 북만 일대에서 항일에 투신, 1931년 중국공산당에 가입.1932년 흑룡강성 영안현 동경성 우가툰공청단 특별지부 서기, 밀산현 전촌 당지부서기, 1933년 서대림자지부 서기, 1935년 동북인민혁명군(항일연합군) 제3군 신편2퇀 류수처당 지부 서기, 훗날 항일연합군출신의 금빛경력.

되였다. 이 시기 동북지구 조선족인민들의 생산과 생활실제에 근거하여 민족교육, 민족문화, 민족정책 선전 등 사업을 밀고나갔다.

1950년대 초 연변지구 민요수집위원회, 연변 민간문예연구소조, 연변민가집성 판공실, 연변 예술집성 판공실로 몇 차례 바뀌었지만 민간음악과 전통을 살리는데는 멈추진 안고 계속 진행하여 많은 채보와 수진, 정리를 하였다.

연변 조선족 자치 성립 50주년(2002년) 때 연변 공설운동장에서 이루어진 축하 무대는 다시 볼 수 없는 아리랑과 진달래를 이용하고 조선족의 전통으로 시작을 해서 아리랑으로 끝났으며, 춤과 악기 모두가 전통을 이어가며 우리의 전통의 멋을 국제적으로 알리고, 중국 전 지역으로 알리는 모습을 본 사람들이라면 다시 한 번 아리랑과 조선족 아니 한 민족의 모습을 보았을 것이다.

2000년 김대중 대통령이 평양을 방문했을 때의 일이다. 김대중 대통령과 김정일 위원장의 만찬장에서 남북 두 정상은 남한의 진돗개와 북한의 풍산개 사진을 보면서 이야기 하던 중 배경 음악으로 흘러나온 것이 한국 정부 관계자들 의심케 한 우리의 민요 중에서 '영천아리랑'[15] 흘러 나왔으며, 북한 측 관계자가 옛날부터 부르던 영천 아리랑이라고 소개를 했던 것이 한 부분의 일화이다.

"영천 아리랑"의 이동 경로를 보면 경북 영천에서 북한으로 북한에서 중국으로 들어갔으며, 북한과 중국에서는 자주 들어보는 아리랑 이였다. 한국의 영천 지역에서도 장두표[16] 선생님이 불러지고 전통으로 내려오고 있지만 널리 퍼지지 못한 것이다. 1930년대 이전 경북 영천지역에서 "영천아리랑"의 많은 불러지고 존재를 한다고 했다. 하지만 1930년대의 총독부 기관지 『조선』에 『조선 민요아리랑』이란 글에서 "밀양아리랑", "강원도아리랑", "정선아리랑" 등 20가지를 소개했다. 여기에서 "진도아리랑", "영천아리랑"은 빠져있다.[17]

15. 2000년 김대중 대통령의 북한 방문 중 정상 회담이 아닌 하나의 일화를 소개하는 과정에서 남한의 많은 언론들이 기사를 영천 아리랑에 대한 내용을 인용하였다.
16. 장두표(1936년 11월9일생) 영천시 임고면 신원리 193번지 거주. 대구광역시 정은하(사, 영남 아리랑 보존회장) 채록하고 발표된 내용이다.
17. 1930년 "조선 민요아리랑"에는 신아리랑, 별조아리랑, 아리랑타령, 원산아리랑, 밀양아리랑, 강원도아리랑, 아리랑세상, 서울아리랑, 정선아리랑, 영일아리랑, 서산아리랑, 하동아리랑, 정읍아리랑, 순창아리랑, 공주아리랑, 양양아리랑, 창녕아리랑, 구례아리랑, 아리랑고개, 남원아리랑까지 20가지를 소개했다.

1930년 당시 포함 되었던 전북 "정읍 아리랑" 같은 경우 정읍사(井邑詞)에서 "아리아리" 라는 내용만 있는 것으로 확인 될 뿐 아리랑도 모르고 현재는 찾아 볼 수가 없는 아리랑이다.[18)]

해방 이후 1948년 "조선민요집성"에도 "춘천아리랑", "상주아리랑", "김천아리랑"을 소개했지만 여기에도 "영천 아리랑"은 없었다. 또한 1959년 "조선민요"에도 "본조아리랑", "진도아리랑", "긴 아리랑" 등 8가지의 아리랑을 소개했지만 여기에도 "영천아리랑"의 기록은 빠져있다.

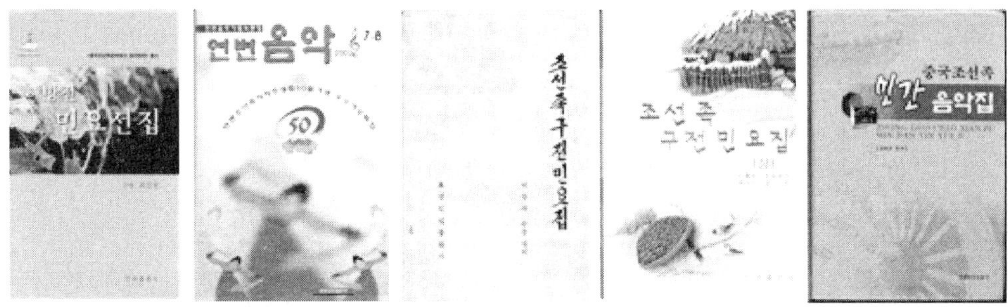

해방 전 민요전집(주필 최삼룡, 2011년, 민족출판사), 연변 음악 2002년 7~8월호, 연변자치주 50주년. 특집(연변 인민출판사), 조선족 구전민요집(리상득 수집정리,1980년 료녕인민출판사), 조선족 구전 민요집(상),(리용득, 수집정리, 2008년, 민족 출판사), 중국 조선족 "민간음악집" 김봉관 편저 연변인민출판사(2008년12월)

한국에서 발행된 최초의 민요집인 "한국 민요집"에서는 "광복군아리랑", "태평아리랑" 등 15가지를 소개했으며, 1970년의 증보판에서 "영천아리랑", "온성아리랑", "경기아리랑", "경상도 긴 아리랑" 등 14가지가 수록되면서 "영천 아리랑" 및 "경상도 아리랑"이 수록 되었다.[19)] 중국 조선족 민요 중에서 "민요집성"에는 아리랑이 총 31편이 소개 하면서 "영천아리랑" 등 수록 되었다.[20)]

특히 일재 강점기시대의 고통과 아품에서 많은 아리랑의 노래가 나왔고, "광복군 아리

18. 정읍사(井邑詞)는 행상(行商)을 나간 남편의 밤길을 염려하는 아내의 애절한 마음을 노래한 작자 미상의 국문가요. 한글로 기록되어 전하는 시가 중 가장 오래된 것으로, 현존하는 백제의 유일한 시가로 추정된다. 《악학궤범(樂學軌範)》에 내용이 실려 있다.
19. 1961년에 발행된 최초의 민요집인 "한국민요집" 임동권 편 광복군아리랑, 태평아리랑, 15가지를 소개했다. 1970년의 증보판에서부터 영천 아리랑, 경상도 아리랑이 수록되었다.
20. 1981년 초판, 1988년 증판 된 "민요집성" 연변출판사, 31종의 아리랑을 수록

랑"이라든지 "독립군 아리랑"이 불러지게 되었다. 하지만 그 당시(일재 강점기)는 함부로 부르지 못하고, 노동요 같은 형태의 아리랑과 『십진가』라든지 타령 같은 곡에 가사를 바꾸어 부르는 노래가 많이 나왔고, 1997년 이후 부터는 신 아리랑이 동북 지방에서 나오기 시작 했으며, 2000년대 초부터 2008년 사이 많은 신 창작 아리랑이 나왔다. 2002년 이후 중국 동북공정 속에 조선족의 문화예술도 포함 이 되었으며 그 이후에는 "신 아리랑"이 많이 발표가 되었다.[21)]

전통적인 애정 요를 서술할 때 의례 잊지 말아야 할 것은 우리 민족의 자랑으로 되어 있는 "아리랑"이다. 하나의 방대한 가요 군을 이루고 있는 "아리랑"에는 남, 녀 간의 연정을 노래한 것이 있는가 하면 이별상사의 정을 읊조린 것이 있으며, 또 이 두 가지 주제를 종합적으로 나타낸 것 등 여러 가지 형태의 아리랑으로 불리워진다.

만일 "아리랑"의 가요 군에 속하는 작품들을 그 주제에 따라 연정요나 이별 상사요에 나누어 놓고 서술 한다면 한민족의 민요에서 대표성을[22)] 띤 "아리랑" 및 그 가요에 대한 완정한 이해하는데 조금 곤란한 부분이 있고, 상당한 부분의 작품들이 사람들에 대한 "연정요"나 이별을 생각하는 "상사요"에 들어갈 수 없게 되기 때문에 "아리랑"을 따로 글로서 서술하는 길을 택하였다.

우리 한민족의 마음속에 살아있는 민요 "아리랑"은 오래전부터 방방곡곡에 전파되는 행정에서 그 시대, 그 곳 살아가는 사람들의 기질과 애호, 민요적 전통, 생활풍속 등의 차별에 따라 지방적 특색을 더 많은 변종을 가지게 되었다.

지금까지 수집되고 정리된 주요한 전통적 "아리랑"의 변종들을 헤아려보면 아래와 같다.

『강남아리랑』,『강원도 아리랑』,『구 아리랑』,『경상도아리랑』,『고성아리랑』,『긴 아리랑』,『긴 아리』,『용강아리랑』,『단천 아리랑』,『뗏목아리랑』,『양강도아리랑』,『밀림속의 아

21. 중국 사회과학원의 동북 공정의 역사(고구려, 발해, 고조선 사 등등)와 별도로 조금 늦은 시기에 준비와 사람의 임명을 하였다.
22. 『민요연구』.연변 인민출판사, 1983. 조선족 민요학자 조성일선생의 조선족민요를 체계적으로 서술한 내용.

리랑』,『밀양 아리랑』,『삼 아리랑』,『삼일포아리랑』,『상지아리랑』,『서도아리랑』,『신 아리랑』,『아리랑』,『영천아리랑』,『울릉도아리랑』,『어랑 타령』,『정선아리랑』,『청주 아리랑』,『충청도아리랑』,『평안아리랑』,『해주 아리랑』,『서산 아리랑』,『서울 아리랑』,『영일 아리랑』,『구례 아리랑』,『하동 아리랑』,『진도 아리랑』,『정읍 아리랑』,『공주 아리랑』,『곡상 아리랑』,『안주 아리랑』,『순창 아리랑』,『잦은 아리랑』,『정선 엮음아리랑』,『진도아리랑』,『쪽박아리랑』등등

민족의 숨결과 발자국소리가 귀전에 들리는 듯한 "아리랑"은 조선반도(한반도)의 조선 말기이후 일제 약 40년 통치에 억눌려왔던 우리 민족의 한과 원을 집약적으로 표현한 민요이다.

"아리랑"은 한국에서 1392년, 고려가 망하고 조선이 건립되던 왕권(왕조) 교체기에 망해가는 나라를 지키려던 고려의 충신들이 전국에 있는 민족들과 지속적으로 연락하면서 고려의 부활과 민족의 동질성, 민족의 전통성 등 뿌리 깊이 선조들의 얼을 이어가는 내용 중에서 백성(우리)에서 제일 친근감 있고 접할 수 있는 구전민요 아리랑이였을 것이다.

그동안 전해 내려오던 "구 아리랑"의 뜻과 내용을 지금과 같은 형태로 바꾸어 새롭게 만든 충신불사이군(忠臣不事二君)의 참요(讖謠)였다고 한다. 그 후 600여년이란 오랜 세월을 겪어온 지금에 와서는 한반도(조선팔도)마다 모두 자기의 지방을 대표하는 "아리랑"을 가지고 있으며 전 세계 퍼져 있는 "아리랑"은 60여 종에 3,000여수에 달한다고 한다.

"아리랑"은 다른 민요들과 달리 민요범위를 초월하여 예리한 사회성과 시대성을 띠고 인간의 사회적 동기와 밀접히 연이 되면서 여러 가지 힘을 담당하여 왔을 뿐만 아니라 그 과정에 "아리랑"자체의 본색도 엄청난 변화를 가져왔다.

중국 동북지역에서 불러지고 논의되는 "아리랑"은 대한민국에서 강원도 문화재로 등재된 "정선아리랑"도 아니요, "영천아리랑", "밀양아리랑", "진도아리랑" 등도 아닌 나운규가 각색한 무성영화 영화의 주제가 "아리랑"과 마찬가지로 본조"아리랑"을 각본 해

아리랑
최희식 창
김봉관 기
(전렴) 아 리 랑 아 리 랑 아 라 리 요
아 리 랑 고 개 고 넘 어 간 다
1. 나 를 버 리 고 가 시 는 님 은
2. 청 천 하 늘 엔 잔 별 도 많 고
3. 인 제 가 며 는 언 제 나 오 나
십 리 도 못 가 서 발 병 난 다
우 리 네 살 림 엔 수 심 도 많 다
오 마 는 알 이 나 알 — 려 주 소
(후렴)아 리 랑 아 리 랑 아 라 리 요
아 리 랑 고 개 로 넘 어 간 다
(1983년 6월 4일 최희식 73세, 심양시교구 시버즈향에서)

서 만든 "중국 노래와 북한의 아리랑" 곡조에 노래 말을 개작한 "아리랑"을 많이 들을 수 있다.

현재 서울·경기지방에 널리 산재되어 있는 "본조아리랑"의 노래 말은 이러하다.

" 본조 아리랑 "

(전렴 또는 후렴) 아리랑 아리랑 아라리요 / 아리랑 띄여라 노다가라

1. 아라사 아차하니 미국 놈 믿지 말라/영국은 영 글렀다 일본 놈 일등이다(후 렴)
2. 이씨의 사촌이 되지 말고 / 민씨의 팔촌이 되려므나 (후렴)
3. 남산 밑에다 장춘단을 짓고 / 군악대 장단에다 받들어 총만 한다(후렴)

4. 아리랑고개다 정거장 짓고 / 전기차 오기만 기다린다 (후렴)

5. 문전의 옥답은 다 어디로 가고 / 쪽박의 신세가 웬 말이냐 (후렴)

6. 밭은 헐려서 신작로 되고 / 집은 헐려서 정차장되네 (후렴)

7. 말 깨나 하는 놈 재판소 가고 / 일 깨나 하는 놈 공동산 가네 (후렴)

8. 아깨나 낳을 년 갈보질 가고 / 목도 깨나 메는 놈 부역을 간다 (후렴)

9. 조선 팔도 좋다는 나무는 / 경복궁 짓느라 다 들어간다 (후렴)

10. 마고자 실갑에 서양 총 메고 / 북망산 벌판에 접전가자 (후렴)

11. 경성부내 불은 소방차가 끄고 / 요 내 가슴 불은 어느 낭군이 그나 (후렴)

12, 자동 기차는 서방식으로 놀구 / 우리 님 사랑은 이 내 품에서 논다 (후렴)

13. 할미성 꼭대기 진(陣)을 치고 / 왜병정(倭兵丁) 오기만 기다린다 (후렴)

14. 오라베 상투가 웨 그런고 / 병자년 지내고 않그런가 (후렴)

15. 개남아 개남아 진개남아 / 수 많은 군사를 어디두고 (후렴)

16. 봉준아 봉준아 전봉준아/양에다 양철을 짊어지고 놀이 갱갱이 패전했네(후렴)

17. 우리 딸 수단은 별 수단이지 / 열 넘는 식구를 다 살려간다 (후렴)

18. 우리 딸 품행이 얼마나 방정한지 / 공단 속 옷감이 열 두채 난다 (후렴)

한민족 중에서 중국의 동북 5개(요녕성, 길림성, 흑룡강성, 내몽고자치구, 하북성)성[23]과 경내에 220여 만 명의 재중동포(조선족)인, 연해주를 중심으로 한 러시아에 38여 만 명의 고려인(카레이스키), 일본에 재일동포 80여 만 명, 미국에 재미동포 100여 만 명, 재독 동포, 재카나다 동포 등 수많은 나라에 한민족들이 살고 있다. 그들은 모두 "아리랑"을 부르며 고향과 민족에 대한 생각을 하며, 제일먼저 부르는 노래도 "아리랑"이 대다수를 차지한다. 기쁨과 슬픔을 달래며 고향 생각에 제일먼저 떠오르는 노래는 고향의 "아리랑"과 "고향의 봄"이라고 한다.

한민족은 세파 속에서도 앞으로의 다가올 행복과 희망을 "아리랑"에 얹어 키워왔다. 이

23. 중국 동북 5개성에 조선족들이 살고 있다.(동북 3성, 내몽고자치구에 28개 조선족 촌, 하북성에 1개의 조선족촌이 있다.)

들에게 있어서 “아리랑”은 포근하고 친근한 어머니 품이 였고 따스한 고향처럼 여겨졌으며 다정다감한 부모형제처럼 느껴졌다. “아리랑”이 조선이나 한국을 통해 전 세계에 널리 알려진 일면도 있겠지만 외국에 살고 있는 동포들의 알차고 줄기찬 노력에 의하여 세계에 널리 전파 되였다는 점도 중시하고 고무하여 주어야 할 것이다. 오늘에 와서 “아리랑”은 한개 지구, 한개 나라의 “아리랑”일 뿐만 아니라 전 지구에 사는 전체 우리 겨레의 “아리랑”이란 점을 명기하여야 한다.

“아리랑”에서 홀시 할 수 없는 것은 예리한 사회성과 시대성이라는 점이다.

어머니는 어릴 때 할머니의 무릎을 베고 누워 할머니가 무심결에 중얼거리며 부르는 “아리랑”을 마치 자장가를 듣듯이 익혔고 나도 어릴 때 어머니의 무릎을 베고 누워 마치 자장가를 듣듯이 “아리랑”을 들어 익혔다. “아리랑” 이 노래는 학교에서 책으로 배운 것이 아니라 대대로 조상들의 중얼거림에서 익힌, 어찌보면 어머니의 젖 줄기를 따라 내 몸에 흘러든 유산이나 다름없다.

일재 강점기시대 때 일본은 1920년대 접어들면서 한반도 내 토지수탈정책을 한층 강화하여 토지를 빼앗고, 일본 천황 숭배와 일본의 앞잡이 노릇을 하는 사람에게만 토지를 보상 해 주었다. 최근 토지 반환 수송 결과도 그 당시의 일에 대한 심판 인 것이다. 그 결과 10년이 채 안 되어 전체 경지면적의 80%가 일본인의 손으로 넘어갔다. 조선농민 대다수가 한반도 땅(현재 대한민국의 땅)삶의 터전부터. 희망과 꿈을 빼앗기고 고향을 떠나 중국의 만주지역으로 꼬임에 빠져 강제 이주를 당 할 수밖에 없었다.

한민족의 이주에서 조선후기 북한의 함경도 농민의 이주가 먼저 이루어졌으며 이주지역은 중국 동북지역(현재의 길림성 위주)으로 집중되었다.[24] 그렇게 새로운 터전과 꿈과 희망과 부농을 찾아 동북지역에 모여든 조선농민의 수는 1930년까지 헤아려 19만에 달했다. 일본은 1931년에 ‘9.18 사변’을 일으키고 중국 동북지역을 식민지로 만들었다. 한때는 중국 동북지방에 일본국을 만들어 조선에서 이주한 조선(한민족) 이민자와 일본 본국에서 온 일본인들로 만들어진 일본국으로 살아가기도 했다. 심지어 자국에 계급갈등

24. 김철수 외, “중국조선 역사상식”, 연변인민출판사, 1998, 2쪽.
길림성 연변 조선족 자치주, 길림 지역, 메화구 지역, 요녕성 무순 지역으로 이주를 시작 하였다.

을 완화시키고, 동북지역을 전 중국 침략의 후방과 식량기지로 만들기 위해 강제이주정책을 수립했다.[25] 강제이주정책의 수립에 기초하여 1941년 8월까지 중국 동북지역에 435개의 '이민개척단'을 파견했다. 나아가 '재만 조선인지도요강(在滿朝鮮人指導要綱)'을 제정하고 조선농민들을 해마다 만 호씩 이주시켰다. 1940년 8월의 통계에 따르면, 1937년부터 1940년까지 '집단개척민' 형식으로 중국 동북지역에 이주시킨 조선농민이 무려 1만여 가구에 달한다.[26]

1930년대 '집단개척민' 형식으로 집단이주한 사람들, 즉 경상도 사람들, 전라도 사람들, 충청도 사람들, 강원도 사람들의 정착지에서는 아직도 문화적 전통이 삶의 근간에서 유지되고 있다. 집단이주가 곧 언어 및 생활습속을 동반한 문화적 이주였기 때문이다. 이주민들은 고향에서 농사짓던 방식 그대로 동북(만주)지역의 황무지를 개간하여 수전을 만들었다. 각종 농기구와 일상 생활용품까지 고향의 전통을 계승했다.[27]

중국 동북지역 곳곳에는 아직도 조선농민의 집단이주 및 정착지로서 경상도마을, 전라도마을, 충청도마을, 강원도마을 등이 남아 있다. 그리고 이들 마을에서, 특히 '아리랑'을 쉽사리 접할 수가 있다. 지역의 고유한 '아리랑'을 부르면서 고향에 대한 그리움을 달랬던지라 '아리랑'이 자연스럽게 정착·전승될 수 있었다.

오늘에 와서 수많은 민요 중에서 오직 "아리랑"(본조아리랑)만이 날이 갈수록 생명력을 세계에 널리 과시하고 있다. "아리랑"은 여러 시대에 따라 부동한 역할을 하여왔다. 이를테면 "조선말 동학군과 의병"들에게는 "혁명가"로 불리 워 졌고 대중들에게는 "아미일영가"같은 "시위가"로도 불렸다. 일제시대에 와서는 무성 활동 영화 "아리랑" 주제곡에 대하여 1933년 5월, 조선 총독부령으로 '축음기 레코드 취체 규칙'이라는 것이 공포되었고, 이에 따라 다음달 13일에는 음반 4장에 대한 최초의 발매금지 처분이 내려졌는데 그 가운데서도 금지곡 목록 맨 첫머리에 올라 있는 것이 바로 '아리랑'이였다.[28]

---

25. 滿洲國通訊社財政部, "滿洲經濟十年史", 만주국통신사, 1942년, 497 ~ 498쪽.
26. 흑룡강 상지시 조선민족사 '민족 출판사' 2009년, 7~8쪽. 조선총독부, "朝鮮事情", 1941년, 282쪽.
27. 흑룡강 상지시 조선민족사 '민족 출판사' 2009년, 8쪽.

1938년 중국 무한의 한구 광명극장 앞마당에서 "조선청년 전시 복무단" 김위 여사가 "아리랑"을 "공소가", "투쟁가", "동원가"로 불러 광명극장 광장에 모인 관중들을 눈물바다를 만들어 놓았다. 또 1939년 중국 계림에서 첫 가극 "아리랑"이 공연됨과 아울러 1940년 중국 서안에서 가극 "아리랑"이 공연되었다. 이런 "아리랑"가극 공연은 예리한 비수로 되여 일제시대의 일본군들의 간담을 서늘하게 하여 놓았으며 항일민중들의 항일투쟁을 고무 추동하였다.

해방 직 후의 혼란기에는 외국 곡에 가사를 붙인 "애국가"를 부를 수 없다 하여 일부 행사에서 한국 국가로 "아리랑"을 불렀다고 하며 장차 남북이 통일되면 국가(国歌)로 "아리랑"을 선정하자는 제의까지도 나왔다고 한다.

중국 연변에서도 1945년 광복을 전 후해 널리 알려진 '기쁨의 아리랑' (1930년대)과 문화혁명 후에 나온 '장백의 새 아리랑' (최현 작사, 안계린 작곡)[29] 등 나운규(羅雲奎)

---

28. 1933년 5월 조선총독부는 '축음기 레코드 취체 규칙'이란 법을 만들어 우리 민족의 노래를 억압했다. 금지 이유는 치안방해의 명목이었다. 우리 민중들이 아리랑을 부르면서 시위나 집회로 이어질 수 있다고 우려했기 때문.
29. 안계린(1939년11월19일~2014년7월12일, 평안북도 용천군 출생)
1962년 길림예술전문학교 작곡학부 졸업. 연변가무단 연주원, 연변군중예술관 음악편집, 연변조선족구연단 음악창작원, 연길시창작실 주임, 연길시조선족예술단 단장 등 력임, 연변판소리연구서 설립. 국가1급작곡가. 500 여편의 가곡과 수십편의 무용곡, 기악곡 외에도 10 여편의 조선족구연음악을 창작. 주요 작품으로 가요 "고향길", "장백의 새 아리랑"-국가급 창작상 수상. "동동타령", "고운 새 날아옌다", "양산도", "민요개편" -94 광서국제민가제에서 10대 민가 금곡상 수상. 무용곡 "유쾌한 일터", "다음이 춤"-국가급 창작상 수상.
30. 2002. 7. 3, 미국 통신사 AP통신 〈세계에서 가장 아름다운 노래 선정위원회〉를 개회하여 하나의 노래를 선정했다.

의 '본조 아리랑' 을 바탕으로 중국 조선족 사회에서 새롭게 창작되어 많은 조선족들이 부르고 있다. 또한 중국 내 소수민족으로 조선족들은 중국에서 아리랑을 지키고 발전시키기 위해 많은 노력과 힘든 과정을 걸어 왔다는 것을 알아야 할 것이다. 1980년대에 중국 전문 문예단체인 훈춘현문공단에서 가극 "아리랑"을 창작하여 공연하였다. 1989년 12월에 연변가무단에서는 대형가극 "아리랑"(오페라식)을 창작하여 중국의 가극 계를 뒤흔들어 놓았다.

1980년대에 들어서서 한국에서는 많은 민중운동단체들이 "아리랑"을 "운동가"로 불렀으며 민주화쟁취운동에서 경찰의 최루탄에 사망된 이한열군의 봉분식에서 "아리랑"이 "장송곡(葬送曲)"으로 불러져 눈물바다를 이루었다. 서울 88올림픽대회에서 "손에 손잡고" 노래가 하나 된 마음을 노래하였다. 2002년 한일 월드컵에서는 전 세계 축구 팬을 놀라게 하고 한국 사람들을 하나로 뭉친 "붉은악마"가 부른 본조 이리랑을 편곡한 월드컵 응원가 "아리랑"을 각색한 "오 필승 코리아" 전 세계에 울려 퍼져 한민족의 응원가로 불러지게 되었다.

한국 고유의 전통 음악인 "아리랑"이 세계에서 가장 아름다운 곡 1위에 선정됐습니다. 영국, 미국, 프랑스, 독일, 이탈리아 작곡가들로 <세계에서 가장 아름다운 노래 선정위원회>를 개회하여 하나의 노래를 선정했다. 그런데 선정위원들은 모두 놀라워했다. 그 이유는 선정된 노래가 불러지는 나라의 사람이 한사람도 위원회에 포함되지 않았는데, 82%라는 절대적인 지지를 받았다는 사실이다. 그 노래는 바로 한국의 민요 <아리랑>이다." 고 입을 모았다.

선정 과정 중에서 단 한명의 한국인도 없었고 이들은 놀라는 눈치였다고 했습니다. "아리랑"은 음악을 사랑하는 세계인들에게 대한민국이라는 나라를 깨우쳐줬다 해도 과언은 아닌 듯싶습니다. 선정인들은 듣는 도중 몇 번씩 말로 표현할 수 없는 감동을 받았다고 합니다. 이들 모두 처음 듣는 곡이었으며 한국 유명 전자바이올리니스트 유진박이 아리랑을 전자바이올린으로 연주했습니다.[30] 한국인이 아닌 사람이 들어도 보편적으로 느껴지는 자연스럽고도 따스한 그리고 정감이 가득 묻어나는 이 선율 기교도 없고 과장도 없지만 따스하고도 포근하며 마치 잠결에 토닥여주는 어머니 손길 같은 이 음률이 한민족 사람들의 심성 그 자체겠지요. 저도 이 음악을 들으며 이루 말할 수 없는 포근함과 마음의 안정을 느껴봅니다.

이에 앞서 1998년 유네스코는 인류 고전 및 무형유산걸작을 선정해 이것을 보존하는 개인과 단체에 수여하는 "아리랑상"을 제정한 바 있다.

2001년 12월 제1회 수상자는 필리핀의 〈후드후드 송가〉와 기니의 〈소소발라 공연단〉이었다. 2003년 제2회 아리랑상은 남서태평양 바누아투 공화국의 〈모래 그림〉과 중앙아프리카 공화국의 〈피그미 춤〉이 그 영예를 안았다. 2005년 제3회 수상자는 부탄과 모잠비크의 민속춤인 〈가면춤〉과 〈초피 팀빌라〉였다. 이렇게 2년마다 한번 씩 아리랑상이 시상되면서 아리랑은 온 인류가 함께 지키고 보존해야 될 구비문화유산의 상징으로 거듭나게 되었고, 우리 민족문화의 자긍심을 한층 고양시키는 계기가 되었다.

이제 〈아리랑〉은 세계 공통어로 거듭나도록 온 정을 쏟을 때다. 우리들의 노래, 민족의 노래 〈아리랑〉은 그 저력과 힘이 결코 가볍지 않다. 〈아리랑〉을 부르며, 〈아리랑〉을 세계인이 함께 부를 수 있는 노래로 위상을 드높일 수 있는 방법을 찾아 볼 때다.

북한 "대집단체조와 예술공연 아리랑"

북한(조선민주주의인민공화국)에서는 "아리랑 대형 집체무"[31] 를 5.1능라도 경기장에서 세계의 아리랑 축제와 관광 상품으로 발전 시켜 "아리랑"이란 단어가 한민족의 단어로 각인시키며 전 세계인의 이목을 끌었으며, 2002년 세계 월드컵에서의 "아리랑" 응원가는 지금도 가슴을 뭉클하게 하는 응원가로 불려졌다. 아리랑 집체무는 북한의 아리랑 공연의 형태를 중국 조선족 각 지역에서 자주 아리랑 집체무 형식의 행사를 볼 수가 있다. 길림성 장백조선족자치현 민족문화광장에서의 단오정 및 조선족 행사에 아리랑 집체무를 선보이기도 하고, 연변 조선족 차치주 행사에서도 볼 수가 있다. 또한 각 지역에서는 "두만강 아리랑" 축제와 같은 아리랑 행사를 자주 볼 수가 있다.

중국 북경에 있는 "아리랑그룹"[32]에서 공연한 "아리랑"은 "아리랑 아리랑 아라리요 / 아리랑 고개로 넘어 간다/ 나를 버리고 가시는 님은/ 십리도 못가서 발병난다"를 똑 같이 연속 4번이나 반복하였는데 곡에서 3번째 절과 4번째 절의 약간의 변형상태를 이뤘지만 조금도 지루하거나 실증이 나지 않을 정도로 짜여 졌다거 한다. 그리하여 이 노래는 중국은 물론 세계적으로 인기를 끈 음악으로 승화 되였다.

1828년 미국에서 "아리랑"을 영문으로 쓴 'Korean Vocal Music(한국인의 소리)'라는 제목의 서양(오선보)악보로 세계에 소개 되였고 미국에서 "찬송가로", 뉴질랜드에서는 "세계 가장 아름다운 노래"로 선정되는 등 "아리랑"의 절묘한 매력은 세계인들 알려져 있다.

중국의 여러 지방에서 볼 수 있는 "아리랑담배" "아리랑 이발관", "아리랑호텔", "아리랑노래방", "아리랑방송", "아리랑극장", "아리랑잡지", "아리랑식당" 등 매체와 광고들이 쏟아져 나와 여러 곳에서 "아리랑"을 선전하고 있다. 뿐만 아니라 중국조선족들은 "아리랑"을 "환영가", "경축가", "희망가"로 부르고 있으며 지금 새로운 "아리랑"노래들이 연속 창작되고 있는데 민요풍의 가곡에다 "아리랑 스리랑" 등을 반복적으로 붙임으로써 민족정서를 더한층 부각시키고 있다.

---

31. 북한의 "아리랑 집체무" 는 2014년 12월 경 세계 유네스코 문화유산에 등제가 확실 하다.
32. 아리랑그룹 (阿里郎組合, 아리랑조합), 민족:조선족, 출생지:중국 길림성 연변시, 음악 장르:팝, 김택남(金澤 男, 아난〈阿男, 아남〉) 김윤길(金潤吉, 아뤈〈阿潤, 아윤〉)권혁(權赫, 다터우〈大頭, 큰머리〉)장진우(張晉佑, 장장〈張張〉) 대표곡 〈난화지(蘭花指)〉, 〈니를 잊어버리기 어려워 (忘記你太難, 망기니태난)〉,〈가면을 쓴 여자 (戴着面具的女郎, 대착면구적녀랑)〉

한국에서도 1958년 1월 최초의 필터 담배인 <아리랑>이 발매되었다. 당시 최고의 인기를 누리고 우리나라 최초로 수출까지 하였다. 이 담배는 1976년 <거북선>에 밀려 단종되는 등 우여곡절을 겪으며 1988년까지 24년간 판매되었다. 그 사이에 박정희 대통령이 제일 애용한 담배이기도 하는 등 사람들의 많은 사랑을 받았다. 1988년 88올림픽을 끝으로 사라졌던 아리랑 담배는 2006년 재출시 되기도 했다.

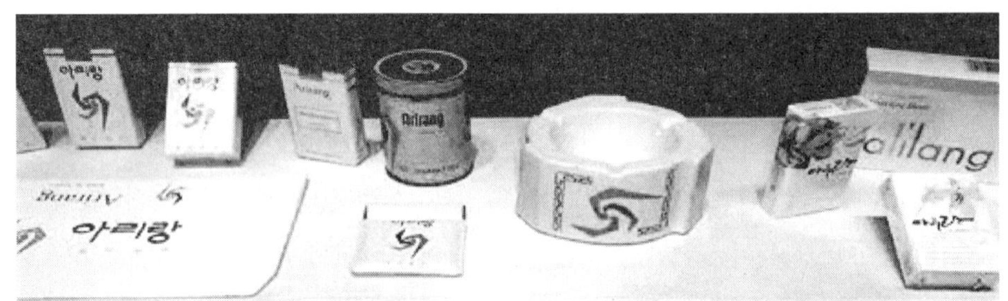

경복궁 민속박물관 기획전시실에서는 2012년 4월 4일부터 5월 24일까지 '아리랑 특별전' 사진

이제 와서 "아리랑"은 중국 조선족의 "대명사"로 되다 싶이 한민족의 대표성 민요인 것이다. 대부분의 민요는 시대가 바뀌고 시간이 흐르고 사람들의 머리에서 점점 그 자취가 사라지고 있건만 "아리랑"만은 어려움 없이 세계 방방곳곳에서 새로운 "아리랑"으로 탈바꿈하여 창작되면서 예나 다름없이 무한한 생명력을 과시하고 있다.

항일투사 김산 열사는 "아리랑"을 "죽음의 노래"라고 하였는데 그것은 그 시대환경에서 일켰는 말이다. 사실 "아리랑"은 살아 숨 쉬는 삶의 노래인 것이다. 하여 "아리랑"의 앞날은 휘황하며 그의 매력은 무궁무진하다. 때문에 수많은 사람들이 "아리랑"노래의 성질을 규명함에 있어서 "슬픈노래", "이별의 노래", "고난의 노래", "희망의 노래", "절규의 노래", "기쁨의 노래", "경축의 노래" 등등으로 불저지게 되고, 노래가 위와 같은 다양한 공능을 겸비하게 되는 것이다.[33)]

33. 김산(金山, 1905년! 1938년)사회주의 혁명가,항일독립투사,아나키스트,국제주의자이자 민족주의자. 본명은 장지학(張志鶴) 또는 장지락(張志樂)이다. 만주, 일본, 북경, 광동 등을 누비며 독립운동을 전개하다 희생된 독립운동가로 님 웨일즈의 아리랑에선 장지락으로 쓰여 있으며, 일본측의 문서에는 장지학으로 쓰여있다. 1938년 일제의 스파이란 누명을 쓰고 캉셩의 지시를 받은 중국 당국에 의해 처형당했다. 조직 보호를 위해 한동안 출판을 미뤄달란 약속을 지키기 위해 님 웨일스는 1941년에 미국에서 아리랑을 펴냈다.

오늘날 중국정부로부터 "아리랑"을 "국가 비 물질문화재"로 등록하고 보호할 것을 결정하였다. 이는 중국공산당이 중국의 조선족인민에 대한 최대의 관심이며 무한한 배려라고 한다. 우리는 마땅히 "아리랑"을 보호하여야 하며 우리 민족의 얼이 듬뿍 담긴(숨배) 이 노래를 널리 선전하며 부단히 발전시켜 세세대대로 이어나가야 할 것이라고 한다.

4. 중국 소수민족 조선족들이 생각하는 "아리랑"

대중가요의 노래와 전통 민요가 국민들에게 보급되는 데는 자신들만의 특징이 있다. 사람들이 좋다기보다 일반적인 농사를 지으면서 흥얼거리는 "농부가" 시골의 여인이 우물가에서 빨래를 하면서 흥얼거리는 "가요나 민요"의 노래가 명곡일수도 있다. "아리랑", "도라지" 등 우리 민족의 우수한 민요가 바로 이렇게 서민들의 입과 입을 통해 지금까지 유전되어 내려오면서 그 독특한 생명력을 이어오지 않았나 생각한다.

"아리랑"은 한민족의 한과 정서의 예술적인 승화이며, 한민족(조선민족)의 민족적정서의 가장 큰 공통분모를 지니고 있는 아리랑이 남북한이 국제행사에 단일팀으로 참가할 때 국가 음악의 대용으로 선택되는 노래가 아리랑이라는 것은 아주 자연스러운 것이다. 2000년 중국조선족민소박람회의 주제가 역시 《장백아리랑》이라는 점도 대단히 흥미로운 일이 아닐 수 없다. 또한 연변조선족자치주가 창립 된 지 50주년 이였던 2002년 연변 종합운동장에서 4만 여명이 지켜보는 가운데 아리랑의 제1주제와 조선족의 전통으로만 행사를 진행하는 것을 볼 수가 있었습니다.

2012년 12월 6일 아리랑의 유네스코 지정(프랑스 세계유네스코 제7차 세계유산위원회에서 인류무형문화유산(Intangible Cultural Heritage of Humanity)으로 등재)으로 한국 사람들은 많이 들떠 있지만 그리 좋아 할 일만은 아니라고 생각 한다. 아리랑이라 함은 한국이 아닌 한민족의 아리랑이기 때문이다.

북한, 중국 동북 조선족의 아리랑도 한민족의 아리랑이요, 일본, 미국, 유럽, 아프리카의 한민족 모두 한마음이 되는 같은 아리랑이기 때문이다.

유네스코 등재 이후 각 지방자치 단체의 반응은 마치 자신들의 아리랑 고향이라고 주장하는 모습이 있다는 인상을 지울 수 없다. 그것은 세계유네스코 인류문화유산 등재를 중심으로 한국 · 북한 · 중국 · 일본 간 '문화전쟁'을 치르고 있다는 사실이나, 3국에게만 1년에 1건씩만 신청하게 하는 제한[34]을 둔 사실이나, 이번 아리랑 등재에서 중국과 북한이 이의를 제기했다는 사실을 봐 왔음에도 국내에서는 숨기려는 모습을 보기도 했다. '문화'와 '전쟁', 어디에 있든 이미 문화를 상품으로 보아 가치보다는 가격으로 판단하려는 의식에서 '문화전쟁'은 가능한 것이다.

중국 조선족의 아리랑이란 악보와 현지인들의 삶의 이야기를 들으면서, 책으로 만들고자 하였지만 같은 민족이면서 또 다른 이념적 생각과 생활방식이 다르기 때문이고, "아리랑"이란 노래 가사는 같지만 정치적인 논리요, 몇 몇 사람들의 힘의 논리인 것 같은 배경이다.

민간 예술인 조중주 선생님의 노래 소리와 민요 수집조의 단원들

34. 아시아 3국(한국,중국, 일본)의 1년에 1개의 등록 문제와 별개이며, 공동으로 무형문화에 등제된 것이 많다.
예) 세계 유네스코 무형유산 문화재 목록 참조.
매사냥 11개국(현재 12개국) 아랍에미리트, 오스트리아, 벨기에, 체코, 프랑스, 헝가리, 대한민국, 몽골, 모로코, 카타르, 스페인, 시리아가 공동으로 등재했다. 2010, 2012(확장등재) 지중해식 음식은 이탈리아, 모로코 등 4개국이, 탱고는 아르헨티나와 우루과이가 공동으로 신청.

중국이 아리랑 등 조선족 무형문화를 국가유산으로 등록한 것은 자국 내 소수민족 문화 보호 차원에서 이뤄진 일이고 어디까지나 중국 안에 한정된 조치다. 추후에 동북공정처럼 이루어질 것은 미리 말하지 않아야하고 한국에서 더 준비를 잘 하면 될 것이지만 많은 한국인들이 이를 두고 우리 것을 뺏겼다고 분개하는 것은 과민반응이다. 중국 속에서 살아가는 조선족은 중국에서는 소수민족일 뿐이고 중국 정부의 속한 조선족 자치주이며 중국 정부의 지시를 받는 것은 당연한 일이기 때문이다. 뒤의 속뜻은 어떠할지는 모르나 중국의 조치는 오히려 위기에 처한 조선족 문화를 보호하려는 것으로 볼 수 있다. 중국의 연변 조선족 자치주는 조선족 인구 급감으로 최근 자치주 해제 위기론이 나오고 있다. 1952년 자치구로 출발할 당시 연변 전체 인구의 62%를 차지하던 조선족이 2009년 말 36.7%(약 80만명)로 줄었다. 자치주와 자치현의 지위를 유지하려면 30%를 넘어야 하는데, 현재 등록된 숫자로는 겨우 30%, 실제 거주자는 그보다 적을 것으로 추산된다. 자치주의 붕괴는 조선족 문화 전승의 위기이기도 하다.

5. 아리랑! 중국 국가급 무형문화재이다.

2011년 5월 23일 발표된 중국 국무원 문건 제목은 <国务院关于公布第三批国家级非物质文化遗产名录的 通知>(3차 국가급 비물질문화유산 등록에 관한 국무원 통지)이다. 비물질문화유산(非物质文化遗产)이란 우리식으로 말하자면 무형문화재이다.[35]

중국 국무원에서는 몇 차례 자신들의 비물질문화유산(무형문화재)을 선정하여 공식적으로 등록/관리하고 있다. 3차로 중국국가단위에서 정식/공식 인정한 무형문화재는 꽤 다양하다. 모두 10개 항목에 걸쳐 191개에 달한다.

35. 중국 조선족 비물질문화유산에 등록된 국가 급은 “조선족농악문”, “조선족 널뛰기, 그네”, “조선족 퉁소음악”, “조선족학춤”, “조선족장구춤”, “조선족삼로인”, “조선족 민족악기 제작기예”, “조선족 환갑례”, “조선족전통혼례”, “조선족복장”, “아리랑”, “가야금예술”, “판소리”, “조선족회혼례”, “조선족씨름”, “추석” 등 16개의 중국 국가급으로 등제 되었다.

민간문학 (41항목), 전통음악 (16), 전통무용(15), 전통 희극(20), 곡예(18), 전통교육 유예 및 잡기 (15), 전통미술(13), 전통기예(26), 전통의약(4), 민속(23)

중국 국무원이 각 성 정부, 자치주, 직할시 인민정부의 신청을 받아 국가급으로 승인해준 것이다. 아리랑이 문제가 된 것은 <<전통음악>> 항목이다. 지방정부 차원에서 문화제 등록 신청을 한 것 가운데 16개가 승인되었다. 이것 역시 중국 각 성시 정부에서 신청했는데 자치주에 해당하는 것만 보면 이렇다.(굵은 글씨가 조선족 관련)

아리랑 阿里郎 (吉林省 延边 朝鲜族 自治州)

哈萨克族民歌 (新疆维吾尔自治区 伊犁哈萨克 自治州)

塔吉克族民歌 (新疆维吾尔自治区 塔什库尔干塔吉克 自治县)

가야금예술 伽倻琴艺术 (吉林省 延吉市)

京族独弦琴艺术 (广西 壮族自治区 东兴市)

哈萨克族库布孜 (新疆维吾尔自治区 伊犁哈萨克 自治州)

老古舞 (海南省 白沙黎族 自治县)

棕扇舞 (云南省 元江哈尼族彝族傣族 自治县)

鄂温克族萨满舞 (内蒙古自治区 根河市)

协荣仲孜 (西藏 自治区曲水县)

普兰果尔孜 (西藏 自治区阿里地区)

陈塘夏尔巴歌舞 (西藏 自治区定结县)

安昭 (青海省 互助土族 自治县)

萨玛舞 (新疆维吾尔自治区 喀什市)

哈萨克族卡拉角勒哈 (新疆维吾尔自治区 伊犁哈萨克 自治州)

'아리랑' 은 길림성 연변조선족자치주에서 신청을 했으며, 타 소수 민족들도 자신들의 문화 예술을 국가 지정 문화재로 함께 올렸다. 신장, 광서, 운남, 내몽고, 서장, 청해성 등에서 올렸으며, 중국내 소수민족의 전통의 노래도 포함되어 있다. 신장 위구르자치주 경우 이슬람계 소수민족의 노래도 포함되었다. 연길시에서 신청한 가야금예술이 또 하나 더 있다.[36)]

세 번째 전통무용 항목을 보면 전체 15개 중 소수민족 것이 9개나 차지하고 있다. 조선족 자치주가 신청한 것은 전통민요 항목에 <아리랑> 말고도 한민족의 곡예(曲藝)항목에 하나 더 있다. "판소리"라는 것이 요령성 철령시(辽宁省 铁岭市)연변 조선족자치주가 함께 신청했다. 20세기 초에 중국으로 온 조선인이 가져온 가창+연극+공연형식이란다. '판소리' 를 음역한 것이다.

중국과 북한은 다르다. 중국은 2011년 10월 중국 연변인민출판사에서 발간된 '연변무형문화유산화첩(연변주 문화국 편)' 에 실린 내용이다. 아리랑은 중국의 국가무형문화유산이다. 2011년 10월로 동일하게 찍혀 있지만 한 책에는 아리랑이 성급(省級) 무형문화유산 '아리랑타령' (阿里郎打令)으로, 또 다른 책에는 국가급 무형문화유산 '아리랑' (阿里郎)으로 표기돼 있다.

현재 중국 조선족의 비물질 문화재 중에서 세계 비물질 문화유산 1개(조선족 농악무, 2009년 9월) 중국 국가급 16개(조선족 판소리, 농악무, 아리랑, 널뛰기, 장고춤 등), 성급 77개(조선족 퉁소음악, 조선족 냉면, 전통 혼례, 조선족 씨름 등), 주급 84개(조선족 추석, 조선족 된장 제작기술, 줄다리기 시합, 조선족 화투놀이 등) 등 전체 188개가 등제되어 있다.

내용도 다르다. 아리랑을 성급 무형문화유산으로 표기한 책은 아리랑을 단순히 "중국 조선족의 대표적인 민가"라고 소개한 반면 아리랑을 국가급 무형문화유산으로 기재한 방면 다른 책은 "중국 조선족들 속에서 가장 큰 영향력을 가지고 있다"고 강조했다.

---

36. 가야금은 평양에서 배운 가야금 산조 김진 선생님의 내용이다. 김진 선생님 살아생전에 집을 방문한(2001년) 적이 있으며, 북한 평양에서 김창조(1865~1902), 안기옥(북한의 공훈배우)에게 사사 받은 중국 조선족 의 가야금 산조와 가야금 병창의 1인자였다. 한국 가야금 산조의 양승희(가야금 연주가, 인간문화재, 현재 한국종합예술학교 국악과 겸임교수와 한국가야금연구소 연구단 단장) 선생님도 몇 번을 찾아 뵌 것으로 알 고 있다.

강릉단오제가 유네스코에 등제된 이 후 '인류 구전 및 무형유산 걸작' 으로 선정되고, 중국에서는 중국내 문화유산과 동북공정과는 별도로 중국 정부는 2005년 11월 전후, '비물질문화유산 보호공작 강화에 관한 의견' (2005.3), '문화유산보호 강화에 관한 통지' (2005.12)를 잇달아 제정해 시행중에 있다. '비물질문화유산 보호공작 강화에 관한 의견' 은 중국 중앙 정부와 각급 성급, 주급, 시급, 현급 등 지방정부가 무형문화재 리스트를 지정해 보호하도록 하고 있으며, '문화유산보호 강화에 관한 통지' 는 2006년부터 매년 6월 두 번째 주 토요일을 '문화유산의 날' 로 삼는다고 규정하고 있다.

"아리랑타령은 중국조선족의 대표적인 민가이고 다종다양한 '아리랑' 으로 하나의 가요집합체를 이루고 있다. '아리랑' 가요집합체의 내포에는 '아리랑 고개를 넘는 님' 에 대한 절절한 사랑과 아내를 버리고 떠나는 남편에 대한 미움 그리고 산을 넘으면 닿을 듯한 아름다운 미래와 생활에 대한 염원 등이 망라되고 있다. 조선족의 내심세계를 생동하게 그려낸 이 타령은 선율이 명쾌하고 우아하고 감동적이며 애절한 감정이 특징적이다." 『연변무형문화유산화첩』[37)]

중국이 아리랑을 자국의 무형문화유산으로 체계적으로 만들어가고 있었고, 국가급 문화재로 발전시키는 내용의 비용도 우리가 상상 할 정도의 비용이다.

하지만 한국에서의 아리랑이 유네스코에 등제를 하기 위하여 수정과 권고 사항을 받을 때 중국도 급 제도된 것 내용이 현재 중국"아리랑" 등제가 되어 있는 선생님은 아리랑에 대하여 잘 모른 다는 사실이다.

특히 농악무를 유네스코에 지정을 하게한 분(여러분 중에서)은 2012년도 또 다른 조선족 문화재의 작업비로 인민폐 200만 위안화의 비용이 내려왔다고 한다. 하지만 한국은 수많은 비난의 시간을 보냈다. 서로 자기 자랑만 하고 발전과 보존은 뒷전에 있다. 돈이 된다면 마음 맞는 분 몇 분이서 단체를 만들고, 학술대회를 하고, 정부를 상대로 교수라는

---

37. 2011년 10월 발행한『연변무형문화유산화첩』60쪽
중국 아리랑을 국가 비 물질 문화재로 등제된 분은 조선족의 아리랑에 대하여 잘 모르고 있다는 사실이며, 보유자와 지정자는 한국과 같이 중국에서도 가르킨 선생님, 배운 사람, 가르켜준 제자가 있어야 한다고 한다. 하지만 현재 중국 "아리랑" 보유자로 지정된 분은 그 지역의 음악 작곡가에서도 인정을 하지 않고 있다는 사실은 급하게 아리랑을 국가급, 성급 문화재로 만들었다는 것을 의미 한다.

직책을 이용하여 압력을 가하고 자신들의 주머니 챙기기만 열중하는 형태를 많이 볼 수가 있었다. 현재도 그렇게 진행하는 것에 한심스럽게 여겨진다. 전문 분야도 아니면서 심사를 다니고, 전문 분야에게 엉뚱한 질문으로 하여 자신들에게 이득이 되는 분들은 자주 만나 볼 수가 있다. 이제 아리랑이 유네스코에 등제 되었으니 우리 것으로 여겨지고 있고 생각만 하고 있는 것이다. 국내에서는 아리랑이 '너무 흔하다'는 이유로 중요무형문화재로 지정돼 있지 않은데 이는 큰 잘못이고 하루 빨리 국가 급 중요무형문화재로 지정해야 한다.

강릉단오제 10주년 행사(2014년)

조선족 농악무 경연대회(2014년)

아리랑이 이번에 유네스코 인류무형유산으로 등재된 것은 반가운 일이지만 마냥 즐거워할 수 없다는 뜻이다. 고구려 고분군처럼 중국이 북한과 손잡고 아리랑의 유네스코 인류무형유산 공동 등재를 추진할 가능성도 있다고 우려를 나타냈다. 중국은 2004년 북한과 공동으로 각각 보유하고 있는 고구려 고분 유적을 검색하기" 유네스코 세계문화유산에 등재했다.

6. 조선족의 문화에서 나타난 "아리랑"

중국 아리랑 곡이 수록된 '청년학생가곡집'(1955년 연변교육출판사)은 "해방 이후 나온 책 가운데 아리랑이 수록된 가장 최초의 책"이라면서 "조선족들은 해방 후 아리랑을 민족 표상으로 여겼다"고 소개했다. 랴오닝(遼寧)민족출판사에서 펴낸 조선족 소개 책자 '조선족' 에도 아리랑 내용이 새로 수록됐다. 라고들 말을 하고 기사를 만들기도 한다. 이 또한 이전의 기사 내용과 아리랑의 흔적을 발견 할 수 있다.

해방 전 후의 아리랑에 대한 내용의 노래와 가곡, 창작극, 연극 등에 나타난 내용입니다.

1. 1928년 1월 2일 중국 광주에서 중국노농홍군 제 4차 환영대회가 열었다. 조선의 용군은 광주봉기가 실패로 돌아간 다음 김산, 오성륜 등 10여명의 소 분대를 거느리고 산비탈에 절간으로 피신을 하였다. 이때 김산은 자신이 제일 즐겨 부르는《아리랑》노래를 불렀으며 모르는 사람들에게 가르켜 주어 모두 함께 같이 불렀다. 잠들기 전에서 부상당한 어린 손 동무가 별에 대한 옛날 조선동요를 불렀다. 라고 하며 조선의 어머니와 형에게 보내는 편지에 "나는 이곳에서 행복하게 죽어가려오, 하지만 노예로 된 조선 땅에서 죽는 것과는 다릅니다. 그런데 여기가 자유로운 조선 땅이었으면 하는 마음도 간절합니다.. "라고 썼다.[38)]
2. 1936년 봄 남경에서 남경문예계청년들의 청년구국조직인<5월 문예사>를 조직할 때 정률성도 참가를 하였다. 이 조직의 회의가 있을 때마다 정률성은 조선의 명곡《아리랑》을 부르게 하였다.[39)]
3. 1938년 10월 13일 저녁 7시에 무한인민들은 청년회강당에서 조선의용대 창건을 경축하는 문예공연모임을 성대히 가졌다. 경축 노래로는 "민족해방가" "자유의 빛" "아리랑"이 불러지고 연극은 "두만강 변"을 공연 하였다.
4. 1939년 3월 무한에서는 조선의용대의 <헌납음악대회>에 열렸다. 그 중에 김씨성을 가진 조선 처녀가《아리랑》을 불렀는데 구슬픈 노래가락이 사람들의 가슴을 울려주어 광장이 물을 뿌린 듯 조용하였다고 한다.

---

38. 조선의용군 활동 중에서 중국 조선족 문화활동(김산덕, 연변대학출판사, 2002년) 31P
39. 《조선족 음악문화사(史)》(1999년) 책에 수록된 중국조선족 음악가인 정률성(鄭律成.1976년 타계)이 중국군의 군가인 인민해방군가와 중국의 "아리랑"격으로 지금도 애창되는 "연안의 노래(延安頌歌)"를 작곡하는 등 중국조선족의 저명한 음악가였다.

5. 1940년 7월 15일에 당시 서북 〈문화보〉에서 출판한 〈한국청년〉 제1편 제1호에 “흥분된 심정으로 〈아리랑〉, 〈국경의 밤〉, 〈조선의 한 용사〉를 관후 감을 실었다.[40]
6. 1942년 흑룡강성 영안시에서는 하모니카 연주가 있었다. 하모니카중주단의《아리랑》을 연주 하였다. 처음에는 구경꾼들이 40~50여명 이였지만 아리랑 연주를 듣고 관중수가 100명, 200명, 300명으로 불어났다고 한다. 그 당시 앵콜 송으로 축하곡은 “평안도 수심가”를 불렀다.
7. 1942년 정률성은 〈조선의용군〉에게 “강남아리랑”를 가르쳐주었다.
겨레의 넋을 제비에 비유하여 일제의 폭압 속에 허덕이는 이 강토를 장차 〈강남〉과 같은 행복한 곳으로 만들고 싶은 마음을 담아 노래의 음조와 선율마다에 폭넓게 부여하였다. 또한 이 노래는 읽어버린 조국에 대한 사랑과 행복에 대한 염원이 절절하다.[41]
8. 1942년 조선 의용군에서 연극 중에서 “두만강변(전영, 김창만)” “아리랑(한유한 대본, 연출)” “조선의 딸” 등의 종목들이 있었다. 기동 선전극 “아리랑”은 조선난민들의 비참한 유랑생활을 반영한 것이다. 이때 경제곤란으로 무대복장을 준비할 돈이 없어서 이불을 뜯어 공연준비에 쓰다 보니 문정일과 전영은 한시기 한 채의 이불을 같이 덮기까지 하였다. 라고 한다.[42]
당시 〈아리랑〉 극의 줄거리 일부분은 이러하다. 40년 전 조선의 금수강산은 자 유롭고 평화스러운 곳이었다. 목동과 촌녀는 아리랑 산기슭에서 달콤하고도 정열에 넘치는 연애 생활을 거쳐 한 쌍의 부부가 되었다. 그런데 어느 날 갑자기 아리랑봉우리에는 왜적의 태극기가 휘날리더니 고향땅은 피바다로 변하였다. 이 한 쌍의 부부는 왜놈의 노예가 되기 싫어서 서쪽으로 걸어갔다. 중략 생략.
9. 1944년 봄 무한 태향산 팔로군소속부대와 조선 혁명군정학교가 연합으로 만회를 열었다. 그 만회에서 조선혁명군정학교에서는 “아리랑”을 공연하였다.

---

40. 서북 〈문화보〉 1940년 7월 15일 기사 내용 중에서
41. 해방전 중국 조선족 지역에서의 문화활동을 위조로 작성된 내용, 작곡가 정률성에 활동중에서. 정률성(郑律成 , 1914년7월7일-1976년12월7일), 중화인민공화국의 작곡가, 본명은 정부은(郑富恩)이다. 생애 1914년에 광주군 광주면 부동정 94번지 (현 불로동 163번지)에서 태어났다.
42. 중국 조선족 문화활동(김산덕, 연변대학출판사,2002년) 21P, 작곡가 한유한(산동성 제남여자사범부속소학교 음악선생)

10. 1945년 훈춘 극단은 "밤중에 울린 종소리" "아리랑영전" 극을 창작 공연하였다.
11. 1945년 12월 신안진에서는 고려극 악단이 나운규 작인 "아리랑"을 가극화한 "의향아리랑"을 무대에 올리며 각 촌 마다 공연을 하였다.
12. 1946년 9월 8일 동북 군정대학 길림분교가 용정에서 설립되었다. 그들은 창작하여 선전활동을 전개하고 연극으로 "도라지" "노들강변" "새 아리랑" "농촌사시" 들을 공연 하였다.
13. 1947년 연변 조선족 자치구의 조양천 극단에서는 김성근의 "아리랑" 장막극, 영안현 발해진 강서촌 극단에서는 "다시는 그렇게 살수 없다" "아리랑"을 공연 했다.
14. 1957년 목단강시에서는 "아리랑(이영, 김난신 안무)" 공연으로 주은래 총리, 주덕 위원장의 접견을 받았다고 한다.
15. 1961년 1급 작곡가인 최삼명은 가곡으로 "아리랑이 산골에 정들어 가네"라는 공연을 하였다.

당시 중국의 아리랑이 국가 문화재와 성급 문화재 등 세계 문화재로 등록을 준비할 때 아리랑에 대하여 민간단체가 정부에 민원 및 탄원서를 제출하였지만 반응도 없었다고 한다. 북한과 중국의 유네스코 접촉은 나중에 사실로 들어났으며 2012년 12월 6일 일어난 일에 대해서도 정부는 말 한마디 없으며 그 전에 11월 초순에 중국의 훼방 및 접촉 사실을 알렸지만 들은 척도 하지 않았다고 한다.[43]

"한국인들이 세계 어디에서 살고 있든 조국과 서로서로를 연결시켜준다. 아리랑의 감정적 끈은 많은 한국인들이 20세기 초 일제 강점기 기간 동안 이주되었던 일본, 중국, 러시아, 중앙아시아 국가들 대부분에서 분명하게 보여 진다. 아리랑은 또한 비교적 최근에 브라질, 독일, 미국, 캐나다, 호주, 뉴질랜드, 기타 여러 나라로 이민을 간 한국인들 사이에서도 활발하게 전해지고 있다." [44]

43. 아리랑 관련 모임에서 한민족 아리랑 연합회에서 물어와 중국(길림성 관계자, 아리랑에 대한 조사자와 참여자)에 연락 후 답변을 했다. 중국 측의 담당자의 이름을 알려줄 수가 없음을 양해 바랍니다.
44. 아리랑에 관한 정부에서 유네스코 위원회에 올리는 서류 중 "D. 유산의 지리학적 위치와 범위" 내용중에서

2011년 9월 20일 국감에서는 중국이 조선족 무용 농악무를 유네스코 세계무형문화유산으로 등재 (2009년 10월)한 것을 상기시키며 아리랑은 그리 되지 못하게 막아야 한다는 주장도 나왔다. 당시 조선족 농악무의 총 지휘자와 술자리를 같이 할 기회에 들은 이야기는 "한국이 중국의 단오를 유네스코에 올린 것이 계기가 되어 농악무와 아리랑, 춘향가, 심청전, 수심가, 혼례, 제례, 퉁소, 짚신, 아기 돌잔치 등 여러 가지 조선족들의 문화를 중국내 소수민족 정책에서 나오는 것과 같이 국가, 성급 문화재를 올리고, 그 이후에는 세계에 등제 및 지정을 받으려 지금도 준비하고, 상부에서 비준이 내려온다고 한다."[45]

"아리랑의 경우 한국에서 혼자만 하지 말고 중국과 북한이 함께 제안을 했으면 좋았을 걸 왜 자신들이 주장과 고집만 부리는지 모르겠다"라고 추가 말을 한다.

민요와 현대의 창작가요 속에도 아리랑이 들어가 있으며 수많은 시와 수필에도 아리랑이 나오며 그 중에서 흑룡강성 상지시에 거주 하는 조선족 강효삼 시인의 아리랑 가락 시의 이렇게 적었다.[46]

"아리랑 가락"

아리랑 가락은 들으면
아니 젖을 수 없는 눈물의 가락,
부르면 성도 이름도 몰라도
그가 겨레임을 대번에 아는 가락,
함께 있지 않아도 이 노래 가락 하나면
우리 모두가 하나 될 수 있는 가락

45. 2009년 9월 무용 농악무가 중국문화의 신분으로 유네스코의 인류무형문화재 등록, 농악무는 한반도에서 생겨난 것이다. 하지만 100여 년간 이 문화를 계승 발전시켜 온 것은 조선족이였다. 길림성 왕청현 배초구진 노인 농악무예술단 김명춘이며, 중국 조선족의 비 물질문화 유산은 국제급 1개, 국가급 16개, 성급 77개, 주급 84개 등 전체 188개가 등제 되어 있다.
46. 강효삼(남,1943년 흑룡강성 연수현 출생)시인. 1963녀 문단 시작, 연변문학 윤동주문학상 등 많은 수상

아리랑이라 함은 한국이 아닌 한민족의 아리랑이기 때문이다. 북한, 중국 동북 조선족의 아리랑도 한민족의 아리랑이요, 일본, 미국, 유럽, 아프리카의 한민족 모두 한마음이 되는 같은 아리랑이기 때문이다.[47)]

21세기 새로운 역사시기에 들어서면서 선조들이 이룩한 음악은 더욱 발전하여 많은 대중(국민)들이 즐겨 부르는 좋은 가요들이 많이 창작되어 전례 없는 호황을 이루었는데 80년대 초에 창작되고 불러진 많은 노래들은 중국 연변노래의 황금기를 이루지 않았나 싶다. 문화대혁명으로 이런저런 제약으로 구속받고 갇혀있던 예술혼이 해방된 기쁨과 함께 세상 밖으로 나오면서 "장백의 새 아리랑", "내 고향 오솔길", "산간의 봄은 좋아", "오래오래 앉으세요", "선생님 들창가 지날 때마다", "고향길" 등 일반인들의 편하게 들을 수 있는 좋은 노래들이 TV와 라디오 방송을 통해 혹은 전문예술단체의 공연을 통해 중국 조선족들이 사는 곳으로 급속히 퍼져나갔는데 이러한 노래들은 새로운 시기를 맞아 조선족들에게 생활의 기쁨과 함께 삶의 활기를 보태주었다.

중국 전 지역의 조선족들의 행사에서는 "아리랑"이 빠지지 않는다. 그 이유는 한민족, 아닌 중국속의 소수민족인 조선족의 뿌리이며 문화이기 때문이다.

<아리랑>으로부터 시작 된 공연장 절목(제목)에는 우리민족의 고전 민요와 60, 70년대 우리 민족이 즐겨 부르던 노래와 춤 절목들 위주로 인기가 좋아 관중들의 박수갈채를 제일 많이 받는다고 한다.

7. 조선족 민요 속에서 "아리랑"은 어디에 있는가 ?

여러 가지 설들은 어디까지나 "설"인 것만큼 어느 하나도 "아리랑"에 대하여 이렇다고 긍정할 만한 명확한 근거를 찾기 어려운 상황이다. 그렇다면 "아리랑"이 무엇 때문에

47. 김봉관(남,1942년 4월, 길림성 화룡현 출생) 1967년 연변예술학교 이론 작곡과 졸업, 1992년 연변대학 어문학과 졸업, 1984~1993년 도문시 문화관 관장, 저서 "일할수록 성수 났네" 등 50여곡 발표, 300여곡 민요 수집, 정리, 연변주 진달래 문예상 수상 등, "중국 조선족 민간 음악집" 발간, "중국 조선족 민족 기악대전" 발간 등 많은 조선족 민족 음악에 공로자.

우리에게 강력한 매력을 갖게 되는가? 하는 해답을 어디에서 찾아보아야 할 것인가?

라운규 (1902년 11월 22일에 함경북도 회령에서 출생, 1937년 폐결핵으로 사망. 함경북도 회령소학교, 중국 용정현 명동중학을 다님.)가 1926년 10월 1일에 무성 활동영화 "아리랑"을 제작하여 서울 "단성사"극장에서 처음으로 상영하고 후에 회령 등 북한, 중국의 용정 등지로 다니며 상영하였다고 한다. 김서정 (金永焕,1898-1936, 변사, 작가, 영화감독, 가요창작가로 활동) 이 라운규의 연출로 된 무성 활동영화 "아리랑"의 주제곡인 "신조아리랑"을 편찬하였다. 무성 활동영화주제곡 "아리랑"의 노래 말은 이러하다.

아리랑

(전렴) 아리랑 아리랑 아라리요 아리랑 고개로 넘어간다

1절: 나를 버리고 가시나님은 / 십리도 못가서 발병난다

(후렴) 아리랑 아리랑 아라리요 아리랑 고개로 넘어간다

2절: 청천 하늘엔 잔 별도 많고 / 우리네 가슴엔 수심도 많다 (후렴)

3절: 풍년이 온다네 풍년이 와요 / 이 강산 삼천리 풍년이 와요 (후렴)

그 시기의 영화는 무성영화였기 때문에 영화를 상영하면서 변사가 육성으로 영화장면들을 해설하여 주지 않으면 안 되였다. 그리고 출연자의 대사들도 변사가 혼자서 육성으로 관객들에게 전달하여 주었다. 바로 이 시기에 창작된 무성 활동영화 "아리랑"의 주제가 "신조아리랑"은 오늘 북한 인민배우 김연실은[48] 15세 되던 소년시절에 영화관에서 직접 육성으로 불러주어 "아리랑"노래가 민간에 급격히 널리 파급 되였다. 그렇다고 하여 이 노래가 "신민요"라는 것을 의미하지는 않는다. 그 시기에 편찬한 "신조아리랑"은 서울지방에서 널리 유전되고 있는 전래의민요인 "본조아리랑"의 곡조에다 가사(노래말)를 새

48. 김연실(1910년2월8일, 경기도 수원군 고장면 출생) '라운규프로덕션'과 '빅타레코드' (영화주제가취입사) 등 에서 배우생활. 1953년 예술영화 〈정찰병〉에 참가한 이후 현재까지 조선예술영화촬영소 배우로서 활동, 80여 편의 작품에서 주로 어머니역을 맡았다. 대표적인 작품은 〈처녀리발사〉(1970년), 〈아름다운 거리〉(1970년), 〈잔치날〉도시편 (1974년) 등이 있다. 1977년 북한 인민배우 칭호를 받았으며, 국기훈장 제1급을 비롯하여 많은 훈장과 메달을 받았다.

롭게 달아서 밀착시키는 과정에서 일부 선율이 다듬어진 것이다. 그러므로 이 가락은 어디까지나 전래의 민요인 것이다. 그래서 민족수난시기에 "신조아리랑" 또는 "신아리랑"이라고 하던 곡명을 오늘에 와서는 옛 가락이라는 의미에서 "아리랑"으로 표기하고 있다.

이후부터 "본조아리랑"이 한반도(조선팔도)는 물론이요 이국땅 중국뿐만 아니라 전세계의 한민족이 거주하고 있는 곳이면 어디에서나 모두들 애창하게 되였다.

8. 한민족 민요 "아리랑"의 특징

"아리랑"에서의 사랑의 주제는 여러 가지 형태로 표현되고 있는데 많은 단어 중에 "님"에 대한 애정의 호소와 떠나 간 "님"에 대한 그리움, 원망, 앞날의 희망과 결부된 "님"이다. 연정에 끓어 넘치는 사랑을 구사한 "님"에 대한 그리움은 인간의 공성(共性)을 표현한 것으로서 모든 사람의 애창를 받고 있다. 특히 "님"에 대한 무한한 사랑, 기대, 원망이 담뿍 담겨진 민요언어는 수많은 사람의 심금을 울려주고 있다.

"나를 버리고 가시는 님은/ 십리도 못가서 발병난다". 즉 "사랑하는 님이 그렇게 까지야 하랴, 막상 나를 버리고 떠났다 한들 십리도 못가서 발병이 나 되돌아 올 것이다"라는 조선족여성들의 아리다운 심정을 비단결 같은 언어로 소박하고 낙천적이며 천진난만하게 표현한 것이다

민요"아리랑"의 노래 말은 아주 통속적 이여서 보편성을 갖고 있다. 때문에 그의 광범위 하게 한 대중성으로 하여 남녀노소를 불구하고 모두들 애창하고 있다.

1905년 11월17일 일본제국주의자들의 강압하에 이른바 "일한보호조약(日韓保护条约)"이 체결되고 1907년에 고종황제(高宗皇帝)가 폐위(廢位) 했으며 조선왕조의 군대가 해산됨으로써 한반도의 분열을 당하게 되었다. 일본은 한반도(조선)을 자기 나라에 귀속시키려고 전국 곳곳마다 일본기(旗)를 꽂게 하였고 매일 아침마다 조선의 국민들에게 일본 "천황폐하 반자이! (만세)"를 부르도록 하였으며 모든 사람의 이름조차 일본어로

개명하게 하였다. 뿐만 아니라 한글과 글을 쓰는 것 마저 금지하고 강압적으로 일본말과 글을 배우게 하였고 한민족의 노래를 부르지 못하게 하려고 1933년 5월 "일본총독부 학무국"에서 한민족노래에 대하여 "금지령"까지 내리는 등 갖은 악랄한 수법을 가리지 않았다. 많은 국민들은 나라를 빼앗긴 수모와 일본 통치를 받는 과정에서 역사성, 민족성의 뿌리를 직접적이지 않고, 일본군들의 눈을 피하여 은유적 수법으로 "님"을 조국으로 상징시켜 "아리랑"을 부르고 또 부르며 이 땅에서 일본군들을 내 쫓고 자기의 조국을 되찾을 결심을 굳게 다지었다.

그래서 민요"아리랑"을 느린 속도로 부르면 아주 정중하고 장엄하며 비장한 느낌을 주며 빠른 속도에 얹저 부르면 흥겹고 경쾌하고 역동적이어서 사람들에게 활로 흥분된 정서를 부활시켜준 것 같다.

무엇 때문에 "아리랑"민요가 중국 조선족들의 열정적인 환대를 받게 되며 일제치하에 있는 조선족들에게 무궁무진한 힘을 가져다 줄 수 있게 되었는가?

"아리랑"은 아름답고 노래를 부르는 속도, 정서에 따라 부동한 감정이 표출되는 특점이 있는 외에 중요한 것은 "아리랑"노래말에 "대립과 통일", "모순과 해결"이라는 기본원리를 여실히 반영 되여 있기 때문이다.

중국 조선족들의 광범위 하게 부르는 "아리랑"민요가사(노래말)은 이러하다.

(후렴) 아리랑 아리랑 아라리요 / 아리랑 고개로 넘어간다.

1. 나를 버리고 가시는님은 / 십리도 못가서 발병난다(후렴)
2. 청청하늘엔 잔별도 많고 / 우리네 살림엔 수심도 많다(후렴)
3. 인제 가면은 언제나 오나 / 오마는 날이나 알려주소(후렴)… …

예를 든다면 일제 통치시기에 "아리랑"민요를 부를 때에 느껴지는 감정이라면 일제의 침략으로 인하여 나라를 잃게 되고 수많은 백성들이 기아와 헐벗음 떠오르며 "나를 버리고 간 조국과 부모형제들을 그리며 반드시 일제를 부시고 나라를 되찾고 부모형제와 만나

평화롭고 행복하게 살아갈 꿈을 실현하기 위하여 자기의 모든 생명을 각오를 다지게 하는 힘을 키울 수 있게 하고 있다.

"아리랑"이 탄생한 한반도에서도 "아리랑 기원설"에 대하여, 또 "아리랑"에 묻어있는 마음을 아는 사람이 얼마나 되랴. 현대청소년들과 외국인은 이 방면에서 더욱 문외한이다. 허나 "아리랑"은 마치 세계의 "공통어"인 것처럼 그 어느 나라, 어느 민족이나, 남녀노소를 불문하고 모두들 애창하며 정확하게 표현 할 수 있었다.[49] 그것은 우에서 언급한 봐와 같이 우리 한민족의 민요문학의 우월성과 우리민족민요의 우월성이 아닌가 여겨진다.

연변조선족 자치주의 조선족 민요 수는 약 2,000여수를 수집 하였다.[50] 연변 문화국에 따르면 연변조선족자치주에서는 조선족 민요 약 2,000수, 민간 무용 30여종, 민간악곡 약 100여수, 희곡 음악 약150여수를 수집하여 연변조선족 자치주 비물질문화유산의 중요한 구성을 이루었다.

"수자(숫자)풀이"를 채보하는 김봉관 선생님과 민요를 부르는 김창걸씨(1993년)

49. 한국전쟁에 참전한 16개 전투병과와 5개의 의무 병으로로 참전한 외국 군인들에게도 한국전쟁과 한국에 대하여서 기억하는 것 중 "아리랑"을 제일 먼저 부르고 정확한 발음을 한다. 2014년 한국전쟁 관련 중국군 유해송환 프로그램 제작시(중국 요녕성 철령시 서풍현에서) 중국지원군 출신의 한족들도 촬영 팀을 만나 "아리랑"을 불러 주었으며 한국민들의 정서에는 아리랑 정신이 있는 것 같다 고 했다.

50. 조선족의 민족예술을 수집, 정리하고 발전시키기 위하여 "연변조선족자치주 조선족문화사업 조례"를 내 놓음으로써 비물질 문화유산의 수집, 발굴, 정리, 출판 사업이 법제화를 만들게 되었다.지금까지 연변 조선족 자치주에서는 "중국 곡예지, 길림권-조선족 부분", "중국민간가곡집성, 동북3성 조문권", "중국민족민간악곡집성, 길림권-조선족 부분"을 출판하였으며 세계급 1개 국가급16개가 등제 되었다.

제2장 가극으로 꽃 핀 "아리랑"

1. 1938년 중국 무한의 한구 광명극장
2. "아리랑"이 맺어준 김산과 님 웨일즈
3-1. 1940년 서안에서 가극 "아리랑" (1)
3-2. 1940년 서안에서 가극 "아리랑" (2)
4. 가극 "아리랑" 무한시(武汉市)
5. 조선의용대 김위(金煒)
6. 한유한(韓悠韓)의 가극 "아리랑"
7. 전설 극 "아리랑"
8. 연변가무단 가극 "아리랑"
9. 조선족 사회의 "꿈의 아리랑"

아리랑은 일제 강점기에 꽃으로 피어난 대중적인 꽃이라고 말할 수가 있다. 동북지역이 아닌 중국 남부 지역인 계림, 서안 등에서도 항일운동과 독립운동을 하면서 첫 번째 가극 및 중국 인민들에게 알리는 내용의 제목이 "아리랑"이였던 것이다. 대중가요뿐만 아니라 아리랑을 주제로 한 가극이 창작되어 조선족 예술사회뿐만 아니라 중국 대도시에서 큰 반향을 일으켰다.[1)]

1940년 당시, 나월환(羅月煥)이 인솔한 한국청년전지공작대는 서안에 있었던 다섯 달 사이에 가극 "아리랑"을 공연하였으며, 조선족사회의 중심인 동북이 해방되면서 1945년에는 채택룡이 작사하고 허세록이 작곡한 "새 아리랑"이 창작되었고 조선의용군부대에서도 1947년에 가극 "아리랑"을 창작하고 공연하였다. 중화인민공화국이 금방 탄생되었던 1952년에는 김태희가 작사하고 김성민이 작곡한 합창 "모내기 아리랑"이 창작되고 공연되었으며 개혁개방이 시작되면서 1981년 최창규가 작곡한 3인창 "행복의 아리랑"이 창작되고 공연되었다. 그중 최현이 작사하고 안계린이 작곡한 "장백의 새 아리랑"이 전국가요콩쿠르에서 2등상을 수상하였으며 1990년대에 와서는 김봉관, 임성호 작곡으로 된 독창 "연변 아리랑"이 창작되고 공연되었다. 개혁개방의 시작과 함께 조선민주주의 인민공화국의 창법을 바탕으로 한 훈춘시문공단의 가극 "아리랑"이 창작되어 100여회 공연되었으며, 1989년에는 연변가무단에서 5막 7장으로 된 대형가극 "아리랑"을 무대에 올려 관중들의 호평을 받았다. 시장경제시기에 들어서면서 아리랑은 가곡뿐만 아니라 무용곡과 관현악으로 개편되어 공연되었는데 안국민의 작곡으로 된 무용 "장백 아리랑"이 공연되었고 다시 안국민에 의하여 관현악으로 개편되어 공연 되였다. 2013년에는 중앙인민방송국 민족절목중심, 길림성민족사무위원회, 길림성 연변조선족자치주 당위 선전부, 연변

1. 일재 강점기의 일본 군대는 중국 동북지역뿐만 아닌 광서, 광동성, 사천성까지 중국 전 지역으로 퍼져 있었으며, 군부대 이름도 131부대, 231부대....731부대, 831부대 등으로 중국 전 지역에 분포를 하여, 항일 투쟁이 이루어진 곳이다.

대학에서 공동으로 주최한 대형 음악무용서사시 "꿈의 아리랑"이 창작되고 공연되었다.

	작 품 명	장르	작사	작곡	년대	수상
1	**새 아리랑**	가요	채택룡	허세록	1945	
2	**모내기아리랑**	합창	김태희	김성민	1952	
3	**행복의 아리랑**	3인창		최창규	1981	
4	**장백의 새아리랑**	독창	최현	안계린	1976	국가2등상
5	**연변 아리랑**	독창		김봉관,림성호	1990	
6	**아리랑**	가극	훈춘	임영호	1979	
7	**아리랑**	가극	연변	가무단	1989	문화상
8	**장백 아리랑**	무용		안국민	983(전)	
9	**아리랑**	관현악		안국민	983(전)	
10	**꿈의 아리랑**	음악무용서사시			2013	

〈표1〉 "아리랑"으로 중국에서 창작되고 공연된 일부 작품

상기 내용에서 조선족은 중국 전 지역에 한반도에서 불리어지던 아리랑을 그대로 가지고 왔으며 시간과 세월의 흐름에 따라 아리랑을 주제로 한 새로운 아리랑이 탄생하였고 "아리랑"이 가곡뿐만 아니라 가극주제가, 창극 등 관현악과 무용음악으로 재창작되었음을 알 수 있으며 따라서 아리랑이 조선족 예술사회의 전반 예술장르에서 밑거름이 되어 폭넓게 사용되었음을 알 수 있다.

『연변문화예술연구중심의 주최 된 세미나에서 중국 절강성 월수외국어대학의 이광인 교수의 "항전시기 계림-서안에서의 가극 '아리랑' 공연과 그 비교연구", 국가급 무형문화재 "아리랑" 타령의 전승인 김남호의 "중국 아리랑' 타령' 의 꿈", 조선족음악가 김봉관의 "중국조선족민요 '아리랑' 에 대하여", 연변대학 예술학원 남희철교수의 "아리랑의 음악구조적 특징과 '버리고' 의 의미", 평론가 최삼룡의 "연극과 영화에서 '아리랑' " 등 논문이 발표됐다.』

1. 1938년 중국 무한의 한구 광명극장

얼마 전 까지만 해도 1940년에 서안지역에서 공연된 가극 “아리랑”이 우리 민족의 첫 가극(오페라)인줄로 알았다. 한국의 아리랑 관련 연구가들을 총 망라하여 연구결과와 조사 발표가 하였다. 하지만 잘못 되어도 한참 잘못 이였다. 1939년 3월 중국 계림 신화대극장에서 조선의용대 제2대가 자체로 창작한 가극 “아리랑”을 무대에 올랐으며, 그 후 조선의용대 제2대가 자기들 활동지구인 호북성 로하구(老河口)를 망라하여 국민당 제5전구(第五战区) 내에서 수차례 공연의 막을 올랐다고 한다.[2] 중국 문헌 연구 자료가 새로 많이 나타났으니 이 땅에서의 한겨레의 가극 “아리랑”은 1940년 서안이 아닌 계림에서 이미 성황리에 펼쳐졌었다.[3]

잡지 “당대한국”[4] 2007년 겨울호(冬季号)에 실린 “광서지구한국독립운동 옛터 고찰”(广西地区 韩国独立运动旧址考, 黄巧燕)에 따르면 1939년 3월 1일부터 3일까지 매일 밤 8시, 계림시 신화대극장(新华大戏院)에서 김창만이 각색, 연출(金昌满 编导) 하고 김위 주연(金炜主演)을 맡은 조선가극 “아리랑”과 3막 연극 “조선의 딸”(朝鲜的 女儿)이 공연 되였다고 한다. 글은 계속하여 이 두 연극은 강렬한 민족의식과 혁명적 희생정신으로 하여 공연을 구경한 계림의 각계인사들과 시민 군중들은 깊이 감동되고 매료 되였다고 쓰고 있다. “당대한국”에 실린 여기 황교연의 글을 보면 연구 형 논문으로서 광서지구 조선의용대의 활동을 깊이 헤아리고 있었다.

중국에서 조선의용대가 동북, 북경, 상해가 아닌 곳에서 먼저 불러지고, 가극이 만들어

2. 2013년 11월 16일 연변군중예술관 회의실에서 “중국조선족아리랑” 학술세미나의 내용입니다. 그 중에서 중국 절강성 월수외국어대학의 이광인교수의 “항전시기 계림-서안에서의 가극 ‘아리랑’공연과 그 비교연구”, 조선족 음악가 김봉관의 “중국조선족민요 ‘아리랑’에 대하여”, 평론가 최삼룡의 “연극과 영화에서 ‘아리랑’” 등 논문이 발표됐다. 그 중에서 이광인, 김봉관, 최상룡 선생님 글만 정리를 하였다.
3. 이광인(중국 조선족 민간역사학자, 현재 절강성 월수외국어대학 교수)
4. 계간 “당대한국” 1993년 창간호(중국 사회과학원, 사회과학문헌출판사), 발행일 1993년 12월 1일

졌다는 사실이다. 조선의용대가 어찌하여 중국의 동북이 아니고 남방의 계림에 나타났고, 계림에서 조선의용대 김창만이 창작하고 연출한 가극 "아리랑"을 어떻게 무대에 올리게 되였냐이다. 이를 알자면 조선의용대의 무한 한구에서의 설립과 계림으로의 이동을 먼저 헤아릴 필요가 있을 것 같다.

당시 1937년 상해, 남경이 전후로 일본침략자들에게 함락된 후 남경의 국민정부와 중앙당부는 중경으로 후퇴하고 국민당당정군의 요인들은 거의 다 무한에 몰려들었다. 각 야당의 수령들 문화계의 저명인사들도 거의 다 무한에 모이고 상해, 남경 등지에서 활동하던 조선민족혁명당, 조선혁명자동맹, 조선해방동맹, 조선청년 전위동맹 등 여러 조선인정치단체들도 무한에 자리를 옮기였다. 따라서 일본침략자들은 1938년 6월 중순이후 무한 우회 포위 전략에서 좌절을 당하게 되자 25개사의 대병력을 수륙 다섯 갈래로 풀어 무한에 대한 정면진공을 개시하였다. 장개석은 중국정부에서 륙, 해, 공 3군 도합 123개사, 100여만 명이 무한변두리에서 일제침략군과 결전을 명령하였다. 항전의 수도 "대 무한을 보위하자"는 국민당 당국의 함성이 터지자 무한 삼진이 산악같이 일떠섰다. 무한에서 활동하던 조선인 혁명자 100여명이 무한 보위전에 떨쳐나섰다.[5)]

조선의용대 조선의용군 여 전사 김위(金煒)여사 (김봉관 선생님 사진자료)

4개월 남짓한 무한보위전은 기울어지는 대세를 돌려세울 수 없었다. 국민당의 당·정·

5. 무한시[武漢市] 허베이성도(省都)는 우한[武汉]. 양쯔강[揚子江] 하류, 한(汉) 나라 때는 형주(荆州)에 속하였고,송(宋) 나라 때는 형호북로(荆湖北路)였으며, 청(清) 나라에 이르러 성(省)이 설치되었다. 1924년 중국 우창(武昌)에서 조직되었던 독립운동단체. 무한한인혁명청년회라고도 한다. 진공목(陳公木)·진갑수(陳甲壽)·안재환(安載煥)·김영재(金英哉)·박시창(朴始昌)·송욱동(宋旭東)·장기준(莊驥俊)·권준(權晙)·홍의표(洪義杓)·노세방(蘆世芳)·전창무(田昌武)·백득림(白得林) 등 10여 명이 중국혁명군의 1924년 9월 24일 단체를 조직.

군·요인들은 앞 다투어 꼬리를 빼고 시민들은 해산하기 시작하였다. 조선청년전위동맹 등에서는 북상항일을 주장하면서 연안으로, 적후 근거지로, 항일싸움터로 달려가 일본침략군을 무찌르자고 주장하였다. 이 같은 역사배경 하에서 당시 팔로군 무한 판사처 책임과 국민정부 군사위원회 정치부 부부장 책임을 짊어진 주은래의 건의와 지지, 국민당정부의 비준, 팔로군무한판사처의 협조 하에 1938년 10월 10일 중국 관내의 첫 조선인항일무장대 "조선의용대"[6] 가 한구에서 정식으로 창립 되었다.

조선의용대는 반 무장 성격을 띤 선전부대이다. 이 선전부대의 주요과업은 적군와해 선전사업과 중국인민의 항일적극성을 격리하는 것 이였다. 당시 조선의용대는 1개 총대와 2개 지대로 구성 되였는데 지대 아래에는 분대를 두었다. 대원은 약 150명이였다. 1지대는 대체로 "조선민족혁명당"의 성원들로 구성되고 2지대는 대체로 "조선청년전위동맹"의 성원들로 구성 되였다. 제3지대는 1939년에 중경에서 건립 되였다.

10월 25일 무한이 일본군에 의해 함락 되였다. 조선의용대 전사들은 이틀 날 이틀 밤의 분전으로 "온 한구시를 문자 그대로 하나의 정신적 아성으로 만들어 놓았다" 곽말약은 자기의 자서전 "홍파곡"(洪波曲)에서 무한에 들어선 적들은 옹근 사흘을 낑낑거려서야 표어를 지워버릴 수가 있었다고, "무한이 위험을 앞둔 시각에 대적표어를 쓰고 있은 것은 조선의 벗들 뿐 이였다!"고 감회 깊게 말하고 있다. 곽말약은 그때 조선의용대와 직접 관련되는 국민정부 군사위원회 정치부 제3청 청장이었다.

무한을 철거한 조선의용대는 1938년부터 1940년 2년간 국민당의 6개 전구 13개성에서 맹활동하면서 호북회전(湖北会战), 곤륜산쟁탈전(昆仑关争夺战), 중조산반소탕전(中条山反扫荡战等战役) 등 전역에 헌신적으로 뛰여 들었다. 이에 앞서 황포군관학교 출신 이익성(李益星) 소속 조선의용대는 중국공산당이 지도하는 국민정부 군사위원회 정치부 제3청을 따라 호남 경내의 장사, 백가요(白家坳), 황화(黄华) 등지를 거치며 남하하다

6. 조선 의용대 [朝鮮義勇隊] 1938년 민족 혁명당이 중국군의 지원하에 결성, 1942년 조선 의용군의 모태가 된 군사조직. 민족 혁명당은 1938년 무한에서 중국 군사위원회의 지원 하에 조선 의용대 결성을 주도했다. 1938년 10월부터 2년간 중국 남방의 각 전구에 배치되어 활동, 1941년 4월 주력의 80% 정도가 화베이로 이동하여 큰 전과. 중국 팔로군에 편입, 민족 혁명당의 영향에서 벗어났다. 군사 지휘부는 중국 측 4명과 조선측4명, 그리고 주임으로 중국인 1명, 총 9명이 지도 위원회. 중국 측은 수시로 조선 의용대를 직접 지배하려고 하였으나 항일경력과 지휘력에서 중국이 무시할 수 없었던 김원봉의 노력으로 무산되었다. 의용대는 의용군보다 규모가 작은 부대로 주요 임무는 전투보다는 정치선전공작이었다.

가 1938년 12월 초에 계림으로 전이하였다. 그 시절 조선의용대는 국민정부 군사위원회 정치부 제3청에 소속 되여 주요하게 항일국제선전을 담당하고 있었다.

조선의용대는 계림에 이른 후 본부가 선후하여 계림시 수동문외 동령가1번지(水东门外 东灵街1号)와 시가원 53번지(施家园53号)에 자리 잡고 광서락군사(广西乐群社), 신화대극장, 계림중학 등지에서 여러 가지 형식의 항일활동을 활발히 벌리였다. 그 가운데의 주요한 하나가 1939년 1월 21일 꾸리기 시작한 기관 잡지 "조선의용대통신"[7] 이밖에 조선의용대의 주요 활동형식이 항일벽보와 만화, 삐라살포, 공연 등이라면 공연의 주무대는 국민정부 군사 위원회 정치부 제3청 항적 연극대(抗敌演剧队)소속대와 더불어 신화대극장[8]을 많이 이용하였다.

조선의용대의 계림출현과 가극 "아리랑" 공연의 역사배경이 어느 정도는 알려지는 셈이다. 보다 필요한 것은 가극 "아리랑"을 손수 각색하고 연출로 나섰다는 김창만[9]과 주역으로 등장한 김위여사(김염[10]의 여동생)가 누구이며 조선의용대 어느 소속인가 하는 문제이다.

김창만과 이익성[11]의 지도와 국민정부 군사위원회 정치부 제3청 항적 연극대와의 긴밀한 배합으로 가극 "아리랑"과 연극 "조선의 딸" 극본을 련속 창작하여 무대에 올린다. 관련 연구자료에 따르면 제3청 항적연극대 (1938년 8월 무한에서 설립) 대장은 서치(徐治)이고 후에 명연출로 알려진 옹촌(翁村)이 항적연극대를 이끌어간다. 옹촌 연출이 이익성 조선의용대와 손잡고 가극 "아리랑"을 항적 연극대와의 합작 속에서 공연의 막을 열었다. 이는 이익성 소속 조선의용대가 표면상으로는 국민정부 군사위원회 정치부 제3청의 지도를 받는다지만 군사위원회 정치부는 실제상 중국공산당이 지도하는 기관으로서 중국공산당의 지도하에서 활동을 벌려가고 있었다.

이야기의 주인공은 흑룡강성 아성(阿城)시 출신[12]의 만족 서군(舒群, 1913년~1989년)씨. 서군의 원명은 이서당(李书堂)이고 1936년 5월에 "문학"잡지에 첫 단편소설 "조국이 없는 아이"에서 서군으로 쓰면서 이 필명은 평생의 필명으로 사용 되였다. 이런 서군이 1938년 10월 무한이 일본침략자에 의해 함락된 후 무한에서 계림으로 철거하면서 팔로군 무한 판사처 책임자인 이극농(李克农)의 파견으로 조선의용대의 연락원으로 나서

며 계림에서는 조선의용대를 도와 김창만이 각색, 연출한 가극 "아리랑"과 연극 "조선의 딸" 등이 성공적으로 공연되도록 이끌어준다. 그 후 당 조직의 파견으로 서군은 1940년에 계림을 떠나 혁명성지 연안으로 가게 되었다.

1939년 3월, 계림에서의 가극 "아리랑"공연 후 이익성 소속 조선의용대 제2대는 이익성, 김창만, 김위 등의 지도하에서 국민당의 제5전구인 호북 로하구(老河口), 조양(枣阳) 등지에서 활동하면서 중국 국민정부 군사위원회 정치부 제3청 항적 연극대 제4대와의 긴밀한 연합 하에 조선인 김창만과 중국인 옹촌의 공동연출로 가극 "아리랑", 연극 "조선의 딸", "두만강반"을 수차 무대에 올리게 되였다. 그 가장 대표적인 하나가 1940년 가을, 로하구 중산공원에서 가진 한차례 대규모적인 연합공연이라 하겠다. 중국 측 항전 연극대에서 "봉황성(凤凰城)", "홍로(洪炉)", "야생장미(野玫瑰)", "일출(日出)", "비장군(飞将军)", "여점주(女店主)"등을 무대에 올렸다면 조선의용대측은 중국인들의 배합 속에 "아리랑", "조선의 딸", "두만강변"가극과 연극 등을 무대에 올려 중국 관중들에게 깊은 인상을 남기였다. 항전시기 국민당통치구에서 중국과 조선 두 나라 배우들이 같이 무대에 올라 "아리랑"등을 공연한 일은 정말 보기 드문 항일이야기라고 한다.

광복군 청년공작대가 1940년 서안에서 가극"아리랑"을 무대에 올렸다.

---

7. "조선의용대통신" 제1호부터 22호까지의 통신처는 바로 계림 동령가 1번지였다.
8. 계림시 신화대극장 (1932년에 건설된 강철과 세멘트 결구건물로서 1937년에 개건장식되여 대극장으로 쓰이였다. 관중석은 800여 자리이고 계림의 종합성 호화극장, 1944년 가을에 전란에 의해 재더미로 되였다고 전해진다). 현재의 위치는 계림시 양교북쪽가(阳桥北端) , 오늘의 중산중로 "계림시보"사 동쪽 (中山中路"桂林时报"社东侧), 당년의 계림 주둔 조선의용대는 대극장에서 가극 "아리랑"과 3막연극 "조선의 딸"을 무대에 올렸었다.
9. 연출자 김창만(金昌满, 1907~) 전 북한 내 부수상, 일명 장평산(张平山) 불리는 함경북도 사람, 서울 중동(中东)중학교를 졸업하고 중국에 진출, 1928년 광주 중산대학 졸업, 남경 국민당중앙군사학교에 입학, 조선의용대에 참가하여 계림으로 진출, 조선의용대 제2대 책임자의 하나로, 몇 년 후 조선독립동맹 중앙위원회 선전부장
10. 김염(金焰, 1910년 4월 8일~1983년 12월 27일)은 대한제국 한성부 태생 중화인민공화국 상하이 시에서 활동한 조선족 1세대 영화배우이며 본명은 덕린(德麟)이다. 동생 김위.
11. 이익성 (1911년~) 광주 중산대학과 중앙 육군군관학교(황포군관학교) 제10기생, 조선의용대 제2지대 지대장, 조선의용군 화북지대 부지대장, 조선독립동맹 중앙집행위원 활동.
12. 그 당시 흑룡강성 아성시, 현재는 흑룡강성 하얼빈시 아성구로 바뀌었다.

오늘의 로하구는 호북성 서북부에 위치한 하나의 현 급 행정시로 국민당 "제5전구사령장관부"(第五 战区司令长官部)가 로하구에 진출한 것은 1938년 가을, 그로부터 1945년 봄 6년간 로하구의 연극은 빠른 발전을 가져오면서 당지 인민군중의 뜨거운 환영을 받은 것으로 나타난다. 이익성 소속 조선의용대 제2대 등은 그 후 국민당통치구를 벗어나 북상하여 중국공산당이 지도하는 햇빛 찬란한 태항산 항일근거지로 진출하지만 로하구 등지에서 활동하던 기간 국민정부 군사위원회 정치부 제3청 항적연극대 제4대와의 뜨거운 배합으로 가극 "아리랑" 등을 무대에 올리며 두터운 우정을 이어 갔다. 현재까지도 유감스럽게 조선의용대 제2대의 공연으로 된 가극 "아리랑"의 극본과 아리랑 공연 자료를 수집하지 못하고 있다는 사실이다.

2. "아리랑"이 맺어준 김산과 님 웨일즈

"내 전 생애는 실패의 연속이었다. 우리나라의 역사도 실패의 역사였다. 나는 단 하나에 대해서만, 나 자신에 대하여 승리했을 뿐이다. 그렇지만 계속 전진할 수 있다는 자신감을 얻는 데에는 이 하나의 작은 승리만으로도 충분하다."

- 김산의 말 중에서 -

"그는 내가 7년 동안 동방에 있으면서 만났던 가장 매력적인 사람 중의 하나였다"

- 님 웨일즈의 말 중에서 -

1937년, 중국 산시성 연안[13]의 한 동굴에서 님 웨일즈와 김산이 운명적인 만남이였고 서로 마주 앉았다. 중국에서의 미국인 여기자와 조선인 사회주의 혁명가의 만남으로 님

13. 옌안(延安, Yán'ān 연안)은 중국 산시성 시이다. 인구 약 210만 명이다. 중국 공산군 장정의 종착지라서 중화인임민공화국에서는 혁명의 성지이며, 섬서성북부에 있는 도시이다. 이 도시는 중국 노동적군 2만 5천리 장정의 종점이다. 그리고 1935년부터 1948년까지 중국공산당의 근거지였다는 이유로, "혁명의 성지"라 불린다.

웨일즈에 의해 "아리랑"으로 기록됐고 "아리랑"이 역사의 세월을 거쳐 세상에 빠르게 알리여 졌고 공개되었다. 조국의 독립을 머나먼 중국 땅에서 외쳐야만 했던 수많은 독립운동가와 항일투사들의 항일투쟁과 독립운동을 위해서 조국 독립을 염원했고, 조국 독립을 위해 노력했다.

중국 조선족의 항일독립투사, 사회주의 혁명가, 아나키스트, 국제주의자이자 민족주의자들이 님 웨일즈의 아리랑에 대한 초록을 만들게 한 분이 "김산"이다.

김산은 어린 나이인 15살의 나이에 독립선언문에 감화를 받아 나라의 독립을 위해 과감하게 가족의 반대도 무릎쓰고 중국으로 건너가 무관학교에 입학하여 독립을 위해 첫 발을 내딛는다. 요즘 한국의 청소년들은 15살 이라면 미래는커녕 학교의 울타리 안에 갇혀 살아가는 청소년들이 비교가 된다.

중국혁명사를 돌이켜보면 중국혁명에 기여한 우리 민족들의 위인들이 많이 계시지만 1930년대 벌써 중공 북평 시위 조직부장을 담당한 조선족혁명가 김산있고, 그를 도운 외국인이 있었다. 그 외국인을 두고 미국 에드가 스노우[14]의 전 부인 님 웨일즈는 1937년 중국혁명의 성지 연안에서 전후 7권에 달하는 취재수첩을 기록하게 되었다. 1941년에 미국 뉴욕에서 "아리랑의 노래(중국혁명의 대오속의 한 공산주의자)[15]" 를 출판하여 반항을 일으키며 미국의 독자들과 세상 수많은 독자들의 심금을 울리는 노래였고, 음악 이였다. 님 웨일즈 또는 김산 이라 하면 아리랑을 연상시키며 떠오르는 것이며 현대적으로는 한민족의 디아스포라의 상징으로 떠오르고 있다.

님 웨일즈[16]와 김산의 합작으로 된 "아리랑의 노래"를 펼치면 김산은 님 웨일즈의 취재에 응하면서 중국혁명에 뛰어든 우리 조선인혁명가들은 중국혁명과 조선혁명의 "마지막 아리랑고개를 넘어가고" 있다며 이렇게 말한다.

---

14. 드가 스노우 (미국, Edgar Parks Snow, 1905년~1975년) 전 사진작가
미국 미주리주(Missouri)의 캔사스시(Kansas City) 출생, 미국의 저널리스트이다. 그는 특히 서방 기자로는 최초로 중국 공산당의 본부가 있던 산시성 바오안(宝安)을 방문 취재하여 저서《중국의 붉은 별》(Red Sta Over China)를 출판(1937년), 서방에 마오져둥이 알려지는 데 큰 역할을 했다.
15. 여기에서의 대오(隊伍)란 중국 군대 속에서 이루어졌다는 사실이다. 군대의 줄. 항오(行伍)라고도 한다.
16. 님 웨일즈(Nim Wales, 1907~1997): 님 웨일즈는 필명이다. 본명은 헬렌 포스터 스노, 1932년 에드거 스노와 결혼하면서 이름에 덧붙여진 남편의 성씨를 1949년 이혼한 이후에도 떼지 않았다. 자서전『중국에 바친 나의 청춘(My China Years)』(한기찬 옮김, 지리산, 1994), "이 한국인은 모든 것을 다 잃고 말았으면서도, 자기 자신의 '영혼'을 획득하고 있었다." "훗날 나는 어느 한국 공산주의자의 일생을 그린『아리랑』을 집필했다." 님 웨일즈가 휴식을 취하기 위해 필리핀에 머무는 동안 집필한 두 권의 책 중 하나가『아리랑』이다. 김산과『아리랑』에 대한 자서전의 언급은 간헐적인데다 이마저 단편적이다.

한반도 조선에는 한수의 민요가 있다. 그것은 고통과 번뇌에 허덕이는 중국 인민의 뜨거운 심장에서 지어져 나온 아름다운 옛 노래이다. 절절하게 느껴지는 아름다운 선율이 모두 슬픔을 담고 있는 것이어서 그것은 실로 비장한 노래가 아닐 수 없다. 조선이 오랜 세월을 두고 비극 적이었던 것과 같이 이 노래는 참으로 슬픈 서정을 담고 있다. 그것이 하도 아름답고 비극적인 것으로 하여 이 노래는 300년 이래 모든 조선(남, 북한)사람들에게 애창 되여 왔던 것이다.

김산은 서울 부근에 "아리랑고개"라는 고개가 있다면서 이런 이야기를 들려준다. 이씨조선왕조 시대, 폭정을 일삼던 그 시대에 이 고개의 영마루에는 아름드리 소나무 한그루가 서 있었다. 이 소나무는 그 나이를 알 수 없이 허구 헌 날 거치여 온 노송 이였다. 노송이다 보니 오랜 세월의 언덕을 넘고 넘으며 수 백년 이란 기나긴 세월 속에 이른바 죄인들이 극형으로 죽어가는 모습을 보아왔다. 말 그대로 사형장이여서 몇 만 명이라는 사형수가 이 노송의 옹이 불거진 가지에 목매여 죽어야 했고 시체로 그 곁의 벼랑에 드리워 효시 되어야 했다. 세월의 수인들 가운데는 진짜배기 산적도 있고 보통 죄인도 있으며 이씨 왕족의 역적도 있고 정치상의 반역아들도 있었다. 이른바 죄인들이라는 이들 거개가 이씨왕조의 폭정에 반항한 평민들이거나 학정과 부정의를 반대하여 싸운 반역청년들이였음은 두말할 것도 없다.

전설에 의하면 이들 반역청년들 가운데의 한 젊은이는 옥중에서 비장한 노래 한수를 지었다고 한다. 그리고 그 자신이 쇠사슬을 찬 두발을 간신히 끌며 아리랑고개를 톺아 오르면서 그 비장한 노래를 불렀다고 하니 듣는 이들의 가슴을 세차게 흔들어 놓은 모양이다. 이 노래는 세찬 전파로 화하여 급속히 나라 민중들에게 전해지고 사형선고를 받은 사람들은 모두 이 노래를 부르며 사형장에서 한생을 마쳤다.

김산이 님 웨일즈의 취재에 응하면서 들려준 전설이다. 그러면서 김산은 아리랑의 노래를 이렇게 평가한다.

김산(1937년 모습)과 님 웨일즈의 모습

"아리랑의 노래"는 조선의 비극의 상징으로 되고 있다. 노래의 내용은 끊임없이 고해를 넘고 넘어 앞길을 헤가르고 나가도 결국에는 죽음만이 눈앞에 보일 뿐이라는 의미를 나타낸 것이다. 이것은 죽음의 노래인 것이지 삶의 노래는 아니다. 그러나 죽음은 패배가 아니다. 많은 죽음가운데서 승리가 산생되는 일이 있는 것이다. 우리들 가운데는 이 옛 "아리랑의 노래"에 새로운 한절을 더 보충하려는 사람들이 있다. 그 최후의 한절은 아직 지어지지 않고 있다. 우리 동지들 가운데의 많은 사람들이 이미 이 세상을 떠났다. "압록강을 건너" 망명하고 있는 사람은 더욱 많다. 그렇지만 귀국할 날은 그리 멀지 않을 것이다.

1910년, 삼천리강산이 일본에 의해 강제 합병 되였을 때 아리랑노래의 다섯 번 째 한절이 새로 지어져 옛날부터의 가사에 첨가 되였다. 이렇듯 여러 가지 다른 가사들이 100수 가까이 지어졌다. 그중에는 "아리랑 사랑의 노래"라는 노래도 있다. 남, 북한과 만주 평야와 산해관 넘어 광활한 대지를 막론하고 조선인혁명가들이나 중국인들도 "아리랑의 노래"를 즐겨 부른다. 1921년에 한 조선인 혁명가는 죽음을 눈앞에 두고 "위험한" 노래 한절을 지었다. 또 한 사람은 "아리랑의 고개를 넘어 간다"라는 혁명적인 비밀의 한절을 엮었다. 이 새로운 두절의 노래를 불렀다고 반년간이나 투옥당한 중학생들이 많고 많다. 1925년에 서울에서 그런 봉변을 당한 사람이 있다.

김산은 "아리랑의 노래"에는 "아리랑고개는 열두나 고개"라는 한절이 있고 조선은 벌써 열두 개 이상의 아리랑고개를 고통스레 넘어 왔다면서 일본침략자들을 몰아내기 위하여 끝까지 싸우려는 강렬한 의지를 드러내 우리 한겨레 혁명가의 본색을 그대로 보여주었다.

과연 김산은 누구일까?

김산이 구술하고 님 웨일즈가 정리한 "아리랑의 노래" 회상부분에서 김산은 "나에게도 유년시절이라는 그러한 시절이 있었음에는 틀림이 없다"라고 시초를 떼면서 이렇게 이야기 했다.

"나에게는 집을 떠나 자립생활의 길에 들어선 열한 살에 나는 소년이 어리였다고는 도무지 생각되지 않는다." "나는 일본으로, 만주로, 중국 내 떠돌아다니면서 배고픈 배외에는 다만 세 나라 말 사전 하나를 끌어안고 유랑생활을 하던 초췌한 형색에 슬기로운 포부를 지닌 한 학생이 젊지 않았다는 것밖에는 기억되지 않는다."

김산은 1905년생이고, 평안북도 용천군 북중면 하자동 가난한 한 농민의 셋째 아들이며 본명이 장지락이며 고향땅에서 소학교와 중학교를 다니다가 15살에 결연히 진리를 찾아, 새 학설을 찾아 일본 유학길에 오른다. 러시아에 가서 공부하고 일본 도쿄 제국대학 입학 꿈을 접으니 1919년 초겨울 고향 귀향길이다. 둘째 형님이 준 돈 200원을 가지고 중국 안동을 거쳐 하얼빈에 이르렀으나 러시아행 기차가 통하지 않아 방향을 바꾸니 중국 남만(길림성 매하구시 일원)에 있는 조선독립군 양성에 취지를 둔 신흥무관학교 입학과 졸업이다.

그 뒤 김산은 상해와 북경에서 공산주의자 이동휘를 알고 중국공산당 창시자 중 한사람인 이대소와 구추백을 알게 되며 레닌의 막스주의만이 중국과 조선을 온 세계에 개조 할 수 있는 새 학설이라고 확신하며 사회주의와 공산주의자로 성장한다. 이 길에서 찾아 간 곳이 1925년 가을 중국혁명의 중심지 광주행이요, 황포군관학교와 중산대학에서의 활동이요, 1927년 11월 천지를 진감하는 광주봉기 참가다.

남창봉기[17]에 이은 위대한 광주봉기에서 조선인 3명이 광주봉기[18] 군사총지휘 엽정의 군사고문과 군사참모로 나섰다. 그들로는 엽정의 군사고문 이영(이용이라고도 한다)과 엽정의 군사참모 양달부, 엽정의 군사참모 김산인데 김산은 또 광주봉기 주력군인 통역관이기도 하였다. 그중 김산과 관계가 밀접한 양달부는 광주봉기 5인군사책임자의 한사람으로 위망이 대단한 사람이 였다.

광주봉기가 실패한 후 김산은 조선인 오성륜 등과 함께 광주 시내의 72열사 기념탑이 있는 데로 이동 후 그 해 12월 13일 아침에 광주를 떠난 일행은 천신만고 끝에 다음해(1928년) 1월 7일 해육풍에 도착하였다. 해육풍은 광주의 동쪽방향으로서 해풍현과 육풍현으로 이루어진 이 고장에는 1927년 11월 21일에 중국의 첫 노농정권 해육풍 소련정권이 수립 되여 있었다. 수천 명에 달하는 해육풍 러시아(구 소련)의 혁명 군중들이 약 100리를 걸어와 중도에까지 마중을 나와 뜨거운 환영을 하니 그동안의 모든 고생과 마음이 사라졌다. 그때 해육풍으로 이동한 조선인혁명가들은 김산 등 10여명이었다.

김산은 광동 해육풍 혁명재판소 7명 위원가운데의 한사람으로 활동하였다. 그때 해육풍에는 2,000명 남짓한 병력을 가진 홍군 제4사와 800명 병력을 가진 홍군 제2사, 노농혁명군, 농민적위대 등 무장부대가 있었지만 1928년 2월 이 후 수만에 달하는 적군이 해육풍을 포위하고 있다가 공격을 발동한데서 3월 중순이후 매롱까지 빼았겨 김산 일행 10명은 산속으로 들어갔다.

그들은 산속 산비탈 후미진 곳에서 아무도 없는 빈 절집에서 기거하며, 야생 개한마리를 잡아 모두가 모닥불무지를 둘러싸고 앉으니 노래가 저절로 흘러나온다. 이때를 두고 "김산 평전"의 저자인 한국의 이원규선생은 북간도 화룡 출신의 오성윤이 북간도의 "농부가"를 불렀다고 쓰고 있다.

---

17. 난창 봉기(중국어:南昌起義)는 1972년8월1일 중국 장시성 난창(南昌)에서 일어난 공상주의자들의 봉기로 국공 내전기간 중국 국민당과 중국 공산당 사이에 벌어진 최초의 전투였다.
18. 광저우 봉기(廣州起義) 또는 광저우 폭동(廣州暴動)은 1927년 12월 11일 중국 광둥성 광저우 시에서 소비에트 건립을 의도해 발생한 폭동으로 중국공산당의 장태뢰(張太雷), 엽검영(葉劍英) 등이 현장을 지도하였고, 한국인 공산주의자 최용건 등이 가담하였다. 광주폭동 광저우코뮌 폭동, 광저우사태(廣州事態)로도 부른다.

여봐라 농부들 내 말 듣소
이 논배미에 모를 심어
장잎이 훨훨 휘날린다.
어널널 상사디야

이 논배미를 얼른 심고
장고배미로 넘겨 심소
누런 질바를 제껴 쓰고
거들거들 잘도 심네

오성윤의 구성진 노래 소리는 그 자리에 있던 광동 출신 처녀의 관심을 자아냈다. 처녀가 무슨 노래냐고 묻자 오성윤은 그 뜻을 설명해 주고 처녀는 뭔가 느끼는 듯 머리를 끄덕이더니 자기 고향 광동 지방의 "농부가"를 부르기 시작한다.

이번에는 김산이 자기가 제일 좋아하는 조선의 노래라며 아리랑 노래를 부른다. 김산이 가르쳐주니 모두가 같이 부르며 눈물을 흘린다.

아리랑 아리랑 아라리요
아리랑 고개로 넘어간다
나를 버리고 가시는 님은
십리도 못 가서 발병 난다

아리랑 아리랑 아라리요
아리랑 고개를 넘어간다
아리랑 고개는 별고갠지
넘어갈 적 넘어올 적 눈물만 나네

눈물을 흘리기는 중국 사람들도 마찬가지다. 특히 김산을 몹시도 따르는 광동 출신의 처녀는 노래의 가사도 슬프지만 곡조가 더 슬프다며 보다 어깨를 들썩이며 운다. 지금까지 알고 있는, 조선인혁명가들이 멀리 광동땅에서 부른 20세기 20년대 후반의 아리랑 노래이다. 그것도 조선족혁명가 김산과 이어지는 아리랑 노래의 첫 시작이고 첫 알림으로 말이다.

광동 해육풍지구를 탈출한 후 김산은 상해를 거쳐 북경에 이르렀고 북경 지하당시위 조직부장으로 활동한다. 김산은 "아리랑 노래"에서 자기는 "북경의 공산당서기의 직무를 담임하였으며 인사문제를 취급하는 화북조직위원회 위원으로" 뛰었다, "거의 2년 동안 나는 북경의 공산당서기의 직무를 맡고 지하활동의 임무를 성공적으로 수행하고 있었다" 고 회고한다. 중공북경시위 서기라는 뜻이니 김산은 북경시위 서기 2년만인 1930년 11월 북경에서 적들에게 체포되어 감방에 갇히게 되였다. 김산은 감방 벽에 "나는 여기서 또 아리랑고개를 넘어간다."고 써놓고 자기 이름까지 박아놓았다.

1931년 2월, 김산은 조선 사람이라고 일본 측에 넘겨지면서 압록강 너머 북한(조선) 신의주감옥으로 이송 되였다. 김산이 갇힌 신의주감옥 독방에는 "26년을 사나 백년을 사나 매일반이 아닌가. 아무튼 인생은 한번뿐이거늘 나는 불행하지 않노라." "나는 죽어 염라대왕으로 되련다. 환생하여 돌아오면 조선 국내의 일본사람들을 몰살시켜 버리리라." 등 수인들이 써놓은 문구들이 수두룩하였다. 아리랑 노래에 대한 문구들도 수태 있었다.

신의주감옥에 앞서 김산이 북경에서 천진으로 호송될 때 동행한 사복경관은 와세다 대학 출신 일본 사람이었다. 어딘가 감상적인 기질의 사복경관은 김산을 숭배하는 모양인데 자기 부인이 조선사람 이라며 제일 좋아하는 노래를 들려 줄 것을 바랐다. 이에 김산은 오늘 같은 날에 내가 부를 수 있는 노래는 단 한곡-오랜 옛날부터 죽음과 패배를 노래한 조선의 민요 아리랑의 노래뿐이라며 낮은 목소리로 불러주었다. 일본경관이 지금까지 들어본 노래가운데서 제일 아름다운 가곡이라고 찬탄하자 김산은 이렇게 말하였다.

"당신의 부인은 이 노래를 알고 있을 겁니다. 조선 사람은 세세대대로 이어 내려오며 이 노래와 친숙해 왔습니다. 만일 당신의 부인이 혼자서 이 노래를 흥얼거리는 것을 당신이 듣게 되거들랑 당신은 부인에게 새 옷을 사드려 사랑해 줄 것을 부탁드립니다."

"아리랑의 노래"에 나오는 김산의 회고담이다. 김산은 "아리랑의 노래"에서 아리랑 노래는 자기가 제일 좋아하는 노래라고 몇 번이고 말하고 또 말한다. 그만큼 아리랑 노래는 김산의 마음이요 정신이 몸에 뿌리를 깊이 내리였고 김산의 삶에 생활되여 있었다.

1930년 11월과 1933년 5월 김산은 전후 두 차례나 일본경찰에 체포되어 투옥되었고, 죽음이 다가와도 굴하지 않았다. 1936년 말에는 "조선민족해방동맹"의 위탁을 받고 북방국의 소개에 의해 연안 주재 중국조선인전권대표의 자격으로 연안에 들어갔고 1937년 미국인 님 웨일즈의 전문 취재를 받게 되였다. 그때 님 웨일즈는 김산에게 이런 물음을 던지었다.

그 당시 취재의 내용이 한국 이원규선생의 "김산 평전"에 나와 있다.[19)]

"당신은 처음 체포당해 천진으로 이송될 때 감방 벽에 '나는 여기서 또 아리랑고개를 넘어간다' 고 썼다고 했으며 그게 조선의 대표적인 민요라고 했지요? 친절을 베푼 호송경관에게 그 노래를 불러주었다고도 했지요? "

님 웨일즈의 물음에 김산은 머리를 끄덕이며 대답한다.

"그래요. 그건 조선을 대표하는 노래이지요. 조금 전 중국과 일본의 전쟁에 대한 전망을 말했지만 우리 조선은 아리랑고개를 넘어가고 있는 거지요."

그러면서 님 웨일즈의 청에 의해 고즈넉한 음성으로 아리랑을 부른다.

---

19. 저자 이원규는 항일투쟁사 전체를 통찰하는 맥락 속에서 김산의 존재 이미를 확인하고 주변 인물들의 다양한 시각을 덧붙여 김산의 생애를 풍부하게 복원해 냈다. "김산평전"(이원규 지음, 2006년 10월 실천문학사 출판)

아리랑 아리랑 아라리요
아리랑 고개로 넘어간다
아리랑 고개는 열두 구비
마지막 고개를 넘어간다

청천하늘에는 별도 많고
우리네 가슴엔 수심도 많다
아리랑 아리랑 아라리요
아리랑 고개를 넘어간다

김산의 노래가 끝나자 님 웨일즈는 가사를 알파벳으로 적어달라고 부탁하고 김산은 그녀의 노트에 한글, 영문 번역, 알파벳 발음을 적어주었다. 그러자 님 웨일즈는 "아름다우면서도 슬픈 느낌을 주는 노래"라고 찬탄해 마지않으면서 다시 불러달라고 한다. 김산이 다시 부르자 님 웨일즈가 따라 부른다. 그녀가 혼자 부를 수 있을 때 김산은 의미심장한 말은 던져준다.

"이 민요는 300년이나 된 노래예요. 수없이 많은 고난을 뛰여 넘어도 마침내는 죽음을 맞을 뿐이라는 느낌을 주지요. 죽음의 노래이지 삶이나 희망을 담은 노래는 아니예요. 그러나 죽음은 패배가 아닙니다. 무수한 죽음 뒤에서 승리가 꽃필 수 있으니까요.."

님 웨일즈가 아리랑의 노래가 조선의 현실을 담고 있는 것 같다고 하자 김산이 이어 말한다.

"그래요. 그러나 명심할게 있어요. 당신과 내가 처음으로 만났을 때 이야기했던 체념, 그게 아니예요. 죽음으로 멸망하는게 아니라 거기서 꽃이 피는 것이니까요. 그래서 차라

리 변증법의 논리와도 통하는 것이지요. 1020년대 초기에 우리 조선의 독립군은 만주에서 일본 정규군을 많이 죽였어요. 그때 용사들은 이 노래를 불렀어요."

님 웨일즈는 머리를 끄덕이며 혼자 아리랑 노래를 부른다. 끝까지 부르고는 "곡조가 가슴을 적신다"고 몇 번이고 되새긴다.

때는 1937년 8월 말. 님 웨일즈의 김산과의 인터뷰는 20번 이상 이어 오면서 마지막 인터뷰를 맞이하게 된 것이다. 님 웨일즈는 조선의 민요 "아리랑의 노래"에 깊이깊이 매료되었고 자기와 김산과의 공동저술로 책을 내기로 합의를 본다. 이 글의 서두에서 밝힌 것처럼 님 웨일즈는 그 뒤 1941년 미국 뉴욕에서 책을 출판하면서 "아리랑의 노래"라고 제목을 달게 되였다. 아리랑은 조선의 민요일 뿐만 아니라 김산을 뜻하는 상징어로 되여 오늘에 이르렀다. 그러나 김산은 "아리랑의 노래" 출판을 보지 못하고 1938년 교도소에서 그는 오히려 사회주의자 중에서도 좌익에 해당되는 인물이었는데, 막상 일본의 스파이, 트로츠키 주의자로 몰려 인생의 고비를 맞고 결국 사형 당했다. 중국 중앙 조직부에 의해 명예를 회복하고 당적을 회복한 것은 1983년 1월의 일이다.

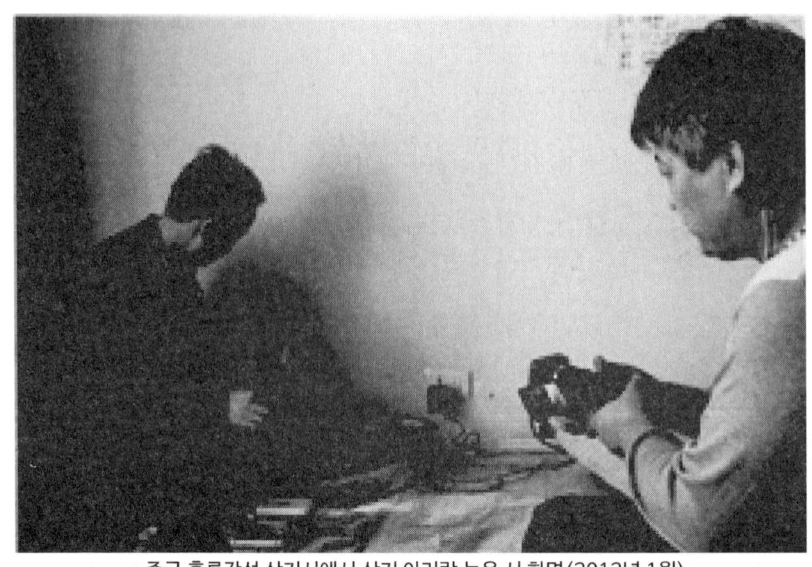

중국 흑룡강성 상지시에서 상지 아리랑 녹음 시 화면(2012년 1월)

3-1. 1940년 서안에서 가극 "아리랑" (1)

1930년대 후반 중국의 무한, 중경, 서안 등지에는 피 끓는 우리 겨레의 젊은이들로 묶어진 “조선 청년 전시 복무단”과 “한국청년전지공작대”가 활동하고 있었다. 1938년 7월 4일 한구에서 조직된 조선 청년 전시 복무단(단장 이건우)은 7.7사변, 항전 한돌 기념일 7월 7일 한구 헌납금음악대회서 “아리랑”등 노래로 한구를 올렸었다면, 1939년 11월 11일 중경에서 발족(대장 나월환)한 한국청년전지공작대는 가극 “아리랑”등으로 서안을 다시 한 번 무대에 올렸다. 이날은 1940년 5월 22일. 한국청년전지공작대(战地工作队)는 서안 남원문(南院门)실험극장에서 7일을 기한으로 한 항전부대위문공연 첫 공연을 가지기로 하였지만 관중들의 강렬한 요구에 의해 3일을 더 연장하여야 했다.

서안 남원문 실험극장은 항전에 떨쳐나선 중국항일군민들로 차고 넘치었다. 오후 6시를 가리키자 갑자기 사자의 포효와 같은 북소리가 울리더니 작달만한 키에 다부지게 생긴 한 조선청년이 조선청년대표 축사로 선참 무대에 나섰다. 한국청년전지공작대 대장 나월환(罗月焕)[20]이다. 그는 축사에서 “우리는 배우들이 아닙니다. 우리는 곧 전방으로 떠날 전투원들입니다.”라고 소개하면서 이번 항전부대위문공연은 전선에서 싸우는 장병들에 드리는 우리의 경의와 항전결심을 표시하는 것이다, 앞으로 우리 다시 만남의 기회를 가질 것이다, 우리 다 같이 우리 공동의 적인 일본제국주의와 결사적인 투쟁을 열리고자 하는 내용의 축사를 하였다. 실험극장에 모인 장병과 관중은 우렁찬 박수소리가 터져 올랐다.

1939년 11월 말에 전지공작대의 20여명 청년들이 선참 서안에 진출하며 1940년 양력

20. 독립운동가인 나월환(1912~1942) 전라남도 나주출신, 호는 송죽(松竹). 1924년 3월에 인천공립보통학교를 졸업, 일본 동경 세이조중학교(成城中學校)졸업, 아오야마학원(靑山學院)에입학, 1932년 상해로 망명, 한국혁명당에 가입 후 철혈단(鐵血團)을 조직하며 일제와의 투쟁. 1936년 황포군관학교로 불리우는 중앙육군군관학교 제8기생 졸업, 그해 9월이후 남경 중국헌병학교 및 군관학교에서 교수로 활동, 1942년 3월 31일까지 서안(西安)의 한국광복군훈련소에서 광복군을 훈련하였으나 동료간의 불화로 인하여 간부들에 의하여 암살되었다. 고인의 공훈을 기리기 위하여 1963년에 건국훈장 독립장을 추서하였다.

설날 서안각계연합 가창회(西京各界联合 歌咏会)에서 서안에서의 첫 모습을 들어냈다. (전지공작대 본부는 서안시 북대거리 2부가 29번지(西安市 北大街 二府街 29号, 현재 자리에는 중급인민법원 자리)에 있었다..

그때 일본침략군을 여지없이 무찌른 예악대첩(豫鄂大捷, 하남과 호북 대첩)의 소식이 전해지면서 전국이 들끓는다. 하남전선과 접하고 있는 서안의 여러 분야 부녀자들은 즉각 일떠나 항전에 나선 전방장병들 위문을 위한 운동을 활발히 벌린다. 한국청년전지공작대에서는 이에 적극적으로 호응하면서 가극 "아리랑" 등 공연을 조직하며 그 공연비를 위문공연으로 돌리기로 하였다. 서안 남원문 실험극장에서의 공연은 이렇게 올렸다.

가극 "아리랑"과 "한국일 용사"(韩国一 勇士) "국경의 밤"(国境之夜) 등 극(戟)이 차례로 펼쳐진다. 가극 "아리랑"은 전4막에 서곡, 봄이 왔네, 목가, 아리랑, 한국행진곡, 사향가 등 여러 수의 독창과 합창으로 이루어졌는데 가극에 나오는 노래 작곡자와 연출은 한유한(韓悠韓)이라고 밝히어진다.

자료로 펼쳐지는 가극"아리랑" 공연설명서를 보면 한유한을 비롯한 공연대회 직원으로부터, 무대 일군들, 배우소개, 가극소개에 이르기까지 상세히 알려져 자못 흥미롭다.

아래 그 순서들을 소개하여 본다.

대회 직원:

대회주임……나월환(罗月焕)

총무주임……주향영(周向荣)

교제주임……반운생(潘云生)

극무주임……한유한(韩悠韩)

총 초 대……구양군(欧阳君)

규 찰 장……현이평(玄以平)

무대 일군들:

연　출……한유한(韩悠韩)

무대감독……전　영(田荣)

앞 무 대……오　도(吴涂)

뒤 무 대……하　유(何有)

장　치……범　리(范里)

복　장……김성호(金成浩)

도　구……림재남(林载南)

효　과……왕자(王者)

조　명……류화(刘晔)

화　장……왕자

제　시……한유한, 하유, 뢰군(雷群)

무대기록(场记)……작생(作生)

배우표:

시골처녀(村女)……심승연(沈承衍)

목　동(牧童)……한유한

목동의 아버지……김송죽(金松竹)

목동의 어머니……리경녀(李敬女)

목동의 아들……전영(田荣)

한국이주민……20명

한국혁명군……35명

1막

가극 "아리랑"의 대회직원들로부터 무대일군, 배우에 이르는 아리랑의 관련소개이다. 지난세기 30년대로 보는 우리 겨레의 항일공연, 더욱 연극계 극들에서 보기 어려운 진행

순서소개에 흥미가 더해진다. 아리랑의 연출 한유한 등에 대해서는 본문에서 글의 흐름에 따라 전문 밝히어 보기로 하고, 가극의 전반을 헤아리면 1막은 40년 전 평화롭고 자유로운 금수강산의 봄날 아리랑산을 배경으로 하여 주의를 끌고 당긴다.

무대막이 올리면 배우순서에 시골처녀로 나타나는 한 아리다운 처녀가 아리랑산 이전에서 "봄이 왔네"를 구성지게 부르며 산나물을 캐고 있고, 산 뒤 모퉁이로부터 한 목동이 "목가"(목동의 노래)를 부르며 양떼를 몰고 등장한다. 한창 젊음에 넘치는 시골처녀와 시골총각이 부르는 "봄이 왔네"와 "목동의 노래", 그 속에서 시골 처녀와 총각은 아늑한 봄날에 취하며 시름없이 사랑을 속삭인다.

1940년 5월 항일가극 "아리랑" 공연글을 실은 "한국청년" 잡지 (사진자료)

2막

5년 후, 순진한 시골처녀와 시골총각(목동)은 이미 부부사이인데 한 하늘을 떠나 살수 없는 야수(일본침략자)들이 들이닥쳐 아리랑산촌은 피로 물들고 젊은 부부의 사랑단꿈은 산산조각이 난다. 아리랑 정상에는 일장기가 펄럭이고 간신히 피바다를 벗어나 아리랑고개를 넘어가는 한때의 마을사람들은 구슬프게 아리랑을 부른다. 이 비참한 광경 속에서 아리랑산촌의 젊은 부부는 빼앗긴 나라, 빼앗긴 고향을 되찾겠다고 맹세를 다지며 늙은 부모님들과 작별하고 혁명군에 참가하여 압록강을 도강하려고 서두른다.

3막

무대가 펼쳐지면 무대배경은 35년 후의 고향마을이다. 젊어서 한국행진곡을 부르며 혁명군과 더불어 적진을 들 끌던 아리랑산 젊은 부부는 다시 압록강을 건너 고향마을로 돌아왔고 사향 곡을 부르며 35년 전 사랑하는 부모님들과 작별할 때 언약 "오래지 않아 우린 광명을 안고 돌아오겠습니다!"를 상각한다. 그러나 현실은 의연히 일제 놈들의 통제아래 짓밟히는 조국이요 고향마을을 보면 억장이 무너진다.

그 옛날 젊은 부부가 늙어버린 오늘의 신세(생활)와 멀고 먼 희망의 내일을 두고 한(개)탄할 때 우렁차고 힘찬 한국행진곡이 울려 퍼지면서 혁명군대가 다가온다. 이미 늙은 노인이 된 그 옛날 젊은 부부는 어린 아들을 앞세우고 혁명군에 다시 참가한다.

4막

"한국행진곡"이 다시 울려 퍼진다. 늙은 노인은 이미 일제 놈들과 싸우다가 장렬히 희생되고 일장기가 펄럭이는 아리랑산 정상에 한국(조선)의 국기/태극기가 펄펄 휘날린다.

스토리로 보는 가극 "아리랑"은 개괄적인 흐름이다. 아리랑 자체가 가극이다 보니 극중에는 여러 가지 수의 노래들이 펼쳐진다. "서곡"과 1막의 민요 "봄이 왔네"(시골처녀 독창), 목가 (창작곡, 목동 독창), "한국강산 삼천리"(창작곡, 혁명군 합창) 등이 그러하다. 2막에서의 민요 "아리랑"(마을사람들 합창), 3막의 "출정행진곡"(창작곡, 혁명군 합창), 민요 "사향가" 즉 고향생각(35년 후 시골처녀와 목동의 중창), 4막에서의 "한국행진곡"(창작곡)도 예외가 아니다.

가극 "아리랑"에서의 노래들이 이러하다면 가극에서의 창작곡 작곡, 연출, 무대감독, 해설, 악단총지휘, 피아노와 바이올린 연주, 남자주인공 목동 역 등 1인 7역을 한유한 혼자서 도맡은 것으로 알려진다. 한유한은 가극 "아리랑"에서 조선(한국)민요 아리랑, 봄이 왔네, 고향생각 등을 주제곡으로 하면서 민요는 모국어로 부르고 창작곡과 대사는 중국이를 사용했다. 작곡에서도 목동의 노래, 한국강산 삼천리, 출정행진곡, 한국행진곡 등 독창곡과 합창곡을 자기가 손수 작곡하였다. 이뿐이 아니다. 무대에서의 남자 주인공 노래도 직접 불렀다. 그때 한유한의 나이 30살, 혼자서 1인 7역을 소화하며 한국(조선) 최초의 오페라로 불리는 가극 "아리랑"을 중국의 서안에서 항전무대에 올렸다는 것은 정말 경탄을 자아내는 일이 아닐 수가 없다.

3-2. 1940년 서안에서 가극 "아리랑" (2)

2009년 10월 11일 관련 인터넷에 올린 한편의 장문 "한국 최초 오페라 '아리랑'의 작곡자 한유한"[21] 광복 후 조국, 한국으로 돌아온 한유한은 자신이 15년간 중국에서 펼쳤던 애국음악활동을 숨기고 부산대 중국어과 교수로 조용히 살다가 1996년 87세로 생을 마감했다면서 한유한의 수수께끼 같은 인생에 얽힌 의문을 풀기 위해 그가 활동했던 중국일대를 탐방했고 증언을 청취했다고 밝히면서 한부의 드라마 같은 이야기를 전하고 있다.[22]

서안의 원로음악가 왕해천(王海天)선생으로부터 당년 "아리랑"의 초연 당시 여자주연 심승연(沈承衍)[23] 을 그의 장녀인 안휘성 예술학원 연극교수 전평(田平)이 함께 살고 있었다고 한다.

1940년 봄, 심승연은 공산당 홍군의 첩자로 몰려 국민당군 호종남의 부대감옥에 갇히고 그때 국민당 제34집단군 10사 정치부 소속 중교(中校) 음악교원으로 근무하던 한유한이 심승연을 구해준다. 그리고 두 사람은 가극 "아리랑" 초연에서 남녀 주연으로 등장한다. 아리랑 출연으로 하여 심승연은 대번에 중국의 "사랑받는 프리마돈나"로 되였다고 한다.[24]

왕선생은 또 전평이 그의 어머니 수기 중에서 한유한과 가극 "아리랑"에 관한 부분이 있었다. 심승연이 국민당 호종남군에 수감된 사연, 옥중에서 남편 전영을 알게 된 사연, 한유한의 자기들 둘 구출과 가극 아리랑 출연 사연 등이 적혀 있었다. 왕해천 선생도 1943년

---

21. 2005년 8월호 "월간조선"에 한유한의 삶을 자상히 소개하고 있다.
22. 한국에는 항일 독립투사이고 예술가인 한유한의 삶을 10년 가까이 추적하는 한국해양대 김재승(金在勝)겸임교수의 글 중에서...
23. 심승연은 중국인이고 1940년 5월 22일 서안의 실험극장에서 펼쳐진 가극 "아리랑" 초연시의 여자주인공이다. 초연 때 아리랑 무대감독 전영(田英)은 심승연의 남편이고 평안북도 의주사람, 상해에서 영화와 연극배우로 무대에 선적이 있고 조선의용대에서 활동도 한 사람이라고 한다.
24. 한국에는 항일 독립투사이고 예술가인 한유한의 삶을 10년 가까이 추적하는 한국해양대 김재승(金在勝)겸임교수의 글 중에서...

천진음악학원을 졸업하고 섬서성 제2아동보육원 예술학교 피아노교사로 일할 때 한유한과 2년 정도 함께 근무를 한 사람이었다.

알고 보면 가극 "아리랑"은 서안 남원문 실험극장 등에서 10일간 초연, 제1차 공연을 가진 후 그해 1940년 6월 하순에 전시간부훈련소 제4단 간사단(干四团)과 청년 노동영(青年劳动营)에서 제2차와 제3차 공연을 하였다. 제2차와 제3차 6월의 공연은 중한청년연환회로 펼쳐졌다. 공연이 중국의 항전부대 위문인데다가 항전에서의 두 나라 청년들의 긴밀한 단결을 바란데서 중국 측 청년들의 뜨거운 호응을 받았다. 서안시 음악계의 젊은 벗들이 더더구나 열성적으로 협조하여 나섰다.

제4차 공연은 1943년 3월 1일 막을 올렸다. 공연 장소는 서안 양부거리 청년당(梁府街青年堂), 공연목적은 섬서성 아동보육원과 광복군 제2지대의 지원 하에 3.1을 기념하고 중국 관련 항일부대를 위문하기 위해서였다. 제3차와 제4차 공연사이 근 3년이란 시간차이가 있다는 점이다.

가극 "아리랑"의 여 주인공은 심승연과 무대감독 전영이 서안을 떠나고 한유한이 전지공작대 예술조장(부장), 간사단 음악교관, 아동보육원 예술학교 주임이라는 세 가지 직책을 맡아 시간을 내기 어려운데 있었다고 관련 글에서 밝혀보았다. 사실 초연공연 외 여 주연은 심승연이 아닌 오의문(伍依文)[25]이 맡아 나섰다.

1940년 5월 22일의 서안 남원문 실험극장 초연과 6월 하순의 간사단, 청년 노동영에서의 초연은 가극 "아리랑"와 함께 단막극들인 "국경의 밤", "한국의 한 용사"도 공연 되였다. 수차의 공연순서는 서로 다르게 나타나기도 하지만 국경의 밤은 한국청년전지공작대의 집체창작으로 되고 전지공작대 대장 나월환이 일본군 초병 역을 맡았다. 한국혁명군 역은 하우와 배아민이, 동북의용군 역은 전영이 일본군 군관 역은 현이평이 맡아 나섰다.

국경의 밤 전체적인 줄거리는 이러하다.

---

25. 오의문은 한유한이 전사가 가사에 작곡을 한 작사자 송개사의 부인이며, 중국의 유명한 현대무용가 오효방(吳晓邦)의 제자이고 2009년 10월 현재 홍콩에 생활하고 있다.

국경의 밤은 압록강변 중조국경선을 배경으로 펼쳐진다. 눈 덮힌 밤에 눈보라가 휘몰아친다. 철조망을 지켜선 일본군초병은 홀연 초소에 뛰어든 조선인(한국인) 혁명청년을 발견하고 자기의 무기와 힘으로 조선인청년을 체포한다. 일본군 군관과 초병의 야만적인 폭행에도 조선인청년은 조금도 굴하지 않는다.

세상을 살아가는 남자들치고 누구에겐들 부모가 없으며 처자가 없으랴, 적국의 적이라 하여 예외가 아니다. 마침 일본군 초병은 사랑하는 부인이 띄운 편지를 받는다. 눈보라 속에 홀로서서 눈물 속에 읽는 편지 "어느 해 어느 달 우리 만나게 될까요?"가 처량한 노래로 들린다. 일본군 초병은 한가슴에 엉킨 비애를 한 병의 술로 달랜다.

바로 그때 철조망 쪽에서 또 총성이 울린다. 또 하나의 조선인청년이 초소에 돌입하다가 일본군 군관에 의해 발견되고 사망 되였다. 하얀 눈 위에는 자유를 위해 희생된 열혈청년의 붉은 피가 뿌리어졌다. 이와 때를 같이하여 또 하나의 동북의용군이 적들의 엄밀한 초소를 돌파하고 두 왜놈을 죽어버리며 희생된 조선청년을 위해 복수한다.

중국과 조선(한국) 두 나라 국기가 압록강변에 펄럭인다. "국경의 밤"은 관중들을 긴장한 분위기를 이끌며 일대성공을 이룬다. 무대배치도 아주 성공적이다. 다만 전등이 없어서 등불효과를 제대로 나타내지 못해 유감이라지만 극의 성공적 공연에는 손색이 없었다.

여러 관련 자료들을 통해 가극 "아리랑"에 이어 단막극들인 "국경의 밤", "한국의 한 용사"등에 나타난 아리랑 관련 내용이다. 한유한을 총지도로 하는 서안의 초연은 대성공을 거두었다. 1902년에 천진에서 발간되어 점차 중국내 영향력이 가장 큰 신문의 하나로 자리매김한 "대공보"와 서안일보, 서안 서북문화일보, 한국청년 등 신문잡지들에서는 1940년 5월과 6월의 공연성황과 극 내용을 일제히 보도하면서 연일 높이들 평가하였다.[26]

당시 서안일보는 "놀랄 만한 일이다. 신형식의 가극이며, 중국 가극계에서 볼 수 없었던 새로운 형식을 보여주는 주목할 만한 형식 실험"이라고 극찬하였다. 또한 한국청년전

26. 한국청년"제1권 제1호는 가극 "아리랑"은 "성황리에 공연되어 비상한 성과를 거둔"공연이라고 대서특보로 기사가 나갔으며, 서북문화일보는 "비록 전등이 없어 검은 갓을 씌운 석유 등잔을 두개 걸어놓았지만 관중들의 흥미를 덜 수 없었다."고 호평하면서 "이 극의 공연은 긴장감 있는 구성, 짜임새 있는 줄거리, 각방면에 있어 (보는 이로 하여금) 만족스럽게 한다. 특히 음악과 배경의 안받침이 서안시 연극계에서 근래 보기 드문 작품."이라고 평가와 찬사를 아끼지 않았다. 라고 신문에 보도 되었다.

지공작대의 공연목적이 중국항일운동의 일환이고 공연수입을 전방 장병들의 여름 군복해결을 위한 의연금모집에 두었기에 반향과 호응이 대단히 뜨거웠다.

한국청년전지공작대의 1940년 5월과 6월 서안공연성과는 항일예술가 한유한의 뛰어난 예술성과 최선을 다한 노력을 갈라 볼 수 없다. 그 후도 1948년 9월 한국귀국에 이르기까지 한유한은 중국의 항전운동에서 빛나는 예술생애를 이어갔다. 귀국 전 2년 남짓한 기간 한유한은 국립산동대학의 예술지도원을 맡기도 하였다. 그러나 광복 후 고국에 돌아간 한유한은 정부의 요직도 뿌리치고 고향 부산으로 귀향을 했고, 한국에서 재혼을 한 후에도 호적에 두 아들의 이름을 올려놓고 1996년 6월 87세로 생을 마감할 때까지도 그렇게도, 그렇게도 사무치게 그리웠단다.

그런 한유한의 가슴 아픈 깊은 사연이 숨어있었다. 한유한에게는 중국에 두고 온 부인과 자식들이 있었다. 그는 일찍 상해 신화예술대학 예술교육과를 졸업하고 항일운동을 하면서 상해 출신의 미모의 성악가 강엽[27]을 만나 결혼하고 사랑의 결정체 아들 둘(막내는 한유한이 귀국하던 해에 태여난 1948년생)을 두었는데 부인은 남편의 귀국을 반대하였다고 한다.

부인은 친정어머니를 모시고 있은 데서 중국을 떠나기가 어려웠고 한창 신진 소프라노(고음가수)로 각광을 받기 시작한데서 더욱 그러하였다. 그럼에도 한유한은 결국 귀국을 결단하고 가족과의 이별을 선택하고 말았다. 부인의 간절한 애원을 뿌리치고 귀국선을 탔지만, 시국이 안정되면 데리러 오겠다고 약속했지만 한유한은 국문이 막혀 그 약속을 지킬 수가 없으리라고는 생각지도 못하였다.

강엽의 남동생은 한유한이 누나의 인생을 망친 나쁜 사람이여서 한유한의 큰아들 소재를 밝히기를 거절한다는 내용이 적혀있었다. 누나의 인생을 지켜본 강엽의 남동생은 누나와 두 조카를 "저버리고" 귀국을 선택한 한유한을 추호도 용서 할 수 없은 모양이었다. 강엽 남동생의 분노, 이는 강엽 남동생의 잘못도 아니고 한유한의 "죄"도 아니지 않을까, 시

27. 한유한의 부인이었던 강엽이 2004년 2월 17일에 81세로 세상을 떠났고 북경 중앙희극학원 음악학부 교수를 역임했다, 한유한의 작은 아들 적수(赤洙)는 1967년에 19세로 병고 하였다.

대의 비극, 역사의 비극은 이 세상 천천만만의 이산가족들과 더불어 한유한의 단란한 가정을 여지없이 두 나라에 내동맹이치고 말았었다. 아버지 한흥교는 일찍 손중산을 따라 1911년 중국의 신해혁명에 투신한 독립운동가이고 아버지의 주장대로 온 가족이 중국 국적에도 가입하였다 하지만, 중국 땅에서 소학교, 중학교 공부를 하며 예술대학에 다니며 어른으로 자라났다 하지만 한유한의 선택은 선조들의 태가 묻히고 자기가 나서 철부지 시절을 보낸 고국이였다.

2010년 12월 한국 부산 한형석 탄생 100주년 기념사업회에서는 한형석(한유한)선생 탄생 100주년을 기념하면서 한국의 첫 오페라로 떠오른, 1940년대 중국에서 성황리에 펼쳐진 가극 "아리랑"을 제작노트, 악보를 토대로 재구성한 후 한국 처음으로 무대에 올리게 되었다. 부산MBC 라디오에서는 2011년 8월 15일 오후 시간대에 다큐멘터리 "대륙에 울려 퍼진 오페라 아리랑"을 방송하였다. 한유한의 삶과 예술인생, 가극 "아리랑"의 의미를 되짚어보는 재조명도 활발한 추세를 보이고 있다.

중국에서의 한유한연구도 최근 년 간 활발한 움직임을 보인다. 그 선두에 선 사람은 중앙음악학원 음악학학부 교수이며 박사생도사인 양무춘 교수는 1990년대 후반부터 한유한에게 끌리며 연구를 시작하더니 2005~2006년 기간 그의 연구 성과와 한유한을 알리는 글들을 "음악연구", "인민음악", 중앙음악학원학보, 성해음악학원학보 등에서 널리 실었다. 2005년 11월 18일에는 양무춘 등 중한 두 나라 관련음악가들의 공동노력으로 "중·한, 한유한 항일가곡음악회"가 북경의 중앙음악학원 음악청에서 성황리에 펼쳐졌다. 항일전쟁시기 중국의 국민당통치구에서 맹활동한 한유한은 서안에서의 가극 "아리랑"과 더불어 이름난 항일예술가로 서서히 떠오르고 있다.

4. 가극 "아리랑" 무한시(武汉市)

1938년 2월 제2차 국공합작의 산물인 국민정부 군사위원회 정치부가 무한 한구[28]에서 정식으로 간판을 내걸었다. 국민당 측에서는 진성이 부장을 맡고 공산당 측에서는 주은래가 부부장을 맡으면서 산하 제3청을 직접 지도하여 나섰다. 정치부 산하에 4개청을 설치하였는데 제3청은 이해 4월 1일에 설립되고 북벌전쟁시기 국민혁명군 정치부 부주임으로 활동했던 공산당원 곽말약이 제3청 청장으로 부임하였다. 제3청은 또 산하에 제5, 제6, 제7 세 개 처를 두고 공산당원 전한이 예술 선전처인 제6처 처장을 맡아 나섰다.

국민정부 군사위원회 정치부 제3청은 편제소속으로 보면 국민정부 군사위원회의 한 기구이지만 실상은 팔로군 무한 판사처 책임자인 주은래의 직접 적인 지도하에 공산당을 중심으로 각 항일당파, 인민단체와 민주인사 그리고 사상계, 문화계, 학술계의 저명한 인사들을 단결하는 항일민족통일전선의 견강한 전투보루였다.

역사를 보면 1937년 12월 남경이 일본침략군에 점령된 후 무한은 사실상 전시수도(战时首都)로 되였다. 남경, 상해를 중심으로 활동하던 전국의 문인들이 무한에 모여들어 선후로 중화전국연극계항전협회, 무한문화계행동위원회, 중화 전국영화계항적협회 등을 세우고 항전선전활동을 활발하게 하였다. 1938년 3월 27일에 한구에서 중화전국문예계항전협회를 설립하니 무한은 명실 공히 전국항전활동의 중심으로 떠올랐다. 이 모든 문예단체를 지도하는 기관이 바로 군사위원회 정치부 제3청이었다.

제3청은 설립된 후 중국공산당이 내세운 항일주장과 항일구국10대강령에 따라 저명한 항일구국활동들인 1938년 4월의 "항전확대선전주"(抗战扩大宣传周)와 7월의 "7.7" 항전한돌 기념활동들을 힘차게 벌리면서 만화선전대 1개, 항전 연극대 10개, 영화 방영대 10개, 항전선전대 10개와 이름난 어린이극단 등을 조직하여 거대한 효과를 보았다.

문자선전일, 구두선전일, 가창일(歌咏日), 미술일, 연극일, 영화일을 매일 내용으로 하는 항전확대선전주 활동은 항전선전과 선전대상, 선전범위를 확대하라는 주은래의 지시에 따라 제3청에서 조직 지도한 대규모 활동이었다. "7.7"사변 1주년에 제하여 국민정부 군사위원회 정치부 제3청에서 성대한 기념활동을 호소하자 무한 3진이 들끓었다.

기념활동은 무한3진의 민중항일열조고취에 취지를 두고 7월 6일부터 3일간 한구, 무

---

28. 무한(武汉) 후베이성 성도, 중국 중부에서 인구가 가장 많은 도시이다. 세 도시 우창, 한커우, 한양이 합쳐져 만들어진 도시이다. 1920년대에 장제스의 반대편에서 왕징웨이가 이끄는 중국 국민당의 수도.

창, 한양 등지에서 일제히 헌납금모집활동으로 펼쳐졌다. 문예일군들은 헌납금모집활동의 목적이 헌납금모집에 앞서 선전으로 민중의 애국열의와 항전결심을 불러일으켜야 한다는 당의 지시정신에 따라 헌납금음악대회를 가지기로 결의하였다. 마침내 무한3진의 하나인 한구 광명대극장원(光明大戏院) 앞에 헌납금음악대회(献纳金音乐大会) 간이무대가 설치 되였다. 광명대극장은 옛 오락성건축물로서 1924년 이탈리아 상인 포트(鲍特)가 한구의 난릉로(兰陵路)에 일떠세운 환구대극장(环球大戏院)으로 거스른다. 이 환구대극장을 1929년에 류옥당(刘玉堂)과 화교 회순덕(汇顺德), 담근생(谭芹生)이 10만원을 투자하여 재건하고 광명대극장으로 개칭하기에 이르렀다. 이런 광명대극장에서 항전연극과 가창대회가 가끔 열리였다.

1938년 7월 7일 오전 9시, 한구 광명극장 앞 광장은 벌써부터 수천 명 관중들로 차고 넘치었다. 30도를 웃도는 무한의 날씨는 뜨거운 열기를 불타올랐으나 관중들은 아랑곳하지 않았다. 그들은 무대 뒷면을 덮은 검은 장막에 가로 걸린 붉은 글씨의 “헌납금음악대회” 깃발을 보면서 내심의 격동을 감추지 못하였다.

제1부 공연

한구 헌납금음악대회는 9시 반에 성황리에 열리였다. 군사위원회 정치부 제3청 청장 곽말약[29]이 음악대회의 개시를 선포하면서 연설을 하였다. 그는 연설에서 전체 중·조인민들은 한사람처럼 뭉쳐야 한다, 그 무엇으로도 깨뜨릴 수 없는 강철 같은 단결이 필요하다, 모두가 모든 힘을 항전건국위업에 바쳐야만 항전의 승리를 담보할 수 있고 일제강도를 중국에서 몰아낼 수 있다고 힘주어 강조할 때 온 광장은 우뢰과 같은 박수소리가 터져 올랐다.

곽말약(郭沫若)의 연설에 이어 왕운생(王雲生)이 연단에 올라 헌납금음악대회의 취지와 의의를 밝히면서 음악과 항일전쟁의 관계를 일목요연하게 이어 나갔다. 열광적인 박수

29. 곽말약(궈모뤄(郭沫若) 1892년~1978년) 중화인민공화국의 문학자, 정치가, 극작가이다. 본명은 개정(開貞), 호는 정당(鼎堂)이며, 모뤄(沫若)는 자이다.

소리가 다시 터져 오르며 음악대회가 시작되자 신안여행단의 10여명 천진난만한 어린이들이 선참 무대에 올랐다.

우리 모두 한맘으로
일본강도 몰아내자
헤이, 헤이, 헤이
놈들을 도쿄까지 몰아내자

맨 주먹을 힘준 어린이들의 맑고 고운 소리의 합창은 열광적인 박수갈채를 들려왔다. 어린이들은 연속 북방민요 3곡을 불렀다. 무대 아래 위는 하나로 이어졌다. 수천의 주먹들은 원수 일본침략자에 대한 중·한 인민들의 분노와 증오를 그대로 보여주고 있었다.

이번에는 독창가수로 이름난 서위여사의 차례다. 서위여사가 노래에 앞서 눈물을 흘리며 "승냥이를 몰아내자"를 부르기 시작했다. 노래는 첫 시작부터 관중들의 마음을 사로잡았다.

동포들이여 저 마을을 보시라
불길, 주검, 피의 흐름…
단결하자, 일떠나자
우리의 총칼로
승냥이를 몰아내자…

재청, 재청, 관중들의 뜨거운 재청 박수소리에 힘입어 서위여사는 "낭군님을 전선으로 보내네"를 더 불러야 했다.

혈전에서 쓰러지더라도
안해(부인)는 당신대신 집을 지키리

오직 그 나약한 자들만이

집구석에 숨어 생을 탐내지

서위여사에 이어 남성독창가수 조계해가 무대에 올라 "일락서산"과 민요 한곡을 부르고 어린이극단의 어린이들이 "일본강도 몰아내자", "형님 오빠를 전선에 보내네" 등 노래를 부르면서 관중들의 심금을 울리였다. 헌납금음악대회의 제1부, 제1부 공연은 중국인 서위, 조계해의 남녀독창과 신안여행단, 어린이극단 어린이들의 합창으로 성황을 이루었다.

제2부 공연

생기로 끓는 청년 여섯의 무대 등장으로 시작 되였다. 사회자가 이들은 "조선 청년전시복무단"(朝鲜青年战时服务团)[30]의 조선청년들이라고 소개하자 광장에서는 폭풍 같은 박수소리가 터져 올랐다. 사회자는 또 이들 조선청년전시복무단은 얼마 전에 우리 무한에서 조직되여 대무한보위전에 뛰여 들었고 그들 중 예술적 소양이 깊은 청년들이 오늘의 "헌납금음악대회"에 파견되어 중조 두 나라 인민들의 헌납금음악대회로 번지였다고 힘주어 강조하였다. 무대 아래 광장에서는 "중조민족은 단합하자!", "일본제국주의를 타도하자!"라는 우렁찬 함성이 천지를 진동하였다.

박수소리 속에서 일열 횡대를 이룬 6명 조선인청년들이 무대 앞쪽으로 걸어 나와 광장의 관중들을 향해 고개 숙이며 조선식 인사를 올렸다. 인사에 이어 중국어로 부르는 "멸적의 선봉" 노래 소리가 광장에 울려 펴졌다.

그대들은 의용의 전사

그대들은 멸적의 선봉

30. 조선청년전시복무단 : "7.7"사변 1주년 기념일을 앞둔3일전 1938년 7월 4일에 한구에서 조직된 조선인항일단체를 가리킨다. 전시 복무단은 조선민족혁명당 구성원은 조선의 68명 젊은이들로 구성되고 단장은 40대 초반의 이건우(李健宇)로 나타난다. 이 이건우가 훗날 연안에 본부를 둔 조선독립동맹의 부주석 최창익이다.

서리발치는 칼을 휘둘러
살인마귀들 쓸어눕힌다
나가자 싸우자
승리의 그날까지

중국어로 부르는 조선청년들의 "멸적의 선봉" 노래는 공동의 원수 일본침략자들에 대한 분노의 함성으로 번지며 관중들의 마음을 쾅쾅 울리였다. 그 마음 마음들이 재청, 재청으로 불타올랐다. 조선청년들이 "멸적의 노래"를 조선말로 다시 불러도 하늘땅을 뒤흔드는 재청소리는 그칠 줄 몰랐다. 중국노래 한곡을 더 불러도 재청소리는 여전하였다.

그럴 만도 하였다. 한팀 또 한팀의 조선청년들이 한구, 무창, 한양이란 무한 3진에 나타난 것은 어제 오늘의 일이 아니었다. 그들은 워낙 상해와 남경 등지에서 항일활동을 벌리던 조선의 열혈청년들이였는데 1937년 11월과 12월에 상해, 남경이 선후로 일본군에 의해 함락되기 전야에 중경과 무한으로 철퇴하는 국민정부를 따라 무한으로 전이하였었다.

이건우는 키가 작은 편이고 철색이며 어글어글한 눈에 간편한 옷차림의 굴강한 성격의 소유자로서 출옥한 후 1936년에 조선인혁명가들인 허정숙, 왕지연(王志延) 등과 함께 셋이서 중국 남경으로 왔고 조선민족혁명당에 가입하는 모습을 보인다. 이건우는 조선민족혁명당의 기둥인 조선인혁명가 김학무(金学武)[31]와 친척관계로 민족혁명당내 김학무 일파의 지지를 입어 사상노선이 비슷한 당내 3개파를 단합시키면서 그 수령으로 떠오른다.

사회주의 사상을 지향하는 이건우 일파와 조선민족혁명당 간의 모순투쟁은 자못 치열하여 대립관계를 이룬다. 결과 1938년 봄 무한일대서 가진 조선민족혁명당 대표대회서 이건우는 출당처분을 받지만 그는 도리어 조선민족혁명당을 탈당한 60여명 청년들을 규합하여 김학무 등 조선인혁명가들과 더불어 1938년 7월 4일 한구에서 조선 청년 전시 복

31. 김학무(金学武)1934년2월 낙양군관학교(洛陽軍官學校), 1934년7월 남경(南京) 중앙대학(中央大學) 수학. 1936년 5월에는 민족혁명당 입당.1941년 7월부터 조선의용대 화북지대 정치지도원, 1942년 7월부터 화북조선독립동맹 중앙집행위원 겸 선전부 부장, 1942년 11월부터 화북조선청년혁명학교 교무주임, 1943년 팔로군 작전지구 태행산(太行山)에서 일본군과 교전중 전사

무단을 조직하기에 이른다. 단장은 이건우, 즉 최창익으로 나타나지만 김학무가 먼저 단장을 맡았다는 자료들도 보인다. 며칠 뒤인 7월 7일 헌납금음악대회에 등장한 단장이 이건우라고 하고 김학무라고 하는 것은 이런 연유에서이다.

조선청년 전시 복무단은 그 후 얼마 안 되여 조선청년전위동맹으로 이름을 바꾸게 된다. 이 조선청년전위동맹이 훗날 중국공산당의 지도를 받으며 연안에서 활동하는 "조선독립동맹"의 주체로 커가니 조선청년 전시복무단 구성원들이 어떤 사람들인가와 무한에서도 같은 활동을 하였다. 이건우는 그 후 연안에서 허정숙[32]과결혼을 한다.

상해, 남경을 함락한 일본군은 1938년 6월 중순이후 무한 우회포위전략에서 좌절을 당하게 되자 25개사의 대병력을 수륙 다섯 갈래로 풀어 무한에 대한 정면진공을 개시하였다. 이와 더불어 조선청년전시복무단의 60여명 대원들이 여러 단체의 함께 피끓는 청년들이 더불어 하나같이 무한 보위전에 떨쳐나섰다. 이들 60여명은 중국인청년들로 조직된 "중화민족해방선전대"의 대원들과 더불어 무한 3진의 가두에서 연설을 하고 항일가무와 연극을 공연하고 삐라를 살포하는 등 형식으로 항일선전사업을 넓게 펼치었다. 경비 재원이 떨어 되자 이불을 뜯어 흰 이불안으로 만화, 표어 등을 썼다. 그들은 하루 한 끼 얻어먹으면서도 선전고동사업을 늦추지 않고 무한인민들을 항전에로 불러일으키는데 힘을 보탠다.

그중 19세(1938년)인 여대원 장정영(张静英)은 고향이 조선 평양이다. 1937년 중국 "7.7"사변이 터질 때만해도 그는 평양숭의여학교 학생이였지만 급히 중국으로 들와서 광주 중산대학에서 1년간 정치경제학을 배우다가 무한으로 달려와 조선청년전시복무단에 가입한 터였다. 그의 활동은 1938년 8월 13일 한구의 가두에서 항일강연을 하면서 알려지게 되였는데 그의 일거수 일동에 많은 사람들이 더욱 분발하게 하여 정신이 그대로 묻어났다.

---

32. 허정숙(본명 허정자, 서울 태생, 1908~1991) 이건우와 두 번째 결혼, 이름난 독립운동가이고 변호사인 허헌의 맏딸. 경성부에서 배화여자고동보통학교와 일본 간사이학원을 졸업(1926년), 1926년부터 1928년까지 미국 유학길에도 올랐다. 일본 유학시절부터 사회주의사상을 받아들이고, 신간회, 근우회 등에 관여하여 활동을 하다가 여러 차례 옥고를 치러야 했다.

한구 헌납금음악대회에 나타난 조선청년전시복무단과 그 후의 여러 발전모습들을 요약하여 돌이켜보았다. 다시 헌납금음악대회로 돌아온다면 여섯 조선청년들의 합창 "멸적의 선봉"에 이어 조선청년 김위가 무대에 올라 조선민요 "아리랑"을 불렀다. 김위가 나라 잃은 민족의 정서를 그대로 아리랑에 담아 노래를 부르니 수천명이 모인 광장은 물을 뿌린 듯이 조용했다고 한다. 김위의 아리랑노래는 구슬프고도 절절하여 광장에 모인 수천명 관중들을 사로잡았다. 김위는 아리랑에 이어 "망향가"를 부르고 중국노래 한곡을 더 불러서야 무대에서 내릴 수 있었다.

김위 노래에 이어 사회자가 "조선청년전시복무단" 단장을 내세우면서 전시복무단 소개를 부탁했다. 단장 이건우가 관중들의 열렬한 박수 속에서 인사의 말을 하였다.

"저는 조선청년전시복무단의 전체 성원들을 대표하여 노예가 되려 하지 않는 중국 전우들에게, 동북아시아의 평화를 위해 싸우는 전우들에게, 그리고 바야흐로 일본강도와 영원히 항쟁하고 있는 전우들에게 숭고한 경례를 드립니다…"

"오늘 우리들은 아주 영예롭게 이 뜻 깊은 대회에 참석하게 되였습니다. 이로써 우리들은 조선민족이 일제의 침략을 반대하고 있다는 것과 중화민족의 해방을 위해 싸우는 성스럽고 위대한 사업을 몸과 마음으로 지지, 성원하고 있다는 것을 표시하는 바입니다." …

이건우는 발언을 끝나자마자 광장 전체가 떠내갈 정도의 박수 소리와 구호를 불렀다. **"중조민족은 친밀하게 연합하여 일본제국주의를 타도하자!"** 뜨거운 박수소리가 오래도록 계속 되였다. 그 박수소리 속에서 중국공산당 당원인 전한[33]과 대회지도일군들이 무대에 올라 공연에 참가한 조선청년들과 일일이 악수하면서 그들에 대한 중국인민의 경의의 뜻을 표시하였다. 장내는 다시 **"중·조 민족은 연합하자!"**, **"공동의 원수 일본제국주의를 타도하자!"** 구호소리가 그칠 줄 몰랐다.

---

33. 전한(중국인, 극작가, 시인, 문예평론가, 사회활동가) 중국현대연극의 정초자의 한사람인

제3부 공연

공연이 시작되면서 3.8여성합창단 등 3개 단체가 "대 무한을 보위하자"란 대 합창을 올리고 위수사령부 합창대 합창, 독창곡들이 이어졌다.

이날 이색적인 음악대회는 오후 4시에야 우렁찬 구호 소리 속에서 막을 내리였다. 중국과 조선의 열혈청년들로 펼쳐진 한구 헌납금음악대회는 항전 1주년 기념활동을 고조에로 떠밀면서 무한인민들의 항전헌납활동을 크게 내밀었다. 원래 3일 동안 가지기로 한 헌납활동이 5일 동안이나 이어가면서 5일 동안 헌납한 돈과 물품들이 돈으로 환산하여 인민폐 100만원을 넘어섰다. 조선 청년전시 복무단은 이 활동에서 불멸의 기여를 하였다. 그들이 부른 "아리랑" 등 노래는 무한을 들썽하면서 무한인민들에게 깊은 인상을 남기였다.

5. 조선의용대 김위(金煒)

1938년 10월 10일 무한 한구에서 중국 관내의 첫 조선인항일무장대와 "조선의용대"를 정식으로 창립 되였다. 이날 주은래는 중국공산당을 대표하여 창립의식에 참가하였으며 "동방 각 민족의 해방을 위하여 분투하자!"란 제목으로 연설하였다. 국민혁명군군사위원회 정치부 제3청 청장 곽말약은 시까지 읊어 조선의용대의 창립을 축하하여주었다. 조선의용대는 반 무장성격을 띤 선전부대이다. 이 선전부대의 주요과업은 적군와해 선전사업과 중국인민의 항일적극성을 격려하는 것 이였다. 10월 13일 오후 7시 한구시청년회단에서 700여명이 참가한 성대한 오락모임을 가지였다. 회단에는 "중조 두 민족은 연합하여 일본제국주의를 타도하자!", "동북의 중·조항일연합군을 옹호하자!"라는 두 폭의 큰 프랭카드가 걸려 있었다.

1938년 조선의용대 창립식 한무 기독교 청년회 여 청년회원(김학철 자료집)
아래 왼쪽 첫 번째가 김위 대원

오락모임은 조선의용대 김위 등 4명 합창 "아리랑"과 "민족해방가", "자유는 빛난다" 등 노래로부터 시작 되였다. 시아동구제협회, 동자군, 한구시후원회 선전대대, 3.8 여성가창대 등 9개 단체에서 전후로 노래와 연극 등 다채로운 공연종목을 선물하였다. 조선의용대에서도 극을 놀았다. 의용대의 한 여전사가 적들을 어떻게 막을 것인가 하는 내용의 조선민요를 불렀다. 나라 잃은 민족의 설음과 원한을 그대로 담은 노래는 청중들의 심장을 흔들어 놓았다.

조선의용대에서 마감으로 연극 "두만강변"을 공연하였다. 막이 열리면 강변의 한 낮은 산언덕위에서 한 처녀가 어머니와 함께 일본감옥에 투옥 된지 1년 동안 되는 아버지를 기다린다. 처녀의 오빠는 백두산의 유격대장이다. 바로 이 시각에 오빠가 거느린 유격대가 처녀의 집을 자리 잡은 이곳에서 일본군을 무찌르고 나아가는데 오빠가 그만 적탄에 맞아 쓰러진다. 처녀는 결연히 총을 잡고 원수들을 추격한다. 늙은 어머니도 딸의 뒤를 따른다. 이어 동지들이 노래 "최후의 결전"을 부르며 대장의 시체 옆을 지나간다. "그대의 영향은 영원히 민중의 가슴속에 살아있으리라! "라는 절절한 외침 소리가 관중들의 가슴을 울린다.

연극 "두만강변"은 오락모임을 최고조로 이끈다. 오락은 끝났으나 "중·조 두 민족은 단결하자!", "동방피압박민족해방 만세!"등 구호 소리는 그칠 줄 몰랐다.

당시 조선의용대는 한 총대와 2개 지대로 구성 되였는데 지대 아래에는 분대를 두었다. 대원은 약 150명이였다. 1지대는 대체로 "조선민족혁명당"의 구성원들로 구성되고 2지대는 대체로 "조선청년전위동맹"의 성원들로 구성 되였다. 제3지대는 1939년에 중경에서 건립 되었다.

1938년 10월10일 중국 한구에서 창립된 조선의용대 기념사진(김학철 자료집)

1938년 10월, 조선의용대는 무한에서 창건 된지 얼마 안 되여 그 산하 2개 지대 각 분대는 국민당의 6개 전구(戰區), 남북 13개성으로 달려갔다. 조선의용대 제2지대는 국민당 제5전구와 제1전구에 진출한 뒤 우리 신사군부대와의 긴밀한 관계에 일본군진지에서의 대 적군선전 공작, 삐라인쇄살포, 포로에 대한 공작, 적의 문건번역 등을 드세게 한 한편 방송과 신문, 군중집회, 노래극단 등 다양한 형식으로 반일선동을 이룰 수 있도록 열리였다. 대적선전사업은 중국항전의 전반 정치사업 가운데의 일부분으로서 "선전은 곧 전투"였다.

그때 조선의용대 제2지대는 중공지하당지부의 직접적인 지도를 받으며 신사군부대와 두터운 친선을 맺었다. 이 지하당조직은 신사군 대홍산정진종대 사령부 당위원회에 소속되였는데 조선인 호철명[34]이 서기를 맡았다. 오늘의 대홍산(大洪山)은 국가급풍경명승구로서 호북성의 북부 중 지대에 위치하고 있다.

국민당항일전장으로 진출한 조선의용대 제2지대는 시초 대홍산을 끼고 있는 이곳 악북 수현에서 활동하였다. 1939년 봄의 어느 날 밤중, 악북 수현 전선에서 활동하던 조선의용대 제2지대의 동지들은 폭이 1m 가량 되고 길이가 20여m나 되는 하얀 광목 옹근 필에 일본글로 "우리 쪽에 넘어와서 공동의 적 일본군벌을 타도하자!"를 써가지고 적과 100여m 거리의 지점에 세워놓았다.

때는 동이 트기전이였다. 이날 새벽 특대표어를 발견한 일본군들은 급기야 기관총을 쏘아대기 시작하였다. 이날 일본군들은 새벽부터 해질 녁이 될 때까지 계속 쏘아댔다. 1939년 3월 19일부 중경 "신화일보"의 보도에 의하면 적들이 표어를 쏘는데 하루 동안에 1만발의 탄알을 소모했다고 했다고 하니 길이 20여m나 되는 하얀 광목 프랑카드는 톡톡히 효과를 냈다.

당시 제2지대 김학철 소속분대의 전원은 직접 교육해낸 일본군포로 몇 명과 함께 밤에 전방진지에 나가 함화 종목공연 등을 조직하였다. 제2지대에 소속되어 활동하는 일본여자포로 이무라요시꼬가 일본사람들이 즐겨 부르는 서정가요 "황성의 달"을 선참 부르기 시작했다.

봄날 고루에 베푼 꽃 달임 잔치
순배가 돌고 돌아 달빛우리여

34. 호철명은 항일투사 김학철의 회상에 의하면 후에 태항산 항일근거지에서 부상을 당했는데 약이 없어 치료를 바로 받지 못하다가 파상풍으로 사망되었다고 한다.

낙낙장송 가지를 헤치여 나온

그 옛날의 그림자 지금은 어디 … … …

애조를 띤 일본여자의 애끓는 노래 소리는 야색이 창망한 싸움터의 상공에 메아리쳤다. 뒤이어 일본군남자포로의 반전재담과 대화가 있은 뒤 조선의용대 제2지대 대원이고 김위가 일본여자포로와 같이 “아리랑”, “반디불”, 즉 “이별가”를 불러 일본병사들의 반전정서를 격발시키는데 최선을 다하였다. 앞의 조선의용대 제2지대 선전주장으로 뛰면서 “아리랑” 노래를 열창하는 사람은 김위(金煒)여사 였다.

여러 자료에 따르면 김위는 본명은 김우명(金右铭) 또는 김위로 알려진다. 그 후 조선의용대로 개편된 조선의용군이 연안에서 활동할 때는 전우들로부터 위나(煒娜)라고 친절히 불리였다고 한다.

김위는 1917년생이고 중국 동북출신으로서 아버지 김필순(金弼淳)[35] 은 이름난 의학박사이고 항일 독립운동가 였다. 1905년과 1910년에 일본군들에 의한 이른바 “을사보호조약”과 “한일합방조약”이 강압적으로 체결되어 삼천리금수강산이 졸지에 일본의 식민지로 전락되자 김필순은 분노로 온몸을 부르르 떨었다. 1911년 일본의 조선총독부가 조선인들의 독립운동을 탄압하기 위하여 데라우치(寺内) 제2임 총독의 암살미수사건을 조작하여 105인의 독립운동가를 감옥에 가둔 사건이 벌어지자 김필순은 이 사건의 중심인물의 하나이고 애국계몽운동기의 비밀결사였던 신민회의 주요회원으로서 더는 국내에 머무를 수가 없었다.

105인 사건직후 김필순은 핑게로 서울을 탈출한 뒤 조선인들에게 서간도 통화현에 지대를 옮기고 병원을 차렸다. 김필순은 통화에서도 조선의 독립을 위한 반일단체를 조직하고 반일활동을 멈추지 않았다. 이 반일단체가 반역자의 밀고로 파괴를 당한 후 김필순은

35. 김필순(1878~1919)황해도 장연군(長淵郡) 출생, 부친 김성섬(金聖贍), 모친 안성은(安聖恩),형 김윤오(金允 伍), 매형 김규식, 여동생 김구례(金求禮), 둘째 여동생 김순애(金順愛), 셋째 여동생 김필례(金弼禮), 조카 김마리아, 부인 김경순, 아들 김 영, 딸 김 위, 1911년 만주로 망명해 서간도, 북경을 거쳐 몽골과 치치하얼에서 병원을 열어 독립운동 기지 및 연락거점으로 활용하며 독립운동, 1919년 새로 채용한 일본인조수가 건네준 우유를 마시고 독살 당함

1916년에 일본경찰의 추적을 피하여 가족을 데리고 비밀리에 북만주 흑룡강성 치치할로 다시 옮겼다. 그런 방랑의 생활 속에서 김위가 세상에 태어났으니 출생지는 흑룡강성 치치할로 알려진다. 아버지 김필순은 치치할에서도 시관병원의 외과의사로 초빙 받았고 집에다 개인진료소를 만들었다.

김필순과 그의 여동생들인 김구례(金求礼), 김순애, 김필례(金弼礼)는 모두가 열렬한 민족주의자이고 독립운동가들로 정평이 났다. 15살 때 3세살 위의 우인정씨를 부인으로 맞아 하였다. 김필순은 정씨와의 사이에 5남2녀를 두었다. 5남2녀 중 셋째가 김덕린(金德麟), 즉 후 날의 중국영화황제 김염(金焰)이고 여섯째가 김위이다. 1920년에 아버지가 내과의사로 가장한 일본특무의 마수로 불행히 세상을 뜬 후 김위는 그의 남매들과 더불어 어머니의 슬하에서 성장하면서 1932년 3월 일본에 의한 이른바 위만주국의 설립을 보게 된다. 그때 김위는 초등학교를 마치고 중·고등학교를 다니고 있었다. 김위는 이국땅 중국 동북삼성에서도 나라 잃은 망국의 설움을 다시 통탄하던 나머지 일기책에 "조선과 중국에서 두 번 다시 망국노가 돼야 하는 이내 신세, 참아낼 길 없구나…"라고 썼다. 그리고 항일단체에 참가하여 활동하니 일본 놈들의 지배하에 있는 학교당국은 김위를 학교에서 제명하기에 이른다.

분노한 김위는 이에 머리를 숙이지 않는다. 그는 결연히 태어나 자란 땅을 떠나 셋째 오빠 김염이 영화배우로 뛰는 상해를 찾는다. 그는 상해에서 오빠를 따라 영화배우로 활동하기도 하고 상해, 남경, 서주 등지를 전전하며 투쟁의 앞길을 탐구하기도 한다. 그러다가 1935년 2월에 오빠 김염의 선배이고 동지이며 상해좌익문예운동의 지도자의 한사람인 전한(田汉)선생이 국민당당국에 불행히 체포되니 오빠 김염과 영화계, 연극계의 진보인사들과 더불어 국민당내의 진보인사들과 교섭하며 전한(田汉)구출에 혼신을 다한다.

1937년에 남경, 상해가 일본침략자들에게 전후로 함락된 후 남경의 국민정부와 중앙당부는 중경으로 철퇴하고 국민당 당정군의 요인들은 거의 다 무한에 몰려들었다. 각 야당의 수령들, 문화계의 지명인사들도 거의 다 무한에 모이고 상해, 남경 등지에서 활동하던 조선민족혁명당, 조선혁명자동맹, 조선해방동맹, 조선청년전위동맹 등 여러 조선인정치단체들도 무한으로 자리를 옮기였다. 김위도 무한으로 갔다가 남경, 상해에서 활동하던 문예계의 옛 친구들을 만났으며 만뢰천(万赖天), 장민(章岷) 등이 조직한 항일문예단체 항적극사(抗敌剧社)에 참가하여 무한, 계공산(鸡公山) 일대서 맹활동을 한다.

그럴 때 1938년 10월, 김위는 무한 한구에서 중국 관내의 첫 조선인항일무장대오인 조선의용대가 중국공산당의 지지와 국민당정부의 비준으로 정식 창립된다는 소식을 듣고 즉시 계공산을 떠나 한구로 달려갔으며 10월 10일 창립식에 참가하여 조선의용대의 첫 여대원으로 되였다. 그때로 부터 김위는 조선의용대의 문예활동에서 주장으로, 주요배우로 등장하며 눈부신 활약을 보인다.

1939년 3월 13일 저녁, 제5전구에서 활동하던 조선의용대 제2구분대의 호유백이 동경 출신의 일본포로로 가장하고 적과 가장 가까운 초소에서 연설을 열었다.

그 날 저녁 호유백이 많은 예상과 통계수치를 들면서 연설하자 적들은 할 말이 없게 되였다. 이튿날 저녁 적병이 뛰쳐나와 궤변을 늘이는데서 이 반론은 나흘 밤 지속 되였다. 마지막 날 저녁 할 말이 궁하게 된 적들은 "휴전패쪽"을 내걸었다. 후에는 총포집중사격을 들이댔다.

이때 희한한 일이 생겼다. 호유백이 초소 속으로 바로 몸을 구부리자 그의 앞에 한 일본병사가 나타나 이곳이 너무 위험하니 피하라고 하였다. 실로 친절한 태도였다. 1940년 4월 3일, 조선의용대 제2지대의 21명 대원이 악북의 중진(重鎭)인 조양(枣阳)현성에 들어갔다. 그곳에 신사군 모 부대가 주둔하고 있었는데 이 부대는 지난날 중국의 항전에 나선 조선의용대와 함께 싸운 적이 있었다. 조선의용대 대원들이 다시 나타나자 그들은 기뻐서 어쩔 줄을 몰라 했다.

慶祝朝鮮義勇隊成立
昨晚舉行盛大遊藝晚會

1938년 10월 14일 신화일보 기사(김학철 자료집)

신사군 모 부대의 책임자 당철극은 신문에 이런 글을 냈다.

조선의용대 이 빛나는 이름은 중국의 천백만 대중의 마음속에 아로새겨져있다. 그들은 반침략전사로서 손색이 없다. 지난 일 년 남짓한 동안 그들은 일본침략자를 물리치는 최전선에서 무수한 전투에 참가하였고 눈부신 전과를 취득하였다. 수조회전, 악북대첩, 동기출격… 어느 전투에서나 모두 조선의용대의 장한 모습을 찾아 볼 수 있다.

조선의용대 분대장 진동무와 여대원 김위가 먼저 신사군주둔지를 찾아갔다. 김위는 시인이기도 하고 독창가수이기도 한 활약적인 조선여성, 진대장과 김위는 신사군 모 부대 책임자에게 조선의용대의 건립과 형편, 중국 각 항일싸움터에서의 반일선동사업 등을 자상히 소개하고 나서 그들과 앞으로의 공동사업에 대해 진지하게 토의하였다.

조선의용대주둔지는 조선의용대 책임동지의 답사가 있은 뒤 문예만회가 시작 되였다. 문예만회는 조선의용대의 합창 "아리랑", "우리는 새 시대에서 싸운다"로부터 시작 되였다. 일본인대원들이 "반전행진곡", "달빛아래의 전호"를 합창하였다. 일본인대원 오오지꾸가 자발적으로 벙어리극 "미꾸라지 잡이"를 출연하여 한바탕 폭소를 자아냈다.

이어 조선의용대 여대원 김위가 조선의 혁명적음악가 광미연이 지은 가사 "황하대합창"을 낭송하였다. 유창한 한어, 표현력이 풍부한 억양, 빠른 절주는 관중들의 심금을 울려주었다.

1940년 말 1941년 초 이후 국민당 항일전장에서 활동하던 조선의용대 동지들이 육속 태항산 항일근거지에 들어섰다. 오늘의 좌권, 섭현을 중심으로 하는 산서, 하북 접경지대의 태항산 항일근거지는 중국공산당이 지도하는 항일전장이였다. 햇빛 찬란한 이 항일의 싸움터에서 김위는 적들에 대한 선전사업과 적구사업에 정열적으로 나서면서 태항산근거지의 갖가지 문예종합공연들에서도 주역으로 떠올랐다. "그들이 마대와 벼짚으로 만든 연극용 소파는 신통히도 진짜 같았다. 그들이 공연한 '황군몽'(皇军梦) 등 연극은 사상과 예술 면에서 높은 평가를 받았는데 위나는 제목들에서 줄마다 여주인공역을 하였다."

이것이 조선의용대 여대원으로서의 김위여사의 진면모이며, 이것이 영화배우 출신이기도 하고 시인이기도 하고 독창가수이기도 한 김위여사의 생동한 형상이다. 국민당의 항일전장과 팔로군의 항일전장에서 그가 부른 "아리랑", "이별가", "낙화" 등 노래는 아름답고 신선한 멜로디로 최전선 일본군 병사들에게는 반전정서를 촉구하는 역할을, 태항산 항일군민들에게는 항일투지를 고무하는 역할을 놀면서 중국인민의 항일대업에 나름으로의 기여를 하였다.

6. 한유한(韓悠韓)의 가극 "아리랑"

조선족예술의 계몽기에 조선족예술가들은 아리랑을 기초로 하여 새로운 음악과 가극작품들을 창작하고 공연함으로서 조선족예술뿐만 아니라 전반 중화민족의 예술발전에 큰 공헌을 하였다.

1940년 서안에서 공연한 '아리랑' 악보. 1919년 북경에서의 한씨 가족사진.
왼쪽 두 번째 소년이 한유한(본명 한형석) (사진자료)

1940년 5월에 청년예술가 한유한(韓悠韓)은 가극 "아리랑"을 창작하여 서안시 남원문 실험극장에서 첫 공연을 하였는데 이는 주제선정, 배우의 규모, 악기의 출현 및 무대의 종합적인 설계에서 조선족예술사회뿐만 아니라 전반 중국문화예술의 역사에 빛나는 한 페이지를 장식하였다.

• 주제가 선정

'주제가 아리랑'이라는 구절을 통하여 가극의 주제가는 "민요 아리랑"이였음을 알 수 있으며, '평화로운 환경에서 사랑을 속삭이던 처녀총각이 백년가약을 맺고 깨가 쏟아지게 살았는데 일제의 조선강점에 의하여 그들의 행복한 생활은 파괴되고 삼천리금수강산은 피바다에 잠긴다. 일제의 순민이 되지 않기 위하여, 그리고 빼앗긴 나라를 되찾기 위하여 그들 부부는 늙은 부모님들과 눈물로 하직하고 혁명군에 참가하여 압록강을 건너 중국의 광활한 대지에서 일제가 패망할 때까지 싸운다'는 이야기 줄거리를 통하여 가극 아리랑이 사회주의 사실주의창작원칙에 입각하여 창작되었음을 알 수 있다.

• 주요배역과 배우규모

"한국청년" 제1호에는 가극 "아리랑"의 주요배역을 다음과 같이 소개하였다.

村女...............沈承行

牧童...............韓悠韓

牧童父親........金根竹

牧童母親........李敬女

牧童兒子........田 榮

韓國移民群....二十人

韓國革命軍....二十五人

상술한 연원의 규모로부터 가극 "아리랑"에 참가한 연원은 50명이 넘는 방대한 규모였음을 알 수 있다.

• **악대구성**

가극 "아리랑"에 사용되었던 악대구성을 보면 다음과 같다.

總指揮........韓悠韓

指 揮........博德玄, 陳興崗

鋼 琴........陣東江, 麥里

提 琴.... ..梁光生, 采西

soxsophe....黃子

GVITAR....范思

二 胡...... 楊錫山, 蔣冷

第二部 二胡.....唐承和 劉士俊 趙愛鳳 孫成倫 徐天一

第一部 口琴.....高米崗 陣超

第二部 口琴.....黃(老)壽. 李魚

第三部 口琴.....紅 震 張風光

向 板...............金万德 王

BASS口琴.........范......常仁......陣德俊

鈴 鼓......王仁凱

小 鼓......楊正當

中國鼓.....吳榮芳

伴唱隊.....衛生總隊歌詠隊, 銀聯歌詠隊. 青年歌詠隊, 聯合歌詠隊

이상의 악대편성에서 볼 수 있는바 이 악대에는 중국악기들인 호금을 비롯하여 각종 타악기, 고, 중, 저음 하모니카 그리고 피아노와 바이올린, 색소폰 등 서양악기들이 망라되어 있고 악사와 가수들도 중국인, 조선인들로 구성되어 있음을 알 수 있다. 돌이켜보면 당시 전시환경에서 같지 않은 민족이 동원되어 조선민족의 가극을 서안무대에 올렸다는 것은 과연 쉬운 일이 아니었을 것이다.

"서북일보"에 실렸던 평론에는 상기한 악대에 대한 평가가 있다. 신문은 평가에서 "각종 악기의 연주는 특별히 장엄하였으며 청중들은 시종 흥분 속에서 가극을 보았다."라고 하면서 서곡으로부터 촌녀의 독창 "봄이 왔네", 목동의 독창 "목가", 합창 "한국강산삼천리", 주제가 "아리랑", 혁명군합창 "한국행진곡", 30년 후의 촌녀와 목동의 2중창 "사향곡", 그리고 마지막 곡인 "한국행진곡"들을 높이 평가하였다.

1945년, 한국 "광복군" 차림을 하고 찍은 기념사진. 뒤줄 왼쪽 두 번째가 한유한,
앞줄 왼쪽 두 번째가 한유한의 중국부인 강엽녀사 (사진자료)독립운동가인 아버지 한흥교가
일찍 자기에게 준 비단태극기와 고향 부산의 흙주머니를 보여주는 한유한 (사진자료)

상기한 내용으로부터 가극 "아리랑"은 중국예술사회에서 전례 없었던 독창과 합창 및 2중창과 같은 여러 가지 음악형식과 서양악기와 중국 여러 가지 악기들을 재치 있게 사용함으로서 가극의 다양한 예술적 미감을 창조하기에 이르렀음을 알 수 있다.

• 종합성

일반적으로 가극은 음악, 무용, 대사, 그리고 무대도구와 조명 등 여러 가지 요소들을 포괄하게 된다. 당시 공연환경은 이러한 여건들을 충분히 만족시켜 줄 상황이아니 었지만 가극 "아리랑"은 여러 가지 어려움을 극복하면서 공연을 성공에로 이르게 하였다. 당시 "서북일보", "서북문화보", "공상일보", "서경일보" 등 신문들은 글을 실어 그들의 공연성과를 높이 평가하였다. 당시 "공상일보"와 "서경일보"에 실렸던 송강(松江)의 글을 보면 다음과 같다.

한유한선생의 몇 개월간의 정력의 결정인 가극 아리랑은 위대한 가극작품이라 할수 있다. 4장으로 된 가극은 음악, 연기, 조명, 장치, 화장, 악대구성 등에서 모두 소기의 효과를 거두었다. 오늘과 같이 물질조건이 어려운 서안에서 그와 같은 악대를 구성한다는 것은 매우 어려운 일이며 서안에서 그렇게 각이한 악기들의 교묘한 배합은 서안음악계에 전례없던 대범 합을 이루었는데 참으로 놀라운 일이였다.

기사에서 4장으로 된 가극 아리랑은 음악, 연기, 조명, 장치, 분장, 악대구성 등 여러 면이 비교적 잘 배합되었다는 것을 알 수 있으며 특히 음악분야에서 한 서양악기와 중국악기의 교묘한 배합은 당시로서는 너무나 큰 성공을 보여주었다는 것을 알 수 있다. 뿐만 아니라 가극 "아리랑"은 신형의 가극으로서 중국 희곡계에서 새로운 가극창조를 부르짖는 때에 이런 형식의 출연은 매우 큰 주의력을 일으켰다는 내용으로부터 가극 "아리랑"이 중화인민공화국이 탄생하기 전인 1940년대에 벌써 전반 중국희곡발전에 크나큰 충동을 줌으로서 역사적인 한 페지를 장식하였다는 것을 알 수 있다.

7. 전설극 "아리랑"

전설극 "아리랑" 연극은 김종운이 1956년 8월에 창작한 것이다.[36)]

김종운선생의 기억에 근거하면 연극《아리랑》은 1956년 여름 북한에서 출판되는 화보《조선》에 실린 민간이야기《아리랑》에 근거하였다고 한다. 이 연극의 첫 공연은 1956년 하얼빈시 중·소 우호협회 구락부에서 막을 올렸고 1956년 겨울부터 1962년 겨울까지 103차례 공연하였다고 한다.

이 연극은 몸동작의 표현 형식으로 무대에서 노래를 많이 부른 것이다. 약 20여차 노래

36. 김종운(1933년8월~ ,평안북도 룡천군 출생) 어렸을 때 부모를 따라 흑룡강성에 이주하였다. 1953년 상지조선족 고중을 졸업하고 하얼빈 조선족문화관 근문, 1993년 정년퇴직할 때까지 줄곧 문예보도원, 《송화강》잡지 편집, 편집부 주임 등으로 근무. 지금까지 150여부의 문예작품을 발표, 대표작품 연극《아리랑》, 단편소설《고국에서 온 손님》, 장편소설《북만의 풍운》(상, 하)등이 있다.

를 부르는 장면이 나오는데 어떤 장면은 거의 가극과 비슷하기까지 하다. 이것은 이 연극의 창작 팀에서 내용과 형식상에서《아리랑》이라는 이 민요와 또 이 민요에 따르는 전설의 특점을 살리기 위한 노력이었다고 볼 수 있다.

이 연극은"아리랑" 전설의 내용으로 일반적인 주제와 사랑과 계급투쟁과 죽음을 잘 조합시키면서 전반 극의 갈등을 부호(富豪) 배좌수와 농민폭동 수령(우두머리)이랑의 투쟁에 두면서 부호 배좌수의 탐욕과 폭정과 망상을 잘 표현하였으며 주인공 성부의 안타까운 죽음으로 전편 극의 비극적 색체를 잘 살리었다. 1950년대 초반이란 시점에서 생각한다면 이랑을 농민폭동 우두머리로 설정한 것은 자체의 합리성을 주기 위함이다. 여주인공의 깨끗한 마음과 절개를 가정을 지키는 동시에 "아리랑"에 우리의 행복한 삶을 위하여 싸운 열사들을 기린다는 의미가 있는 것이다

1. 대본

등장인물

이랑: 농민폭동 두령

성부: 이랑의 부인

억쇠: 이랑의 동생

어머니: 성부의 어머니

배좌수: 토호(갑부)

배좌수의 졸개 1, 2

마을처녀 1, 2, 3, 4

쏮 성늘 8녕이상

해설자

프롤로그

• 아리랑을 선율로 하는 우아한 서곡(곡 1) 과 함께 막이 열리면 국부 조명가운데 해설자가 나타난다.

해설: 아리랑 아리랑 아라리요
아리랑고개로 넘어간다

예로부터 우리 겨레들이 불러오던 이 노래, 기쁠 때도 부르고 슬플 때도 부르던 이 노래는 그 누가 처음으로 불렀던가? 늙은이도 부르고 젊은이도 부르는 이 노래에는 가슴을 울려주는 비장한 이야기가 담겨져 있나니- 사람들이여, 이 노래를 무심히 듣지 말라!

• 합창과 여성독창(곡 1)

(합창) 아리랑 아리랑 아라리요
아리랑고개로 넘어간다
(여독) 아리랑고개는 열두나고개
한숨과 눈물의 고개라네

• 노래가 시작되면 하늘색 천막에 붉은색으로 《아리랑》 세 글자가 천천히 떠오른다.
• 노래와 함께 설레이는 꽃밭을 이루고 있던 꽃 정들이 천천히 일어나서 아름다운 대형을 지으며 춤을 춘다.
• 무대 뒤 언덕위에 이랑과 성부의 조형이 그림자처럼 나타난다. 애절한 포옹이

끝나자 이랑은 고개를 넘어가고 성부는 고개마루에서 이랑을 바랜다.

합창(곡 1)

아리랑 아리랑 아라리요
아리랑고개로 넘어간다

• 꽃 정원들이 원형을 이루며 피어나는 큰 모형을 이루었을 때 천천히 조명이 사라진다.

중간 생략

제2막 마지막 부분의 성부의 노래(곡 10)

아리랑 아리랑 아라리요
아리랑고개를 넘어 간다
나를 두고 가시는 님은
큰 뜻을 품으시고 떠나 가오

• 노래 소리는 점차 아리랑의 선율로 변한다.

합창과 성부의 노래

(합창)
아리랑 아리랑 아라리요
아리랑고개를 넘어 간다

(합창)

나를 두고 가시는 님은

큰 뜻을 이루시고 돌아오리

성부와 처녀의 노래(곧11)

아리링 아라리요

아리랑고개로 넘어간다.

(성부)

청천하늘에 날아가는 구름아

(이중창)

내 마음 님에게 전해다오.

성부의 노래(곡 11)

아리랑 아리랑 아라리요

아리랑고개로 넘어 간다

서산에 지는 해는 다 넘어가는데

기다리는 낭군님은 어이 아니 오시나

합창과 성부의 노래(곡 11)

(합창)

아리랑 아리랑 아라리요

아리랑 고개로 넘어 간다

(성부)
기다리는 낭군님은 오시지 않고
날아가는 기러기만 울고 가네

성부의 노래 (곡 11)

아리랑 아리랑 아라리요
아리랑 고개로 넘어 간다
백날을 기다리던 낭군님
내 마음 모르시고 떠나 가네
(합창)
아리랑 아리랑 아라리요
아리랑 고개로 넘어 간다
(성부)
살아서 낭군님을 섬기질 못하면
죽어서 새가 되여 따라가리라.

• 성부 쓰러졌다 다시 일어나 장도를 빼든다.

성부의 노래(곡 13)

아리랑 아리랑 아라리요
애타는 내 마음 그 누가 일리
억울한 이 누명 어찌 하나요
가슴으로 붉은 피야, 씻어 주렴아.

• 성부에게 국부 조명

• 성부는 젖가슴에 장도를 찌르며 쓰러진다.

처녀들의 노래(곡 11)

아리랑 아리랑 아라리요
아리랑 고개로 넘어 간다
(독창)
나를 버리고 가시는 님은
십리도 못가서 발병이 난다

• 노래와 함께 무대 점점 어두워진다.

에필로그

• 음악(곡 11)이 계속되면서 국부조명가운데 해설자 나타난다.

해설: 성부를 버리고 떠나간 이랑은 마을을 지나다가 처녀들의 구슬픈 노래 소리를 들었다.

처녀들의 노래(곡 11)

아리랑 아리랑 아라리요
아리랑 고개로 넘어 간다

해설: 이 노래는 분명 이랑이 처음 집을 떠날 때 성부가 부르던 그 노래이다!

말에서 뛰어내린 이랑은 노래 부르던 처녀들에게서 이야기를 듣고 모든 것을 알았다.

- 무대 약간 밝아지면서 성부의 무덤이 나타나고 그 주위에 이랑, 억쇠와 처녀들 그리고 마을 사람들이 둘러섰다.
- 이랑에게 개인조명

이랑: 성부, 이 미욱한 인간을 용서하구여! (무덤 앞에 무릎 굽힌다.) 성부, 내 홀로 살아무엇하랴! (일어나 칼을 빼든다.)
억쇠: 형님! (이랑의 팔에 매달린다.)
해설: 성부의 깨끗한 마음을 추모하고 그의 설음에 동정하는 이 고장 사람들 속에서 아리랑 노래가 널리 퍼지게 되였다! (합창이 시작된다.) 이때로 부터 세상 사람들은 성부가 아리랑을 부르던 이 고개를 아리랑고개라고 불렀다.

합창(곡 14)

아리랑 아리랑 아라리요
아리랑 고개로 넘어 간다
(독창)
아리랑고개는 열 두나 고개
한숨과 눈물의 고개라네
(합창)
저기 저 고개가 아리랑고개라오
아리랑 부르며 어서 넘자!

- 노래와 함께 꽃 정들의 춤이 벌어진다.

• 전체 군중들이 비장하게 노래를 부를 때 이랑과 처음 이별하는 성부의 영상이 천막에 나타난다.
• 노래가 끝나면서 막이 천천히 내린다.

끝　　1956년 8월

1943년 3월 1일, 항일가극 "아리랑"의 4차 공연 포스터 (사진자료)

【해설】

이 연극의 줄거리는 다음과 같이 정리하여 보았다.

단오 날, 이랑이 성부의 어머니를 만나 혼례를 치를 것을 의론하고 이미 언약이 있은 둘은 여기서 이랑은 성부에게 은반지를 주고 성부는 이랑에게 꽃 삼지를 준다. 거기서 이랑은 폭동을 일으킬 언약을 성부에게 알리고 배좌수는 성부의 미모에 마음이 전하여 부하를 시켜 성부어머니를 불러 장부를 따지면서 빚 대신 성부를 소실로 내어놓으라 한다. 성부어머니는 안된다고 잡아떼고 이랑은 이미 팔에 화살을 맞은 채 폭동에 참가했다는 죄목으로 이랑를 잡으러 오는 배좌수의 관군들을 피하여 성부와 함께 먼 곳으로 떠난다. 이랑과 성부는 어느 산골에서 살림을 차리고 산지 1년이 되는데 다시 폭동을 준비하는 고향

사람들이 이랑을 두령으로 모시고 성부 만 집에 남기고 폭동 군을 찾아 길을 떠난다. 그 때 배좌수는 성부를 굴복시켜 자신의 소실로 맞으려고 갖은 수단을 다 하나 끝내 성부는 굴복하지 않았다. 추석날 배좌수는 꽃 마마를 만들어가지고 성부네 집에 와서 계속 치근덕거리는데 성부는 이랑이 약속한 추석날 해 넘어 갈 때까지 기다리다 오지 않으니 자살하려고 하는 순간 이랑이 나타났다. 그런데 이랑의 앞에 나타난 성부는 치마가 풀어졌고 그 풀어진 치마는 배좌수의 손에 쥐여져있었다. 배좌수는 보라, 성부는 이미 내 것이 되였다고 알리니 이랑은 그 말에 성부를 의심하고 격투 끝에 배좌수를 죽인 다음 성부를 뒤에 남기고 돌아섰는데 억울하기 그지없는 성부는 자살하고 그 뒤 진상을 알게 된 이랑 역시 자살해버린다.

8. 연변가무단 가극 "아리랑"

연변가무단에서는 "90년 전국 가극경연"에서 가극 "아리랑"을 공연하여 국가 문화부로부터 유일한 종합상인 "우수극목상"(優秀劇目奬)을 수상하였다. 대형가극 "아리랑"은 김경연, 김철학, 최우철, 김일 등이 대본을 작성하고 최삼명, 안국민, 최창규, 허원식 등이 작곡을 맡았으며 윤청자와 허숙이 안무를 맡고 최우철이 연출을 맡았으며 지휘는 안국민과 최용국이 맡았다.

연변가무단 대형가극≪아리랑≫ 서막

연변가무단대형가극≪아리랑≫ 1막

5막 7장으로 된 가극 "아리랑"은 1989년 12월 5일 연변 예술극장에서 첫 공연 된 후 1990년 11월 국가문화부에서 조직한 "90년 전국가극경연"에서 국가문화부의 유일한 종합상인 "우수 극목상"을 수상하였으며 최삼명, 안국민, 최창규, 허원식 등 작곡가들이 "우수 작곡상"을 수상하고 류영화, 임경진, 이철혁, 이유희 등 배우들이 "우수배우"상을 수상하였다. 그리고 1991년 9월 26일, 국가문화부에서 조직한 "제1차 문화상" 시상식에서 가극 "아리랑"은 종합상인 문화대상을 받았으며 최삼명, 안국민, 최창규, 허원식 등 작곡가들은 "문화작곡상"을 수상하였고 최우철은 "문화 연출상"을 수상하였으며 임경진, 류영화, 이철혁 등 연원들은 "문화 연기상"을 수상하였다.

가극 "아리랑"은 아리랑 전설을 토대로 하여 창작 된 작품이다. 작품은 전통적 내용을 조합하여 재창조함으로써 가극 "아리랑"을 시대와 미학적 특성에 맞는 새로운 민족가극으로 승화시켰다. 아울러 전통적 내용으로 민족가극의 창작에 풍부한 예술적 경험을 쌓아 놓았다. 특히 한민족의 고유한 애환의 정서를 잘 표현함과 동시에 한민족뿐만 아니라 기타 민족들도 접할 수 있고 또 그 속에서 미적향수를 받게 함으로써 아리랑 가극을 언어로써 표현 할 수 있을 것이다.

가극 "아리랑"은 사실주의 창작원칙에 의하여 창작되었는데 역사적인 고찰에 의거하고 그 속에서 본질적 의의가 있는 핵심부분을 다듬고 세련시켰으며, 그 속에 민족적 정서를 대중적 취향에 맞게 접목시킴으로써 새로운 가극작품으로 발전시켰다. 뿐만 아니라 가극 "아리랑"은 한민족의 한의 애절함과 원망을 가극의 음악중심에 놓고 아리 아리 쓰리 쓰리로 흐르게 함으로써 민족적 정서를 현대적 미감으로 승화시킬 수 있었다.

가극 "아리랑"의 주요한 선율들은 한민족의 3분절 호흡에 기초를 둔 절주형식을 바탕으로 창작되었으며, 민족적 특성을 잘 살렸다는 호평을 받고 있다. 또한 판소리의 서창에 기초하고 음악, 무용, 연극, 미술 등 종합예술형태로서의 조화와 화해를 잘 이끌어 냄으로써 문학, 음악, 무용, 미술, 연극 등 훌륭한 종합예술형태로 만들게 되었다고 한다.

가극 "아리랑"의 출현은 침체상태에 있던 민족가극 분야에 큰 반향을 줌으로써 중국

가극발전사와 민족가극의 역사에 빛나는 이정표로 남게 되였다. 가극 "아리랑"은 종합적 예술작품으로서 높은 성과를 올리고 있을 뿐만 아니라 문학과 공연예술의 교묘한 조합으로 시각의 확대와 전위, 극적 갈등과 서정의 유기적 융합을 이끌어 냄으로써 조선족 가극사에서 새로운 징을 엮이 놓은 우수한 작품이 되기에 손색이 없다는 평가를 받고 있다.

9. 조선족 사회의 "꿈의 아리랑"

"아리랑"에 관한 전설과 민요 "아리랑"은 조선족 사회에서 오래 전부터 전해져 내려왔고 폭넓게 불리어 오던 것으로 여기에는 민족의 발자취, 행복한 생활에 대한 염원, 진지한 사랑에 대한 추구가 이야기 마디마디와 곡조가운데 반영되어 있다. 2013년에는 전반 조선족사회의 발전을 의미하는 "꿈의 아리랑"을 창작하고 공연하기에 이른다.

대형음악무용서사시 "꿈의 아리랑"은 중앙인민방송국 민족절목중심, 길림성민족사무위원회, 길림성 연변 조선족자치주 당위 선전부, 연변대학에서 공동으로 주최하여 창작하고 공연한 작품이다. "꿈의 아리랑"은 서막 '아리랑'(序幕 '阿里郎'). 제 1막 도강(第一幕 '过江' 시작을 알린다). 제 2막 환생(第二幕 '唤醒'), 제3막 항쟁(第三幕 '抗争'), 제4막 기쁨(第四幕 '喜悦'), 제5막 신춘(第五幕 '新春'), 제6막 도약(第六幕 '腾飞') 등으로 구성 되었다.

서막에 이어 제1막 "도강(过江)"에서는 19세기 중엽부터 조선민족백성들이 생계를 유지하고 또 일제의 폭력을 피하기 위하여 고향을 버리고 두만강과 압록강을 건너오는 고난의 역사를 재현하였으며, 제2막 "唤醒(환생)"에서는 민족의사들이 학교를 꾸리고 반일교육과 선진사상 및 선진문화를 보급시키며 민족의 독립과 해방을 위하여 싸우는 모습을 생동하게 표현하였다. 제3막 "抗争(항쟁)"에서는 장기간의 민족해방운동가운데서 중국공산당의 간부를 찾고 또 공산당의 고위직 간부와 항일투쟁, 해방전쟁에 참가하여 자기의 피와 땀으로 삶의 터전을 창조하는 모습을 그리고 있으며, 제4막 "喜悦(기쁨)"에서는 중화인민공화국이 창건된 이후 나라의 주인이 되어 민족의 자치권을 획득하고 행복한 생활을 누리고 있는 모습을 보여주고 있다. 제5막 "新春(신춘)"에서는 사상을 해방하고 왕강한 생명력과 창조력으로 개혁개방을 하고 있는 모습을 보여주고 있으며, 제6막 "腾飞(도약)"에서는 사회발전의 새로운 도전을 맞이한 조선족이 아름다운 미래를 창조하려는 완강한 의지를 보여주고 있다.

"꿈의 아리랑"에 대하여 많은 평의(評議)들이 있었는데 중앙인민방송국 국장 왕구(王求)는 평의에서 "꿈의 아리랑"은 백여 년 중국조선족이 간고한 노력 끝에 중화민족의 대 가정 일원으로 된 여정을 예술적으로 잘 반영하였다고 높이 평가하였으며 또한 "꿈의 아리랑"은 문화 예술방면에서 높은 수준을 보여준 우수한 작품이라고 칭찬을 아끼지 않았다. 뿐만 아니라 길림성민족사무위원회에서도 "꿈의 아리랑"을 역사와 전통과 현대음악과 무용이 잘 결합된 예술형식으로 조선족의 근로하고 선양하며 소박한 민족성격을 잘 반영하였으며 위험을 두려워하지 않고 과감히 투쟁하며 과감히 혁신하는 민족정신을 잘 반영한 작품이라고 높이 평가하였다.

연변가무단대형가극≪아리랑≫ 5막1장

연변가무단대형가극≪아리랑≫ 미성

한민족의 "꿈의 아리랑" 에 대한 사회적 반향에서 1940년대에 중국 예술무대에 처음으로 출현하였던 아리랑이 지금에 와서는 중국 조선족사회를 "음악의 고향", "춤의 고향"으로 승화시켰던 국면에서 벗어나 예술에서의 의미를 초월한 위대한 민족혼의 대명사로 되어 조선족의 위상을 떨치는데 한몫하고 있음을 알 수 있다.

제3장 "항일가요"와 "아리랑"

1. 항일가요와 "아리랑"

조선족들은 중국의 광활한 대지에서 독립운동도 벌리고 항일투쟁도 전개하였다. 이속에서 새로 발전시킨 새 아리랑이 있다.

해방 전의 조선족 문화유산을 발굴, 정리, 출판, 연구하는 작업은 아직까지도 계속 되고 있지만 아직까지도 발굴, 정리하지 못하였으나 지금까지도 항일 가요와 항일 투쟁에 있어 초석이 되었다고 한다.

항일 전쟁이 70년이 넘었지만 그 사이 중국과 북한, 한국의 항일 가요에 있어 항일승리 및 혁명과 이념 속에서 항일혁명 가요와 민요들이 대중들에게 널리 보급이 되고, 고등학교, 중학교, 초등학교의 교재에 오르게 되고, 방송과 언론을 통하여 전파를 타기 시작하였다.

중국에서의 항일가요의 전신인 항일혁명시가지의 수집, 정리, 출판이 정식으로 책으로 연변조선족자치주당위원회의 선전부에서 편찬하고 연변인민출판사에서 1958년 10월에 출판된 "혁명의 노래"이다.[1)]

중국에서의 조선족의 항일 시가집은 김선(金善, 1919-미상) 여 항일 투사의 1932년에서 30여차의 항일전투에 참가 하였다. 1940년 소련으로 건너가 소련의 국영농장에서 노동을 하다가 1945년 일본 폐망 후 목단강에서 살다가 1949년 연변으로 이주(이직)를 하였다.

그 당시의 노래 수첩을 연변박물관에 보관하였고, 그 등사본을 연변대학 사회과학부에서 "항일투쟁시기 노래집"을 찍고 돌려주었다고 한다. 그 때 혁명의 노래, 항일가요 70수 중 에서 김선 수첩에서 60수이 되었다고 한다.

중국 동북지역의 항일 혁명 가요집을 수집 정리한 분들은 연변대 교수 권철, 사학가 강룡권, 작곡가 이황훈, 김덕균 등이 수집정리, 출판을 하였다. 구 노래집 중에는 "동북군정

---

1. 항일시가집(주필 최삼룡) 2012년 민족출판사. '항일시문학을 다시 읽는다' 중

대학 길림분교 때 부르던 노래 묶음 - 연변인민출판사 1990년 2월", "조선족 민요곡집 - 혁명역사 가요편 30수, 연변문학예술연구소", "조선족 항일투쟁노래집 - 전정혁 수집정리, 요녕인민출판사, 1995년" 등 항일혁명가요가 나타난다.

항일 가요 속에는 반복되는 단어와 반복되는 구절이 많이 있지만 그 중에서는 새로 발굴된 내용이 있어 현재의 항일가요가 나온 것이다.

특히 "동북항일련군가곡선"에는 조선족 여성 항일투사 이민(李敏, 1924-)이 직접 편찬 하였기에 더욱 의미가 많은 것 같다.[2)]

중국어로 먼저 출판이 되었지만 다시 조선족들이 번역하여 출판을 하였으며 다른 책에 없는 특징들이 몇 가지 들어있다. 전체 400여수의 가요가 있었으며 그 속에서 아리랑을 노래가 몇 곡을 찾아 볼 수가 있었다.

독립군가집에는 192곡의 가곡이 수록되어 있는데 그 속에는 "독립군 아리랑" 등 독립운동 당시 아리랑에 대한 기록들을 볼 수가 있다.[3)]

동북지역 조선족들의 항일 사상은1945년 이 후 국민당 군대를 대륙에서 축출하는데 결정적인 역할을 하였다. 전쟁초기 공산당 정권이 편성한 한족 무장조직이 국민당의 기만전술에 말려들어 등을 돌린 반면, 조선족무장투쟁 조직은 오히려 공산정권에 대한 확고한 믿음을 바탕으로 국민당 군대를 동북에서 몰아내는데 커다란 공헌을 세웠다.

일본이 굴복하고 모택동이 중공을 설립할 때까지인 1945년에서 1949년까지 장개석의 국민당군과 모택동의 공산군은 해방전쟁을 치르게 된다. 이때 조선족들은 주로 공산당에 가담하여 많은 성과를 올린다. 1947년 시작된 동만독립단(東滿獨立團), 1947년에 조직된 동남민주연군(東南民主聯軍) 제10종대의 제28사, 제29사, 제30사는 한인들이 중심이 도어 편성된 조직이었다. 이들이 동북지역의 중요한 전투인 사평방위전쟁과 도시공격전, 길림장춘해방전(吉林長春解放戰), 요번전쟁(遼藩戰爭) 등에 참여하였고, 산해관을 넘어 중국의 최남단인 해남도에 까지 진격하였다.

해방전쟁 시 연변에서 있었던 가장 큰 전투는 왕청현의 격전이었다. 1946년 조선의용

---

2. 이민(李敏 1924 -), 조선족 대표적인 여 항일투사, 흑룡강성 탕원현출신으로 1936년 항일연합군에 참가 하였고, 흑룡강성 정치협상회의 부주석을 역임 하였다.
3. 독립군가곡집-광복의 메아리(1982년 8월, 교학사) 독립군가집편찬위원회

군 3지대장인 주덕해가 흑룡강성 하얼빈에서의 전투를 끝내고 왕청에서 국민당군을 맞아 싸웠으며 국민당군을 돈화까지 추격하여 연변에서 축출하였다. 이 전투의 공로로 주덕해(朱德海)는 동북인민정부 민족사무처처장이 되었다.[4)]

첫째로 들을 수 있는 것이 "독립군아리랑"이다.

"독립군아리랑"은 흑룡강성 상지시에 살고 계시는 차병걸 노인에 의하여 발굴된 아리랑인데 차병걸노인은 이 아리랑을 1980년 소련에서 중국에 온 당년 81세 되시는 오병율 노인한데서 배웠다 한다. 가사는 아래와 같다.

독립군아리랑

전렴
아리아리 스리스리 아라리났네
독립군아리랑 불러를 보세
리조와 말년에 왜 날리나니
2천만 동포들 살길이 없네

(이하 전렴을 약함)

일어나 싸우자 총칼을 메고
일제놈 쳐부셔 조국을 찾자

내 고향 산천아 너 잘있거라

4. 문형진(한국외대 역사문화연구소) 중국 중앙민족대 역사학 박사의 글 중에서

이내몸 독립군 떠나가노니

부모님 처자를 리별을 하고서
왜놈을 짓부셔 승리한 후에

태극기 휘날려 만세 만만세
승전고 울리며 돌아오리라

본세기 10년대 말 부터 본세기 30년대 초 독립군이 광활한 중국대지에서 활동하던 그 시기에 불러진 아리랑이다. 이 아리랑은 왜적을 물리치고 조국을 되찾기 위해 부모처자를 이별하고 독립군으로 떠나는 독립군 전사의 결의를 다진 것이다.

"태극기 휘날리며 만세 만만세 승전고 울리며 돌아오리라"는 승리신심이 벅찬 결의가 다져진 노래이다. 이 노래는 "밀양아리랑"가락으로 많이 불러졌다지만 중국에서 활동한 독립군들 속에서는 본조아리랑 가락으로 불러지기도 했다 한다.

이 시기에 두 번째로 들 수 있는 아리랑은 "기쁨의 아리랑"이다. 작사는 조선독립동맹 선전과 과장 양계가 했다.

기쁨의 아리랑

작곡자 미상

1. 울며 넘던 피눈물의 아리랑고개
   우리부모 뼈를 묻은 아리랑고개
   막내 끌고 돌아보며 흘러가더니
   원쑤갚고 떼를 지어 뛰넘어 오네

2. 붉게붉게 무궁화 핀 아리랑고개

웃음소리 넘쳐나는 승리의 고개
원쑤피로 3천리에 땅을 걸구고
보금자리 터 세우러 뛰넘어 오네

이 아리랑은 울며 넘든 피눈물의 아리랑고개를 다시 넘나들면서 일제침략자들을 부스는 싸움에서 승전고를 울려주는 승리의 기쁨을 노래한 아리랑이다. 선율은 전통적인 아리랑과는 달리 정열적이다.

이 시기에 세 번째로 들 수 있는 아리랑은 “새 아리랑”이다. “새 아리랑”은 항일전쟁 승리를 앞둔 1940년대에 나와서 불러진 노래이다.

새 아리랑

1. 아리랑 아리랑 아라리요
   아리랑 고개를 넘어가거라
   쪽바가지 차고 넘든 고개
   기쁨의 웃음짓고 돌라를 오네

2. 아리랑 아리랑 아라리요
   아리랑 고개를 넘어가거라
   삼천리에 나팔소리 이 강산
   땅덩이 꽃밭이 되네

“새 아리랑”은 나라를 되찾으려고 싸우던 항일 전사들이 싸움에서 승리하고 부르던 승리의 아리랑이다. 또한 “새 아리랑”은 삼천리에 나팔소리를 울려 조국강산이 꽃밭으로 되는 랑만이 넘치는 아리랑이다. “새 아리랑”은 아리랑의 원래의 비감한 정서를 낭만적 정서로 바꾼 아리랑이다.

그 밖의 아리랑은 “백두산 아리랑”, “송화강 아리랑”, “장백산 아이랑” 등을 찾아 볼 수가 있다.[5)]

백두산 아리랑

노래 김옥선

아리랑 아리랑 아라리요
아리랑 고개를 넘어간다
문전의 옥토를 내버리고
북만 땅에 떠도는 신세로다
아리랑 아리랑 아라리요
아리랑 고개를 넘어간다

아리랑 아리랑 아라리요
아리랑 고개를 넘어간다
삼천리 금수강산 내버리고
시베리야 타향살이 하고 있다
아리랑 아리랑 아라리요
아리랑 고개를 넘어간다

아리랑 아리랑 아라리요
아리랑 고개를 넘어간다
부모도 친척도 다 버리고
울며불며 압록강을 건너왔다
아리랑 아리랑 아라리요

5. 이민(李敏 1924 -), ‘동북항일련군가곡선’, 하얼빈 동북경제문화중심 출판, 1996년.

아리랑 고개를 넘어간다

아리랑 아리랑 아라리요
아리랑 고개를 넘어간다
백두산에 붉은기 나붓기며
해방의 그날을 기다린다
아리랑 아리랑 아라리요
아리랑 고개를 넘어간다

송화강 아리랑

작사, 작곡 미상

아리랑 아리랑 아라리요
아리랑 고개를 넘어간다
청청한 하늘에 별도 많고
인간의 사회는 불편 많다

아리랑 아리랑 아라리요
아리랑 고개를 넘어간다
오동하 벌판에 모기도 많고
송화강 강변에 토비 많다

아리랑 아리랑 아라리요
아리랑고개를 넘어간다
송화강 홍수는 년년 와서
농사군은 또다시 이사간다

2. 항일무장 투쟁과 1939년 5.1절

항일무장투쟁의 날마다 항일연합군 제1로군 제2방면 부대는 해마다 "5.1"절을 맞이했지만 장백현 소덕수 마등창 밀림속에서 맞이한 1939년 "5.1"절은 실로 잊을 수 없는 항일연합군의 뜻 깊은 "5.1"절이다.[6]

1939년 4월 30일, 항일연합군 제1로군 제2방면 부대는 110여일에 걸친 유래 없는 고난의 행군 끝에 드디어 장백현 이도강(장백현 서북쪽으로 26km 떨어진 곳.)부근의 소덕수 등판에 이르렀다. 지휘부에서는 이곳 밀림 속에서 뜻 깊은 "5.1"절을 기념하게 위하여 숙박을 하기로 하였다.

오랜만에 쉬여보는 시간이다. 제2방면 부대로 말할 때 소덕수 일대는 마냥 마음을 부풀게 하는 뜻깊은 고장이기도 하다. 1936년 가을 무송(霧淞市)에서 되 골령을 넘어 장백지대[7]로 진출한 후 처음 들어선 마을이며, 장백지대에서의 첫 총성을 울리여 항일연합군의 위력을 만방에 과시한곳도 이 지역이다.

소덕수 등판에 부대의 천막들이 우후죽순마냥 일어섰다. 매 전사(병사)들에게 새 군복과 붉은 오각별 달린 새 군모를 내주니 온 부대가 활기로 넘치었다. 모두들 분대에 따라 밀림 속에 가설무대와 경축대회장을 만들기도 하고 모든 이들에게 달아줄 꽃송이와 명절음식까지 만드니 어느 곳을 보나 명절분위기로 흘러넘치었다. 귓속으로 들리는 노래 소리에 여 병사들이 산뜻한 새 주름치마 하나씩 더 타서 입으니 새해 색동저고리 입는 분위기가 되었다. 저녁에는 밀영과 지방의 혁명조직에서 보내온 술로 축하연까지 벌어졌다.

새날이 밝아왔다. 새해의 아침 해를 맞으며 새해의 아침밥을 먹으니 성수가 났다. 모두가 멋있게 새 군복을 갈아입고 가슴마다에 꽃송이를 다니 꿈만 같았다.

수백 명 전사들은 전투 무장 한 채 중대별로 대열을 지어 늠름하고 씩씩하게 대회장에 들어섰다. 무대 앞에서 펄럭이는 붉은기와 "만국의 노동자들은 단결하라!"는 표어가 매

6. 노동절(메이데이/May Day) 유래와 우리나라 노동절의 역사를 위한 미국 노동자 투쟁을 전 세계로 확산시키기 위해 5.1을 세계 노동절로 결정했다.. 발음상 '메데'와 비슷한 용어를 영어화 하다 보니 'Mayday' 라는 단어로 자리 잡게 된 것입니다.
7. 길림성 장백에서 벌린 전투, 무송현 소재지 공격전을 끝낸 항일연합군 제2군 제6사는 되 골령을 넘어 장백현으로 진출한 후 대덕수 전투, 소덕수 전투, 발전구 전투, 이도구 전투 등 비교적 규모가 크고 치열한 전투를 벌어졌다.

우 인상적이었다.

이어 제2방면 부대 총지휘가 지휘자들과 함께 무대에 올랐다. 오중흡연대장의 "차렷!" 하는 구령소리와 함께 전체가 경례를 드리자 무대에서 손들어 답례 하였고 동시에 음악이 흘러 나왔다.

경축대회는 "메데가(노동자)"의 합창으로부터 시작 되였다.

들어라 만국의 노동자
천지를 진감하는 메데를
시위장에 맞추는 발걸음소리
메데를 고하는 아우성소리

너의 부서를 폐기하어라
너의 생활을 각성하어라
전 하루 동안 휴업함은
사회 허위를 깨뜨림이라

지나간 착취에 시달리던
무산대중아 궐기하어라
오늘 24시간에
계급전은 시작되었다

일어나라 노동자 궐기하어라
빼앗겨 버렸던 생산을
정의의 손으로 도루 찾으려
놈들의 세력이 그 무엇이냐. … … …

연속된 합창에 이어 2방면 부대 지휘관께서 연설하였다. 그는 연설에서 이미 얻은 기꺼운 승리를 축하하고 나서 "5.1"노동자의 유래를 설명하였으며 항일전에서 어깨 걸고 싸워가는 중·조 두 나라 인민(국민)들 간의 두터운 전투적 친선을 깊이 있게 진술하면서 당시의 설명과 목표를 설명하는 연설은 끊임없는 박수소리에 의해 자주 멈추어졌다.

지방혁명조직의 대표와 전사대표들도 발언하였다. 그들은 발언에서 일본침략자들을 물리치기 위해 끝까지 싸워가겠다고 결심을 다져왔다.

바로 7연대 4중대에서 우렁찬 대 합창으로 연예공연의 서막을 열며, 병사들이 무대에 올라 "아리랑"등 노래 가락에 맞추어 신나게 춤추었다.

아리랑 아리랑 아라리요
아리랑 고개로 넘어간다
아리랑 고개는 열두 구비
마지막 고개를 넘어간다

청천하늘에는 별도 많고
우리네 가슴엔 수심도 많다
아리랑 아리랑 아라리요
아리랑 고개를 넘어간다 … … …

왔고나 왔고나 혁명은 왔고나
혁명의 기세는 전 세계를 덮노라
돈 없는 노동자 망치 메고 나오고
땅 없는 농민은 호미 메고 나오라

밥 짓던 누나는 식칼 들고 나오고

글 짓던 오빠는 붓대 들고 나오라
아세아 무산자 구라파 노동자
전 세계 무산자 총 동원하여라 … … …

대회장에서는 노래 소리, 박수소리가 울려 퍼졌다.

공연에는 독창과 재담에 이어 전체 병사들의 군무가 연예공연의 마지막장을 화려하게 수놓았다. 지휘자들도 공연장에 뛰어들어 "도라지", "아리랑"을 같이 불러 연예공연은 고조를 이루었다.

도라지 도라지 도라지
심심산촌에 백도라지
한두 뿌리만 캐여도
대바구니에 스리살살 다 넘는다….

마등창 숲속에 다시 어둠이 깃을 내리였다. 여기저기서 모닥불이 타올랐다. 온 부대는 내내 경축대회와 연예공연의 즐거움에서 벗어나지 못하였다.

3. 간삼봉에 울려 퍼진 "아리랑" 노래

1937년 6월초에 2군 6사는 북한 무산지구와 압록강지구에서 활동하던 2군 4사와 1군 2사부대도 전·후로 밀영에 이르렀다. 3개사의 수백 명 장병들은 오월단오날인 6월 13일에 성대한 모임을 가지고 이해 봄 무송서 강회(회의)의 이후 몇 달간의 전투경험을 교환하고 함께 뜻 깊은 사진도 찍었다.

3개 부대가 휴식하며 머무르는 사이 일본군 나남 제19사단 산하의 북한 함흥 주둔군 제74연대가 적장 김석원(어떤 자료는 김인욱라고 한다.)의 지휘하에 북한의 해산(함경북도) 쪽에 밀려들었다는 군사정보가 전해졌다. 3개사의 지휘자들은 한데 모여앉아 작전을 검토한 뒤 적들을 질로가 유리한 간삼봉에 끌어들여다가 일망타진하자고 합의를 보았다.

간삼봉[8]은 장백현 12도구 산등성이 큰길에서 보면 동북쪽에 위치해있다. 다시 말하면 12도구 산등성이에서 큰길 따라 동으로 11km 뒤 왼쪽으로 뻗은 새로운 작은 길을 따라 7~8리가량 가면 이르게 되는데 넓은 고원위에 세개의 봉우리가 솟아있다 하여 간삼봉이라고 부른다. 30년대는 태고의 밀림속이였다지만 지금은 주변에 중국 최대의 인삼밭으로 되어 있다.

6월 29일 3개 부대는 간삼봉에 이르러 3개 봉우리를 따라 제각기 진지를 구축하고 대기하였다. 이에 앞서 북한의 혜산과 신파를 거쳐 압록강을 건넌 적군 74연대는 장백현 주둔 여러 위만군, 치안대와 함께 수백 명의 병력(약 2,000명이라고도 한다)을 모여서 우리 항일부대를 찾아다니다가 간삼봉 가까이 부문수(富門水)에서 식량운반에 나선 9명의 항일연합군 소부대와 운반대로 나선 3명의 군중과 맞닥트렸다. 하루 동안의 격전 끝에 적들은 일부 사상자를 냈으나 항일연합군 소부대를 집요하게 물고 늘어지였다. 그때 6사 부대는 지시[9]에 따라 간삼봉의 동쪽산마루에서 대기하고 4사 부대는 서쪽산마루에서, 2사 부대는 북쪽산마루에서 대기하고 있었다. 3개사의 기관총사수들은 임시 기관총중대를 이루어 진지를 지켜섰다.

6월 30일 아침, 간삼봉일대는 날씨가 흐리고 짙은 안개가 덮어 사방를 분간하기가 어려웠다.

날이 훤히 밝아오자 적들은 아침안개가 걷히기 전에 간삼봉에 오르려고 해뜨기 전부터

---

8. 길림성 장백산 남쪽기슭과 압록강 원천지에 위치한 장백현은 중국에서 유일한 조선족자치현으로서 북한 양강도 해산시와 강을 사이에 두고 있다. 마주보이는 북한 함경북도 무산군 삼장면에 있는 산봉우리가 간삼봉이다. 함경산맥 최북단에 있으며, 두만강의 지류인 서두수와 소홍단수, 연면수 등의 발원지이다. 높이는 1,434미터이다.
9. 항일 연합군 소속의 6사 부대의 지휘자는 김일성장군 이였고, 현재 북한에서 부르는 간삼봉의 아리랑은 여기에서 부르던 내용과 항일 운동의 내용으로 만들어 졌다.

은밀히 기여 들었다. 4사 최현부대가 차지한 서쪽산마루 보초 소에서 신호총소리가 울리였다. 최현이 보초대가 근심되어 한개 중대를 거느리고 그쪽으로 나아갔다가 적들의 포위 속에 들었다.

6사 사장은 조성된 사태를 헤아리고 이동학이 경위중대를 데리고 나서 최현부대를 구출하도록 하였다. 최현이 거느린 중대와 이동학중대가 안팎으로 협공하니 적진은 삽시에 와르르 무너져 내렸다. 동쪽 산마루로 덮쳐들던 적들은 우리 기관총중대의 기관총 18정의 교차화력에 의해 여지없이 얻어맞았다. 6사 7연대와 8연대의 항일 전사들도 뒤질세라 집중사격을 퍼부었다. 적들은 밀림 속으로 퇴각하는 수밖에 없었다. 하지만 적들도 물러서지 않았다. 위만군들은 제자리걸음을 하며 허공에 총을 쏘기만 하였으나 함흥 74연대는 동료들의 시체를 타고 넘으면서 한사코 기어 올라왔다. 나중에 적들은 결사대를 퇴각케 하고 끝까지 달려들었으나 번번이 아군의 격퇴를 당하였다.

치열한 전투는 날이 저물도록 계속 되였다. 전투가 한창 치열할 때 산중턱에서 난데없이 "아리랑" 노래가 울려 퍼지였다.

아리랑 아리랑 아라리요
아리랑 고개로 넘어간다
나를 버리고 가시는 님은
십리도 못가서 발병난다

아리랑 아리랑 아라리요
아리랑 고개로 넘어간다
저기 저산이 백두산이라지
동지섣달에도 꽃만 핀다

항일연합군 2군 6사와 2군 4사의 조선족 여 전사(병사)들이 일제히 목소리를 합쳐 우리 민요 "아리랑"을 불렀다. 한 번도 아니고 부르고 또 계속 불렀다. 백두의 간삼봉에 뜻

밖에 울려 퍼진 아리랑노래는 아군의 사기를 크게 높이고 적진에 혼란을 가져 다 주었다. 마지막까지 달려들던 적진은 주춤하면서 무너지기 시작하였다.[10)]

여대원들이 싸움을 하면서 부른 "아리랑"이 전 대원에 퍼지였다. 모든 격전장에서 노래를 부르는 것은 강자들만이 할 수 있는 일이다. 간삼봉전투장에 울린 "아리랑"은 혁명군의 정신적 종심을 비쳐 보이고 낙천주의를 시위하였다. 적들이 "아리랑"을 듣고 어떤 기분에 잠겼겠는가 하는 것은 그저 상상하기 어렵지 않을 것이다.

후에 포로들이 고백하기를 그 노래를 듣고 처음에는 어리둥절해졌고 다음순간에는 공포에 잠기였으며 나중에는 인생허무를 느꼈다고 하였다. 부상자들 중에는 신세를 한탄하며 우는 자들도 있었으며 한쪽에서는 도망병까지 났다는 것이었다.[11)]

6사 사장은 최정예를 자랑하며 끝까지 달려들던 함흥 74연대의 이른바 "야마도정신"을 항일연합군의 "아리랑"노래에 대비하면서 여 전사(병사)들이 부른 싸움터의 "아리랑" 노래가 적들의 "야마도 정신"을 여지없이 무너짐을 적고 있다.

이날 "아리랑"노래를 부른 여전사(병사)들은 6사의 김확실, 김선 등과 4사의 허성숙, 리경희, 오철순, 허순선, 황희순, 김철호 등이다. 6사 여전사(병사)들이 적은 것은 6사 재봉대 대장 최희숙과 김정숙, 박록금은 이에 앞서 그해 3월에 각기 장백의 요방자와 도천리, 신흥촌 정치공작원으로 파견되고 이계순은 이해 봄에 6사 후방병원으로 넘어간데 기인된다.

4. 항일연합군부대의 "밀림 속의 오락회"

항일무장 투쟁시기는 우리 항일 연합군 부대는 고난의 행군길이나 이동작전 때에 자주 오락회를 가지고 피로를 풀며 부대의 사기를 크게 높이였다. 그중에서도 무송현 소탕하 일대와 화전현 두도, 류하 부근의 밀영에서 가진 밀림 속 오락회는 특히 인상적이라 하겠다.

1936년 11월 하순과 12월사이 적들은 무송현 소탕하와 장백현 팔도구 목재소에서 2군 4사를 주력으로 하는 우리 항일연합군부대에게 연속으로 강렬하게 얻어맞았다. 급습을 당한 적들은 실패를 만회하려고 많은 병력을 풀어 무송, 임강, 화전 등지를 찾아다니며 혈안이 되었다.[12] 우리 4사 부대는 팔도구 목재소습격이후 팔도구에서 100리쯤 떨어진 화수림 자밀영에서 20일간 군사훈련을 하다가 식량해결문제로 소탕하 일대에 다시 나타났는데 적들이 부락마다 심한 봉쇄정책을 실시해서 식량 한 알 해결하지 못하였다.

이때부터 박춘일소속 4사 부대는 1937년 초까지 하루, 이틀도 아닌 근 3개월간의 고난의 행군 길에 나서야 했다.

고난의 행군 길은 걸음마다 힘들고 어려운 행군이었다. 매일 100여리의 강행군에 나서야 하는데 식량이 거덜이 난데서 하루에 한 두 번씩 물이나 끓여 마시는 정도에 지나지 않았다.

행군 길의 또 하나의 어려움은 뼈 속을 파고드는 강추위로 도무지 잠들 수가 없는 것 이였다. 춥다고 모닥불을 마주 하면 가슴은 더웠지만 등 뒤가 얼어들고 돌아누우면 등 뒤는 더웠지만 앞가슴이 얼음덩이 같았다. 누군가 지은 노래에 "모닥불을 마주 하니 앞가슴은 더운데 찬바람에 등 뒤의 뼈 속까지 얼어드네"라는 구절이 있더니 우리 항일연합군의 야영생활이 바로 그러했다. 모닥불을 쪼이며 쪽잠을 자다가 옷이 타거나 신발 바닥이 탈 때가 한 두 번이 아니었다. 그때면 모두가 깨여나 구멍이 난 옷이나 신바닥을 보면서 놀려주며 웃으며 한바탕 떠들어대곤 하였다.

아무리 힘들어도 가끔씩 밀림 속 숙영지에서 오락회가 벌어졌다. 그들은 손벽을 치며 "즐거운 무도곡"(일명 "무도가")를 부르기 시작했다.

자유와 평등 얻은 기념 날은 돌아와

동무들은 구락부에 모여 무노회를 열었네

노동자 좋아서 이리저리 날뛰고

---

10. 김일성의 세기의 회의록(1997년, 평양 출판사) 6권 138p
11. 김일성의 세기의 회의록(1997년, 평양 출판사) 6권 218p
12. 중국 길림성 동남부 지역(백두산 서남부 지역) 무송은 현재 요녕성 무송시, 임강은 임강시 지역.

농민은 좋아서 어찌할 줄 모른다

모인 동무들 중에 음악가도 나온다
군악소리 풍파풍파 천지를 진동코
혁명가 곡조는 붉은 세상을 진동코
병사의 칼춤은 우선 우선 나온다

흥분된 동무들 중에 무도가도 나온다
금실 같은 무도곡에 맞춰 슬렁슬렁 잘한다
남녀의 사교춤 우선 우선 춤추고
어린이의 댄스는 오도도 콩콩 나온다

이보다 즐거운 날도 또 다시 있을 가
행복된 꿈나무의 사회 웃음꽃이 피였다
노동자 농민은 한데 뭉쳐 즐기고
어린이는 꽃 속에서 길이길이 놀아라

"즐거운 무도곡"이 불리어질 때 우리 전사(병사)들은 서로서로 노래에 맞추어 댄스를 추지 않으면 "무장 춤"을 추고 "곱사 춤"을 추며 어깨춤을 추었습니다. 어깨춤의 곡조는 "아리랑"노래였습니다.

아리랑 아리랑 아라리요
아리랑 고개로 넘어간다
아리랑 고개는 열두 구비
마지막 고개를 넘어간다

청천하늘에는 별도 많고

우리네 가슴엔 수심도 많다

아리랑 아리랑 아라리요

아리랑 고개를 넘어간다

오래도록 노래 소리는 그칠 줄 모르고 흥겨운 춤은 계속 되었다.

음력 섣달 스무 사흗날(양력 1939년 2월 11일) 밤 양정우부대가 밀영에 나타나자 4사 밀영은 환영의 분위기로 바뀌었다. 1군과 2군의 1,000여명 항일연합군부대는 양정우 장군[13]과 위증민[14]동지를 모시고 서로 얼싸안고 돌아갔다. 밀림 속 여기저기에 모닥불 피어오르고 옥수수를 삶는 구수한 냄새가 밀림 속에 퍼져 나갔다.

그때 우리 부대는 저녁식사에 한창인데 1,000여명 일본군수비대와 위만군이 달려든다는 급보가 전해졌다.

"올테면 오라지. 또 한 번 골탕을 먹여보기요."

양정우는 빙그레 웃으며 전투명령을 내렸다. 1,000여명 항일연합군이 남산에 오르니 날이 푸름푸름 밝아왔다. 적들은 큰 소리 지르며 산으로 올라오고 아군의 정면과 좌우측의 교차사격에 의해 적들은 심각한 타격을 받고 황망히 퇴각하였다.

양정우 장군(사령)은 적을 소굴에 몰아놓고 설날을 편안히 쉬기 위하여 4사 최현장군에게 소속부대를 거느리고 대부대가 지나간 것처럼 눈 위에 숱한 발자국을 내며 적들을 송화강 서쪽 몽강현 나얼훙 방향으로 유인하게 하고 대부대는 한 줄로 외발자국을 내면서 두도, 유하 쪽으로 행군하게 하였다.

---

13. 양정우 (楊靖宇 1904~1940,본명 마상덕)평안남도 하남 출생, 9.18전쟁 후 동북항일연군 제1군 사령관으로 일제에 대항하여 무장항쟁을 벌였다. 1940년 2월 길림성 길림시 길림봉 강 에서 일본군과 교전 중 전사
14. 위증민(魏烝民, 1909~1941년 3월 병사) 항일연합군 제1로군 정치위원 겸 부총지휘

과연 다음날 1,500여명에 달하는 적들은 양사령의 작전배치를 따르기라도 하듯이 대금장 밀영으로 가다가 항일연합군의 발자국을 따라 송화강 쪽으로 떠나갔다.

적들을 외딴 곳으로 따돌린 전술은 대 성공이었다. 우리 부대는 옮겨놓고 화전현의 두도, 유하 부근의 밀영에서 설맞이에 분주하였다. 밀영에 귀틀집이 없는데서 풍막이 있는 중대에서는 풍막을 치고 그 안에 불을 피우고 잘 수 있었지만 풍막이 없는 대부분 중대들에서는 눈으로 벽을 쌓아 바람가림을 하고 모닥불에 둘러앉아 혁명가요를 부르며 한겨울의 추운 긴긴 밤을 보냈다.

1939년 음력설날(양력 2월19일)이 밝아왔다. 우리 부대 주둔지는 기지개를 켜며 설날을 맞이하였다. 아침 양정우장군과 위증민장군은 1군과 2군의 각 중대들을 차례로 돌며 동지들에게 설날인사를 하였다. 뒤이어 생활개선으로 옥수수 가루 떡과 소고기를 넣은 콩장을 먹으니 별 맛이었다. 하긴 몇 년 만에 처음 소고기를 맛보니 그럴 만도 하였다.

낮에 병사대회가 열리였다. 1,000여명의 장병들이 한사람 같이 깨끗한 옷을 갈아입고 총칼을 번뜩이며 양사령과 위부사령 그리고 기타 지휘관들의 검열을 받았다. 모두가 힘이 넘치는 씩씩한 모습들이였다.

이날 양사령과 위부사령이 무대에 올라가 연설하였다. 양사령은 국제국내의 정세와 항일연합군 임무 앞날을 두고 많은 말씀을 하시였다.

그 중 요지 한 단락만 인용하면 다음과 같다.

동지들, 우리는 어째서 부모처자와 헤어져 산속 설원에서 초근목피로 끼니를 때우며 싸웁니까? 배가 고프 길래 혁명하는 것이 아닙니까? 땅을 얻기 위하여, 일자리를 얻기 위하여, 이밥을 먹기 위하여, 행복한 생활을 쟁취하기 위하여 총을 메고 싸우는 것이 아닙니까? …

양정우사령의 말씀은 설교가 아닌 한마디 한마디가 가슴을 치는 말들이였다. 위부사령도 당면의 정세와 임무에 대해 연설하였다. 그때 1군과 2군에는 조선족전사(병사)들이 아

주 많았기에 항일 노 간부 여영준의 회억에 따르면 두 사령원의 연설을 그 자리에서 조선말로 번역해주었다고 한다.

저녁에는 다채롭고 흥겨운 오락회가 있었다. 임시 가설한 무대에 모닥불을 피우고 1,000여명 장병들이 열을 지어 나란히 앉으니 그야말로 가관 이었다. 그 속에는 눈 위에 나무 잎을 깔고 앉은 양사정우령과 위부사령도 함께였는데 밀림 속은 말 그대로 대낮처럼 밝았다.

밀림속의 오락회는 연극과 노래, 춤 등으로 이루어졌다. 그 중에는 양정우사령이 손수 쓰고 한족, 조선족 두 민족의 전사들이 함께 공연하는 연극도 있고 여 전사(병사)들이 잔잔하게 부르는 "아리랑" 노래도 있었으며 제1로군 사령부의 의사로 있던 한 조선족 항일 전사의 "부채춤"도 있었다.

이날 밤 특히 관중들의 이목을 끈 것은 조선족 여 전사(병사)들의 아름다운 춤이었다. 4사부대의 허성숙, 황희순, 오철순, 김철호, 허순선 등 한민족 여 전사(병사)들은 착취와 압박을 받으며 천대와 핍박 속에서 지내던 여성들이 총을 멘 어엿한 전사로 되여 일제침략자를 때리는 것을 주제로 창작한 무용을 무대에 올리었는데 그 주선율은 "아리랑"노래, 하모니카반주에 맞춰 덩실덩실 춤을 추니 밀림이 떠나갈듯 박수소리가 터져 올랐다. 무대 아래 양정우사령은 전사들과 같이 매 절목이 끝날 때마다 박수를 치더니 조선족 여 전사(병사)들이 신나게 춤을 추며 돌아갈 때 흥분된 나머지 "조선족여성들은 싸움도 잘하고 춤도 잘 춘다."고 치하하며 중국어로 연신 "호우!" "호우!"하였다.

밀림 속 오락회는 내내 즐거운 기분 속에서 활발히 진행 되였다. 정말 잊지 못할 설날 밤 오락회였다.

5. 항일투쟁 시기에서 "불굴의 아동유희"

중국에서 가장 처절했던 지난 항일투쟁시기 우리 연변의 화룡, 연길, 왕청, 훈춘 4개현의 항일유격근거지들에서 불굴의 아동유희대들이 활동하고 있었습니다. 그들은 유격대아저씨들이 일제토벌대와의 싸움에서 승리하고 돌아오면 열렬한 인사를 드린 다음 미리 준비하였던 혁명가요, 합창, 춤, 단체 유희 등을 공연하였습니다. 때로는 싸우는 고지에 올라 혁명가요와 민요 "아리랑" 등을 부르며 유격대아저씨들을 고무해주었고 근거지 집단 행사 때 어김없이 참가하여 이채를 더해 주었습니다.

1932년 초 이후 연길현 왕우구의 계림촌, 남양촌 일대의 혁명군중 들은 일제토벌대가 계속 쳐들어와서 그 전후로 남동의 약수동 마을에 자리를 옮기였습니다. 원 계림촌 아동단 단장 김향난은 또 약수동 아동단장으로 되였습니다. 그는 현 공청단조직의 지시에 따라 인차 20여명의 고아들로 아동분대를 무었습니다. 그리고는 글을 가르치기도 하고 춤과 노래를 배워주기도 하면서 아동단 생활을 재미있게 짜고 들었습니다. 한편 아동 유희대를 조직해가지고 항일군민들에게 반일위문공연을 올리기도 하였습니다. 그 속에서도 유난히 인기를 끄는 것은 김향난의 여동생 김금여였습니다.

금녀는 1924년의 어느 날 오늘의 연길시 의란향 춘흥촌의 김씨댁에서 고고성을 터치였습니다. 이 애가 바로 훗 날 "종달새"소녀로 소문났고 멀리 "구국신보"에까지 실려 세상에 널리 알려진 오돌찬 소녀입니다.

이 오돌찬 소녀－금녀가 철이 들기 시작 할 무렵 왕우구 일대에 이미 당의 구위와 기층지부가 세워지고 조선족인민의 반일투쟁이 요원의 불길처럼 타올랐습니다. 큰오빠 명국이와 둘째오빠 명팔이는 공청단원이고 셋째오빠 용남이는 소선대원, 둘째 언니 향난이는 아동단원이 였으며 할아버지, 할머니, 아버지, 어머니, 큰언니는 농민협회, 부녀회회원들이였답니다. 무소속이라면 철모르는 금녀(일명 금순)뿐이 였습니다.

1931년에 금녀는 언니 향난이가 다니는 남양촌 진명소학교에 입학하였습니다. 금녀는 이 사립학교에서 글을 익히었는데 노래와 춤에 남다른 흥취가 있었습니다. 영특하고 예쁘장하게 생긴데다가 노래 또한 잘 불러 사람들은 그를 "종달새"라고 불렀습니다.

1932년 봄에 의란구에도 군중적 춘황투쟁의 불길이 세차게 타올랐습니다. 금녀는 언니 향난이를 따라 어른들의 시위대열에 끼어들었습니다. 언니가 "일본제국주의를 타도하자!" 등 구호를 높이 부르면 그도 종 주먹을 쥐고 따라 불렀습니다.

이해 봄에 간도일제"토벌대"가 의란구의 남양동 등지에 벌떼처럼 달려들어 피비린 학살을 일삼았습니다. 금녀의 할아버지, 할머니와 아버지가 원수의 총칼아래 쓰러졌습니다. 큰오빠 명국이도 토벌대들과 맞다들어 싸우다가 피살 되였습니다.

만 8살밖에 안된 금녀는 졸지에 친인척 넷을 잃었습니다. 그는 비분의 눈물을 쏟으며 어머니와 언니 그리고 여동생과 함께 왕우구치기 주가골로 들어갔습니다. 둘째언니 향난(열사)이는 남동에 가서 20여명의 고아들을 책임지고 둘째오빠(열사)와 셋째오빠(열사)는 석인구 돌격대에 참가하였습니다.

왕우구치기 주가골 여기저기에 초막들이 일어섰습니다. 의란구피난민들은 여기서 집단살림을 꾸미였습니다. 허나 친인 넷을 잃은 금녀의 얼굴에는 종일 슬픔이 가시지 않았습니다. 그는 슬픔 속에서 일어나 아동단에 가입했고 눈부신 활약을 시작했습니다. 유난히 인기를 끈 것은 그 뒤의 일이였습니다.

1932년 11월, 왕우구 소련(현 러시아)정부가 수립 되였습니다. 소련정부의 탄생[15]은 왕우구 항일유격근거지의 정식건립을 표징하지요. 금녀의 얼굴에는 웃음꽃이 맑게 피어났습니다. 그는 북동학교에서 계속 글을 읽으면서 아동단 활동에 열성을 냈으며 아동 유희대에 참가하여 활약하였습니다.

1933년 봄에 일본침략자들은 2,000여명의 병력을 긁어모아가지고 왕우구 항일 근거지를 대대적으로 진공하였습니다. 아동단원 금녀는 아동 유희대와 함께 하루에도 몇 차례라 유격대진지에 가서 선전연설을 하고 구호를 웨치고 혁명가요와 우리 민요 "아리랑"을 부르면서 유격대아저씨들을 선전 및 앞장섰습니다. 그리고 싸움에서 이기고 돌아온 아저씨들을 위해 위문공연을 가지였습니다.

그러던 어느 날 연길현 유격대는 근거지로 기여든 한무리의 일제토벌대를 본때 있게 족

15. 러시아 [Union of Soviet Socialist Republics] 공식 명칭은 소비에트 사회주의 공화국 연방(U. S. S. R.). 1917~1991년에 존속했던 세계 최대의 사회주의 국가.

치고 귀로에 올랐습니다. 유격대원들이 군악소리높이 왕우구 북동학교마당에 들어서자 먼저 대기하고 있던 금녀 등 아동단원들은 "앞으로 갓!", "좌우로 벌렷!" 하는 아동단지도원 이화순(열사)동무의 구령소리에 따라 유격대아저씨들을 빙 둘러쌌습니다.

아동단유희대지도원의 축사와 유격대책임자의 답사가 끝나자 유희대 어린이들의 "승리가"가 우렁차게 울렸습니다.

깨끗하다 우리 투사들 맹호같이 날뛰라
우리 투사들 대적 할 자 그 누군가
나가싸워라 싸워라 힘껏 싸워라
영광의 승리는 우리 것이니 염려말라
기운을 뽐내면서 굳게 싸워라
펄펄 날리는 붉은기 우리 향해 춤추도다

아동단유희대의 노래 소리는 전체의 노래로 번져갔습니다.

흥겨운 춤판이 벌어졌습니다. 민요 "아리랑"과 "삐오네르", "의회 주권가", "총 동원가", "결사전가" 등 혁명가요가 끊임없이 흘러나왔습니다.

아동단원 금녀 등과 더불어 아동단지도원 화순이도 유격대원들에게 끌려 춤판에 나섰습니다. 금녀와 화순이의 우아하고도 물 찬 제비 같은 춤동작은 환영모임을 최고의 모습에 여기저기서 응원소리가 끊임없었습니다. 근거지 군민들이 한마음으로 싸운 곳에서 적들은 10여일 만에 끝내 근거지에서 패하며 도주하고 말았습니다.

그해 1933년 5월 1일, 왕우구 북동학교마당에서 "5.1국제 노동절기념대회"가 진행되었습니다. 대회에는 연길현위와 근거지의 당정군 책임일군들과 군중단체의 책임자들, 각 유격구의 대표들, 근거지의 항일군민들, 아동단원들이 참가하였는데 전체 대회참가자들은 일제히 기립하여 "적기가"를 높이 불렀습니다. 로투구 유격구에서 온 대표단은 대회주석단에 "혁명승리만세!"란 글발을 수놓은 붉은기를 증송하여 대회분위기에 이채를 더

해주었습니다.

이어 여러 대표들의 발언이 있은 후 성대한 검열의식이 뒤따랐습니다. 금녀 등 아동단 유희대는 성수가 나서 대회참가자들과 함께 "5.1국제 노동가"를 우렁차게 부르며 돌아갔습니다. 대회장에서 터져 나오는 노래 소리, 구호 소리는 하늘땅을 뒤흔들어놓았습니다. 왕우구 북동학교마당은 어디에서나 기쁨과 환락의 바다를 이루었습니다.

1933년 봄에 연길현 석인구에서 팔도구 소련정부가 창립 되였습니다. 이 소련(현 러시아)정부는 왕우구 소련정부가 일어선 뒤에 세워진 연길현의 또 하나의 구 소련정부 였습니다. 팔도구 소련정부가 수립되던 날 석인구는 근거지군민들의 기쁨의 노래 소리와 웃음소리로 차고 넘치었습니다.

의회 주권이 왔다
붉은 주권이 왔다
노동자농민의 피 값에
의회주권이 왔다

공산사회를 만들려면
혁명투쟁에 힘쓰자
세계혁명을 위하여
프로레타리아야 싸워라

아리랑 아리랑 아라리요
아리랑 고개로 넘어간다 ....

팔도구근거지는 온통 기쁨과 즐거움이 넘쳐났습니다. 대회에 참가한 아동단원들은 맘껏 춤추고 노래 부르며 돌아갔습니다.

신생 소련정부는 그 후 바로 인민혁명정부로 개칭되고 많은 조직이 결성되었습니다.[16) 아동구락부가 꾸려진 후 근거지의 공산당원 윤병화(열사)와 그의 안해 김화자(열사)는 당 조직의 지시를 받고 남쪽 산 너머에 있는 팔도금광으로 파견되어 갔습니다. 어느 날 저녁 팔도금광의 전야옥 금점굴 앞마당에 수백명 노동자들이 모였고, 많은 노동자들은 눈물을 흘리면서 근거지로 가겠다고 탄원하여 나섰습니다.

그 후 근거지의 아동단유희대는 수차 팔도금광으로 드나들며 위문공연을 열리였습니다. 이에 힘입어 금광의 많은 노동자들이 근거지로 들어가 유격대에 참가했거나 근거지내 혁명조직에 일원이 되였습니다. 그들이 올 때마다 근거지에서는 오락회, 환영회를 가지고 노래와 댄스를 추었습니다. 그때마다 아동단유희대의 프로는 인기를 끌었습니다.

"나자자 나자자 싸우러 나자자…"

"아리랑 아리랑 아라리요…"

근거지 하늘에 우렁찬 노래 소리의 메아리가 사람들의 심금을 쾅쾅 울리였습니다. 적들도 실패를 두려워하지 않고 1933년 겨울 왕우구 근거지에 달려들었습니다. "토벌대"들은 첫 시작 부터 근거지를 불바다로 만들며 근거지인민들은 야만적으로 학살하였습니다. 연길현 유격대는 적들과 피바다의 전투를 하였습니다. 김금녀는 아동단지도원을 따라 다홍 왜 근거지를 거쳐 왕청현 소왕청 근거지로 들어갔습니다.

소 왕청 항일 유격 근거지에도 계속된 싸움이 끝날 줄 몰랐습니다. 금녀는 유희대 동무들과 함께 혈전을 벌리고 있는 뾰족산과 마반산에 올랐습니다. 금녀와 그의 동무들은 진지 뒤에서 나무 가지를 주어다 불을 피우고 눈에 젖은 유격대아저씨들의 신을 말리고, 옷을 말리고 더운물을 끓였습니다. 그리고 금녀는 적탄이 빗발치는 진지에 들어가 "어린이 노래"와 "아리랑"을 목청껏 부르기도 했습니다.

16. 팔도구 근거지 산하에 적위대, 돌격대, 부녀회, 반제동맹과 아동단, 소년대 등 군중조직을 새로 조직해 두었으며, 그때 근거지 안에는 소년아동들이 많았다. 대부분의 아동들은 열사의 후대가 아니면 유격대원들의 자녀여서 의탁 할 데가 없었으며, 의지가 없는 아동들은 모두가 아동단에 가입하여 붉은 넥 타이를 매고 "전시공산주의생활"을 하였고, 아동유희대도 잇따라 조직 되였습니다.

나 어린 몸 남겨두고
아버지는 철창에로
눈보라치는 벌판에서
어머니도 영리별
철모르는 어린유녀
찾아 갈 곳 어데 일가

이 배고파 우는 눈물
누가 누가 씻으려나
그날마다 그때마다
엄마아빠 그리워
이리저리 찾으면서
엄마아빠 부르누나

눈보라치는 산발을 누비며 울려퍼지는 "어린이노래"와 "아리랑"의 비장한 노래소리! 유격대원들은 입술을 깨물며 두 주먹을 불끈 쥐였습니다.

새해 1934년이 소리 없이 밝아왔습니다. 이해 2월 중순까지 3개월간 일본군들은 숱한 병력을 풀어 소왕청 근거지를 대거 진격하였습니다. 적군들은 매일과 같이 달려들어 근거지인민들을 참살하고 가옥을 불사르고 곡식더미를 재 더미로 만들었습니다. 전투가 끝나면 유격대원들과 인민들은 산에서 내려와 불탄 집터에 다시 집을 지었습니다. 태워버리면 또 집을 짓고. 그때마다 금녀는 아동단원들과 함께 집짓는 일을 도와 나섰습니다. 집요한 대"토벌"은 90여일이나 계속 되였습니다. 소왕청 근거지의 1,500여명 인민들 가운데서 400여명밖에 남지 않았습니다. 근거지군민들은 피어린 혈전을 견지하다가 부득불 근거지를 포기하고 요영구 근거지로 이동하지 않을 수 없었습니다. 근거지의 아동단원들과 고아들은 현 유격대의 직접적인 보호 밑에 요영구의 한 골안에 자리 잡았습니다. 당 조직에서는 왕청현 아동국 국장 이순희를 이곳 어린이들의 지도자로 파견하였습니다.

이해 이순희는 열여덟 살에 나는 단발머리소녀였습니다 어려서 부모를 잃은 그는 지주 집 부엌데기로 매를 맞고 울면서 서러움을 생활을 하다가 혁명의 길에 나섰고 공청단원으로 자라났었습니다.

어린이들 곁으로 온 후 이순희는 자기보다 어린 동무들을 친동생처럼 간주하고 적 "토벌"에 부대껴 어지러워진 몸과 옷을 깨끗이 씻어주기도 하고 찢어진 옷을 알뜰히 꿰매주기도 하였습니다. 몸에 상처를 입은 아이들은 밤을 패면서 정성껏 간호해주었습니다. 그리고 반 "토벌"전에 나선 유격대아저씨들이 적을 통쾌히 족치던 장면이며 다른 지방 아동단원들이 근거지와 적후로 드나들며 통신연락을 하던 일들을 재미나게 들려주었습니다. 그가 오자 아동단원들과 고아들은 어시나 만난 듯 활기를 띠였으며 아동 유희대 동무들이 부르는 명랑한 노래 소리가 곳곳에 울려 퍼졌습니다.

새 세상 동터온다 모도다 마중가자
오너라 무산대중 네가 갈 길이다
하나 둘 셋 우리 삐오네르

아리랑 아리랑 아라리요
아리랑 고개로 넘어간다...

조직의 배려와 언니, 누나다운 이순희의 사랑은 어린이들의 마음을 감싸 안아주었습니다. 1934년 여름, 특위 아동유희대는 북만 영안에서 활동하고 있는 수녕반일동맹군 책임자 주보중의 초청을 받고 원정의 길에 올랐습니다.

북만으로 가자면 천고의 숲을 이룬 노야령을 넘어야 했습니다. 동만과 북만의 경계를 이루는 노야령은 가파롭고 깊은 골짜기가 가로놓여있었는데 분비, 가분비, 봇나무 등이 꽉 들어차있었습니다. 그 속을 헤치고 나가기란 여간 쉽지 않았습니다. 했으나 이제 겨우 11살밖에 안 되는 김금녀는 남에게 뒤질세라 타박타박 발을 옮겨놓았습니다. 그는 끝내

수 백리 산길을 걸어 내였습니다.

북만의 영안현 마창에 이르자 아동유희대는 주보중의 의견에 좇아 그해 봄에 수녕반일동맹군에 참가한 시세영 사령의 구국 군을 먼저 찾았습니다. 아동유희대가 붉은기를 휘날리며 씩씩하게 부대주둔지에 들어서자 시사령 이 친히 나와서 맞아 들이였습니다. 이날 밤 그들은 부대에 초불을 켜놓고 부대장교 100여명 앞에서 공연의 첫 막을 올리었습니다.

공연은 합창 "반일전가"[17]로부터 시작 되였습니다.

일제놈의 발굽소리 더욱 요란타
만주벌판 넓은 천지 횡행하면서
살인방화 강간 약탈 도살의 소리
수천만의 노력대중 유린 하도다

나의 부모 너의 동생 그대의 처자
놈들의 총창 끝에 피흘리 였다
나의 집과 너의 집은 놈들의 손에
황무지와 재 더미로 변하였다

반일전가(反日戰歌, 불후의 고전적 명작) - 또 다른 반일전가

아-... 아-...
놈의 발굽소리는 더욱 擾亂타
우리 祖國 짓밟으면서
殺人放火 搾取掠奪 屠殺의 蠻行

17. 원 항일구국군 제14려 여장, 후에 동북항일연합군 제5군의 군장, 열사.

數千萬의 우리 群衆을 蹂躪하노나
나의 父母 너의 同生 그대의 妻子
놈들의 銃槍 끝에 피흘렸고나
나의 집과 너의 밭은 놈들의 손에
재더미와 荒蕪地로 變하였고나
일어나라 團結하라 勞力大衆아
굳은 決心 變치말고 싸워 나가자
붉은旗아래 白色 뒤엎어 놓고
勝利의 凱歌높이 萬歲 부르자
勝利의 凱歌높이 萬歲 부르자
아-... 萬歲 부르자

반일전가에 이어 "아리랑" 노래가 울려 퍼졌습니다. "아리랑 아리랑 아라리요..."격앙된 노래 소리와 겨레의 목소리를 담은 비장한 노래 소리는 원 구국군 장교들의 마음을 세차게 울리였습니다. 열광적인 박수소리가 끊임없이 터져 올랐습니다. 합창이 끝나자 그들은 무대에 뛰어 올라가 아동유희대원들을 얼싸안았습니다. 금녀는 친인들이 왜놈들에게 피살된 참상을 노래에 담아 춤추었습니다. 노래와 춤이 어찌도 생동하고 비장했던지 온 회장이 흐느꼈습니다. 그 시기 주보중도 금녀의 생동한 공연을 보고 이렇게 말하였습니다.

"그 애의 공연이 어찌도 격조높이 사람들의 가슴을 치는지 관중들은 진심으로 감동되었으며 지어 눈물까지 흘렸습니다."

동만 특위아동유희대의 공연은 이르는 곳마다에서 성황을 이루었습니다. 구국군과 산림대의 병사들은 과자 등을 안겨주며 그들을 환영하였습니다. 그들이 받은 교양은 너무나 커서 글로 다 표현하기 어렵대요. 유희대는 공연기일을 20일로 했으나 돌아 설수 없었습니다. 동만에서 사람을 띄워 인차 보내달라고 했더니 한 주일만 더 기다려달라는 답변

이 왔습니다. 결국 그들은 세주일이 더 지나서야 보내주었습니다. 우리 특위아동유희대가 귀로에 오를 때 그들은 권총 2자루에 장총 6자루, 옷, 밀가루, 돼지고기 등 많은 선물을 안겨주었습니다.

6. 유격대 행진곡 "아리랑"

1937년 3월, 안도현 처창즈 근거지 반일자위대 일행 30명(여대원 5명, 부상자 2명)은 원정의 길에 올랐다. 그들의 여정은 대사하, 소사하를 지나서 양강, 이도, 내두산을 거쳐 무송으로 가는 것인데 곧게 가면 500여리 길이요, 산을 타고 가면 700여리 길이였다.

여러 날 행군 끝에 묘령을 넘어서니 태고의 원시림이 펼쳐졌다. 며칠을 가고가도 밀림은 끝이 보이지 않았다. 엎친데 덮친격으로 거센 바람이 "쏴-쏴-" 불어칠 때면 나무 가지에 걸터앉았던 눈덩이가 와르르 쏟아져 내리면서 말이 아니었다. 목덜미에서 녹아버린 눈덩이가 지칠 대로 지친 등골로 흘러내릴 때면 온몸이 오싹오싹 떨리곤 하였다. 게다가 침침한 밀림 속에서 방향을 잃어 온종일 눈보라 속을 헤치다가 전날 밤에 자던 곳으로 돌아올 때면 말이 막히었다.

그래도 이쯤이면 괜찮다고 해야 할 가, 그들 일행 앞에는 보다 어려운 시련이 다닥쳤다. 떠날 때 배낭 안에는 10여일분의 식량밖에 없었는데 숟가락으로 헤쳐 가며 열흘을 더 늘려 먹었으나 그것마저 인젠 거덜이 났다. 끝없는 밀림속이라 어디 가서 구해올수도 없었다. 많은 대원들은 굶주림에 지쳐 얼굴이 팅팅 붓기고 걷다가도 눈 위에 꼬꾸라지기가 일쑤였다. 복부에 관통상을 입은 이창룡 등 부상자들은 지팡이에 의지하여 다리를 가까스로 옮겨놓았다. 며칠을 더 걸으니 반수이상의 대원들이 기신백신하여 쓰러졌다.

반일자위대 당지부에서는 즉각 행군을 멈추고 긴급회의를 열었다. 2군 군부에서 파견되어 온 정응수가 정중한 어조로 말하였다.

"동무들, 우리는 무산혁명을 위해 마지막 피 한 방울까지 바치자고 맹세한 선봉대입니다. 곤란할수록 당원들은 맥을 버리지 말아야 합니다. 이 모진 고비를 넘기기만 하면 우리는 꼭 군부에 도착할 날이 있을 것입니다."

말이 끝나자마자 반일자위대 대원들은 모닥 불가에 둘러앉아 "유격대행진곡"과 "아리랑"등 노래를 힘차게 불렀다.

동무들아 준비하자 손에다 든 무장
제국주의 침략자를 때려 부시고
용진 용진 나가세 용감스럽게
억 천만번 죽더라도 원수 쳐 엎자 … … …

아리랑 아리랑 아라리요
아리랑 고개로 넘어 간다
아리랑 고개는 열두 구비
마지막 고개를 넘어 간다

벌써 얼마나 불렀던가, 원정길에서 그들은 가끔 이 같은 노래를 부르면서 힘을 내였고 곤란 앞에 머리를 숙이지 않았었다. 모닥불가의 노래 소리도 그러했다.

항일로 간부 여영준의 소개에 의하면 만길이는 처창즈 근거지가 해산되던 날 부인과 생이별하고 서슴없이 반일자위대에 참가한 믿음직스런 동무였다. 이들이 힘을 내자 일행 전체가 사기가 부쩍 올랐다. 처음에는 앉아서 노래를 부르더니 나중에는 남녀 전체가 일어서서 어깨를 손을 올리고 힘차게 불렀다. 정응수동무는 앞에 척 나서더니 제법 박자를 치며 노래를 이끌었다.

"동무들, 용기를 냅시다. 전진은 승리이며 견지는 승리입니다! "

응수동무의 말은 대원모두의 협조해주었다. 그들은 흥겨운 나머지 “유격대행진곡”과 “아리랑”을 부르고 또 불렀다. 노래 소리는 배고 품을 물리치며 밀림 속에 널리 메아리쳐 갔다.

제4장 민간, 민요수집과 아리랑

1. 중국 "조선족"과 "아리랑"
2. 한민족의 민요 "아리랑"의 전승과 수집
3. 해방 후 중국에서 창작된 "아리랑"
4. 라디오방송국과 텔레비전 방송국에서 "아리랑"
5. 전설과 문학창작이 된 "아리랑"
6. 출판문화와 문화지로 된 "아리랑"
7. 조선족 민요수집에서 수록된 "아리랑"
8. 조선민족의 멜로디 "아리랑"

1. 중국 "조선족"과 "아리랑"

“아리랑”은 지금까지 우리 겨레들 속에서 전승되고 있는 민요가운데서 가장 널리 알려지고 널리 불러지는 대중적인 노래이다. 우리는 우리 민족의 민요의 아름다움을 말할 때 흔히 “아리랑”을 말한다. “아리랑”은 조선민족의 마음의 상징이기도 하다. 때문에 “아리랑”을 말하자면 중국 조선민족 중국에서의 역사를 더듬어 보게 된다. 이 글에서 “아리랑”을 부르며 두만강, 압록강을 건너오고 “아리랑”을 부르며 이 땅에 삶의 터전을 닦고 민족공동체로서의 생활을 영위해온 중국조선민족의 역사를 더듬어 보고 중국에서 “아리랑”이 어떻게 중국조선민족이 우리 민족의 고귀한 유산으로 되는 “아리랑”을 보존과 제기되는 문제점들도 말하려 한다.[1)]

지금 중국에 살고 있는 중국 조선족은 한때 220만 여명이 이르렀다 하지만 외국과 대도시의 이동으로 현재의 조선족은 192만 2,097명으로 2백만 가깝다. 그 중 1백 20만명(연변조선족자치주에 85만)이 길림성에 살고 있고 흑룡강성에 45만 4,091명, 요녕성에 23만명이 살고 있으며 그 외 사람들은 내몽골자치구, 허베이성, 북경 등 여러 성(省)과 시(市)에 살고 있다. 1952년 9월 3일에 연변조선족자치주가 성립되었고 1958년 9월 5일에 장백조선족 자치현이 성립되었다. 그리고 길림성, 흑룡강성, 요녕성, 내몽골자치구의 조선족 민족 집단 거주 지역에는 40여개의 민족향(진)이 있다.

중국조선민족은 한반도로 부터 중국에 이주하여 온 “월경민족”이다. 1644년 청나라 군대들이 관내로 진주하자 이 고장은 인가가 없어지고 황폐한 지대로 되었다. 1677년(강희16년)에 청나라에서는 이곳을 청나라의 발상지라 하여 장백산과 압록강, 두만강 이북 천리 길 땅도 봉금구역으로 정하고 다른 민족들이 이 고장에 와서 황무지를 개간하거나 삼을 캐거나 진주를 채집하거나 벌목하거나 사냥하는 것을 엄격히 금지시켰다.

---

1. 김희관(金熙寬, 1943년 3월20일생) 흑룡강성 상지현 모아산 출생 글 중에서
연변대학 농학원 졸업, 연변일보사 기자, 연변주정부 문화국 국장, 연변TV방송국 국장, 연변 중국 조선족생태문 화발전회 고문, 1984년〈연변의 여름〉예술축제 총 기획 및 총감독, 연변TV 근무, TV 대하 다큐멘타리〈피와 땀 으로 가꾼 대지(연변역사100년)〉 총 기획, 연변라디오〈아리랑의 향기〉 등 다수 프로 총 기획, 연변TV 주덕해 탄생100주년 대하 다큐멘타리 〈주덕해〉 고문, 〈중국 연변조선족100년 역사 화책〉 주필, 〈당대 중국조선족 화 책〉 주필, 〈당대 중국조선족 인물 록〉 주필 등

1860년부터 1870년까지 10년 사이에 한반도 북부지방에서는 전례 없는 水災(수재), 旱災(한재), 蟲災(충재), 風災(풍재)가 계속되어 국민들은 계속 그 고장에서 살아갈 수 없게 되었다. 이때 청나라에서도 압록강과 두만강을 월경한 사람들을 축출하고 조선정부에서는 월경자들을 사형에 집행하였다. 하지만 살아 살길이 없는 북부지방 이재민들은 생사를 생각하지 않고 봉금구역에 밀려들었다.

압록강상류에 살던 평안도, 함경도(오늘의 자강도, 량강도) 사람들은 강을 건너 장백, 임강, 집안 등지에 밀려들기 시작하였고 두만강 남안에 살던 조선의 굶주린 국민들은 함경도 무산, 회령, 종성으로 해서 두만강을 건너와 산속에 숨어 살아가게 되였다. 그 당시 처음에는 아침에 와서 황무지를 일구고 씨 뿌리고는 저녁이면 되돌아가다가 점차 철새처럼 봄에 와서 농사하고 가을이 되면 가을을 해가지고 되돌아갔다. 어떤 사람들은 아예 돌아가지 않고 이곳에 움막을 짓고 살아갔다. 당시에 이곳에서 불려진 "월강곡"이라는 노래가 있는데 가사는 이러하다.

월편에 나붓기는 갈잎 대가지는
애타는 이 가슴 불러야 보건만
이 몸이 건너면 월장 죄란다.

기러기 갈 때마다 일러야 보내며
꿈길에 그대와는 늘 같이 다녀도
이 몸이 건너면 월강 죄란다.

"월강곡"에 화답하는 노래가 있었는데 그 노래가사는 이러하다.

세봄이 다 가도록 기별조차 없는 님을
가을밤 안신까지 또 어찌 참으래요.
두만강 눈얼음은 다 풀리였는데

세봄이 아니오라 열세봄 넘어와도

못참을 내랴마는 가신님 낯 잊을가

강남의 연자들은 제집 찾아 나왔는데

이 노래는 "아리랑"을 연상케 하는 그때에 부른 노래로서 그때의 역사를 잘 말해주고 있다. 1870년을 전후해서 이렇게 월강하여 만주 땅에 와 산 사람들만 해도 집안현에 만 1,000여 호가 넘었고 임강, 집안, 훈강 양안의 산간에는 많은 조선에서 건너온 이재민들이 살고 있었다. 이렇게 되여 이 고장에도 "아리랑"노래 소리가 울려 퍼지게 되었다.

19세기 중엽 이후 기아에 허덕이던 대량의 조선 이재민들이 월경하여 연변에 왔다. 1866년 12월 북한 경원부 아산진 70여명의 이재민들이 훈춘에 왔고 1867년 3월 훈춘과 러시아 변경지대에는 1,000여명이나 되는 이재민들이 이곳에 와 집을 짓고 살았다.[2)] 1867년과 1870년 조선 회령부사는 기아에 허덕이는 백성들을 구제해 줄 것을 조정에 청원한 동시에 이재민들이 연속부절이 연변과 연해일대에 들어가는 것을 묵인하였다. 이렇게 한데선 더욱 많은 사람들이 연변 땅에 들어와 살게 되였다.

청나라 정부에서는 1881년에 봉금령을 폐지하고 두만강 이북 길이 700리, 넓비 54리 되는 지구를 전문적으로 개간구로 정하고 한반도(조선)사람들이 이 고장에 와서 땅을 개간하게 하였다. 그리고 1885년부터는 조선민족의 거주권과 토지 소유권을 승인하였다.

1904년 연변에는 조선에서 건너온 이민들이 5만 명이였는데 1909년에는 3만 4,133호에 18만 4,867명이나 되였다. 이때로부터 연변 땅에는 민족공동체구역이 형성되어 "아리랑"노래 소리는 연년이 이어져 내려갔다. 1910년 일제가 조선을 침략하고 한일합병까지 되자 망국노를 원치 않는 애국인사들과 파산된 농민들이 대량으로 중국 동북에 들어왔다. 1931년 "9.18 사변"이후 일제는 조선 사람들에게 터무니없는 동조론을 불어 대면서 일본군들의 침략의 마수를 중국에 뻗이기 위하여 온갖 감언리설로 살기 어려웠던 조선 사람들은 얼려가지고 집단이주를 시켰다. 이렇게 한데서 중국 조선족에서 "기쁨의 아리랑", "새

2. 현재의 훈춘에서 방천지역으로 가는 경수진이며, 북한과 오가는 두만강을 건너기가 쉽고, 러시아 핫산지역으로 이동이 쉬운 곳이면 현재는 방천 광광 지역이다.

아리랑" 등 "아리랑"이 나와 불러지게 되었으며 중국 동북지대에 "경기도마을", "경상도마을", "전라도마을", "충청도마을", "평안도마을"이 생겨나 팔도아리랑이 다 들어와 전해져 오늘에 이르기까지 중국조선족들 가운데서 불러지고 있다.

불완전한 통계에 의하면 1945년 광복 전까지 중국조선족인구는 무려 216만 3,1115명이나 되였다. 광복 시에 비록 많은 조선 사람들이 조선으로 돌아갔지만 동북에 남아있는 조선민족은 130만 좌우나 되였다.

중국조선족을 말할 때 또 하나의 역사사실을 짚고 넘어가고 싶다. 명말 청조 초엽, 청나라에서 조선을 침략하는 전쟁 시기에 납치되어 온 많은 조선 사람들이 요동일대에 살고 있었다. 하지만 350여년이나 지난 오늘 그들의 후예로서 조선족의 족적을 보존한 사람은 극히 소수에 지나지 않는다.

예를 들면 하북성 청룡현 팔도하자와 대장자향의 350여명의 박씨 성을 가진 사람들과 요녕성 본계현 산성자향의 1,234명의 박씨성을 가진 사람들이 있다. 이들은 청나라초기부터 이주하여 와 살던 사람들인데 이주 후 장기간의 청나라 통치계급들의 "치발역복, 귀하입적"의 민족동화정책의 강박으로 무조건 만주기적에 편입되어 만족 혹은 한족으로 족적을 속여 오면서 살아왔다.[3]

그러다가 광복이 된 이후 나라의 올바른 민족정책의 빛발을 받어서 본 민족의 족적을 찾아 중국조선민족의 성원으로 되었다. 그들에게는 민족의식은 있으나 장기간의 봉폐된 역사의 흐름 속에서 본 민족의 언어며 습관을 죄다 잃어버리고 살아가고 있다. 이들이 중국조선족 가운데서 우리 민족의 대표적인 민요 "아리랑"을 잊어버리고 사는 조선민족이다.

이외에도 중국 조선민족을 말하라면 동북의 태고연한 원시림을 찍어내고 황무지를 개간한 역사와 동북지구에 발해국이 멸망한 후 자취를 감추어버렸던 벼농사를 시작하여 동북 농업사에 빛나는 한 페이지를 새기던 역사를 말해야 하지만 중국조선족속에서의 "아리랑"에 대해서만 언급을 하고자 한다.

---

3. 중국 지역에서 밀양박씨 성을 가지고 한족으로 살아가는 마을이 4개나 있다. "박씨촌", "박보가촌" 등으로 하북성과 요녕성 일대에 살고 있다. 한국의 밀양박씨로써 자신들의 몇 대손까지 외우고 있으나 한국(조선)말은 거의 하지 못한다.

“아리랑”은 우리 조선민족들 가운데 전해지고 있는 민요 중에서 가장 널리 애창되고 있는 대중적인 민요로서 우리 민족의 마음의 상징이라는 것을 앞에서 이미 언급하였다. 중국조선족은 고국산천과 나서 자란 고향 산천을 등에 지고 두만강, 압록강을 건너와서 이 땅의 크고 작은 아리랑고개를 넘어 이 땅에 삶의 터전을 닦고 살아가면서부터 우리 민족의 애환이 담겨있는 “아리랑”노래를 불렀으며 중국대지에 개혁개방의 화창한 봄날이 도래한 오늘에도 중국조선족이 살고 있는 곳이면 어디라 없이 다 “아리랑”만은 부르고 있다. 필자는 아래에 몇 개 방면에서 중국조선족가운데서의 “아리랑”의 전승과 “아리랑”의 새로운 발전에 대하여 말하려 한다.

2. 한민족의 민요 "아리랑"의 전승과 수집

한민족은 유구한 역사와 찬란한 문화를 가지고 있는 민족이다. 중국 조선족은 고국인 한반도(조선)에서 더는 살길이 없어 고국과 고향산천을 떠나 쪽 바가지 차고 두만강, 압록강을 건너왔다. 그들에게서 눈에 보이는 재산이란 지게와 솥, 바가지뿐이었다.

우리 민족의 조상들이 창조한 고귀한 구비문예유산들이 담겨 있었고 그 유산들 속에는“아리랑”이 담겨져 있어 진주와도 같은 빛을 뿌리고 있었다. “아리랑”은 중국에 살길을 찾아 들어온 조선민족이 이 땅에 들어서자 그네들에게 살길을 열어준 노래이다.

한 지역의 삶과 애환과 역사의 이야기가 있다. 한일합병이후 어느 해 2월이었다. 우리 민족 이주민들이 안도현 송강 송화의 한 골짜기에 들어섰을 때는 어두운 장막이 내린 뒤였다. 이주민들은 주림과 피곤이 한데 덮쳐들어 더는 걸을 수 없었다. 눈보라는 헌 짚신에 홑옷밖에 입지 못한 이주민들을 사정없이 후려쳤다. 이산저산에서 승냥이들이 울어댔다. 이주민들은 이름 없는 그 산속에서 얼어 죽거나 굶어 죽지 않으면 산짐승들에 물려 죽게 되었다.

이때 50여세 되는 복실 어머니가 도끼로 참나무를 찍어 두 손에 들고 "아리랑"을 부르며 춤을 추면서 "자 일어나 아박춤을 춥시다. 춤을 추면 춥지 않아요. 얼어 죽지 않을 사람은 빨리 춤을 춥시다."하고 외쳤다. 이에 이주민들은 놋대야에 눈을 끓여 주린 창자를 달래고는 저마다 일어나 참나무를 찍어 두드려대며 "아리랑"을 울분에 겨워 부르면서 춤을 췄다. "아리랑" 노래 소리, 참나무 쪼박과 놋 양푼을 두 둘겨 대는 소리가 온 산골을 메웠다. 그 소리에 산짐승도 달아나고 추위도 달아났다.

이날 저녁에 산 설고 물선 고장에 들어선 우리 민족의 이주민들을 "아리랑"과 그 노래에 맞춰 추는 아박춤이 구해주었다. 이것은"아리랑"이 중국조선족 이민사와 어울려 있는 한 단락이 잊을 수 없는 역사이다.

해방 전까지 중국조선족은 우리 민족의 풍부한 구비전승문예들을 가지고 있었지만 본격적인 수집정리를 할 수 있는 생활여건도 없었다. 게다가 일제의 민족문화말살정책으로 전문적인 수집정리도 불가능하였다. 다만 민중 속에서 우리의 풍부한 민요며 그 민요속의"아리랑"이 민중들의 애환을 달래주며 불러졌을 뿐이었다.

해방 후 50년대 초에 연변가무단의 김성민, 고자성 등 음악가들이 우리 민요에 대하여 중요하게 생각하는 데서 우리 민족의 민요가 무대에 오르게 되었고 "아리랑"도 처음으로 공연무대에 올라 광범한 대중들과 대면하게 되였다. 1954년 김태갑, 김성휘 두 편집일군의 노력으로 "민요곡집"이 출판되어 그 속에 실린 "아리랑"은 중국에서 처음으로 자기 민족이 낸 "민요곡집"에 오르게 되었다. 중국에서 구비문예에 대한 본격적인 수집, 정리사업은 1960년대부터 이미 작고한 연변구비문예 방면에서 원로이신 정길운의 창도하에서 전문 수집, 정리를 묶으면서부터 시작되었다. 그 때 연변조선족자치주 주장이시였던 주덕해는 구비문예 수집, 정리사업에 지대한 관심을 돌리시면서 수집정리일군들을 보고 "구비문예 수집을 소방대가 불끄러가는 속도로 전개해야 한다" 고 지시하였다.

이렇게 되여 수집사업은 본격적으로 이루어지게 되였다. 60년 초에 민요수집대오에 참가하여 민요를 수집한 이들로는 연변가무단의 이황훈, 권견 두 분 음악가들이다. 그들은 이불 짐을 지고 연변은 물론 동북3성 조선족집거지구에 가서 민요를 수집하였다. 문화대혁명 후에는 이황훈선생의 인솔하에 연변예술학교 김원창 선생과 도문시가무단의 김봉관 선생이 녹음기를 메고 동북3성을 돌아다니며 우리 민족의 민요를 수집하였다. 그 후 예술집성사무실이 나오자 김남호선생의 인솔하에 김순련 등 여러 사람들이 계속 민요수집사업을 벌려나갔다.

1979년 4월에는 연변에서 동북3성 민간가수들을 일주간이나 우리 민족의 민요를 부르게 했다. 수집사업이 전개되고 민간가수들의 모임까지 가지고 그들이 여러 날 우리 민족의 민요들을 부른데서 연변예술집성사무실에서는 "조선족 민요곡집"을 편찬하게 되었고 선후로 연변인민출판사에서는 "민요곡집"과 가사로만 된"민요곡집"(김태갑, 조성일 편주)을 출판하여 세상에 내놓게 되였다. 한편 요녕성에서도 다년간 민요수집사업을 벌려온데서 서영화, 최준의 수집정리로 된 "민요곡집"을 세상에 내놓게 되였다.[4)]

중국에서 여러 가지 "아리랑"을 부른 중국조선족의 대표적인 민간가수들로는 조종주, 박정렬, 신옥화, 우제강, 차병걸, 이현규, 강성기 등 노인들이다. 이들은 우리 민족의 여러 가지 "아리랑"을 부른 중국조선족 가운데서의 제 1대의 민간가수들이다.

조선족 민요 가수 1대들의 들어다 보면 이러하다.

조종주 : 서도민요에 능한 민간가수로서 100여 곡이나 되는 우리 민족의 민요도 불렀고 장편 민가가 "배뱅이 굿"도 불렀다. 수도 북경에서 열린 전국소수민족 민간가수 민요 부르기 모임에 가서 수도의 무대를 들썽해 놓아 소문이 높은 분이다. 중국민간문예가협회의 회원이며 길림성과 주의 민간문예가협회로부터 민간가수칭호까지 받은 분이기도 하다. 여러 가지 "아리랑"을 10여곡 불렀는데 그 중에서도"꽃 아리랑"과 "한오백년"으로 불리 우는 "아리랑"이 대표석이나.

4. 연변인민출판사에서 출판한 "민요곡집"에는 팔도아리랑이 32편, 김태갑, 조성일이 편찬한 "민요집성"에는 여러가지 아리랑이 24편, "60청춘 닐리리"라는 노래집에는 우리 민족의 전통민요 아리랑 4편이 수록, 채택용, 작사, 허세록 곡으로 된 "새 아리랑" 한편이 실려 있다.

박정렬 : 연변예술학원에서 초청한 교원이다. 남도민요에 능한 민간가수다. 다년래 연변예술학원에서 학생들에게 우리 민족의 민요를 가르쳐 "아리랑"을 비롯한 우리 민족의 민요가 중국조선족가운데서 대대로 전하게 한 분이다. 여러 가지 "아리랑"을 10여곡 불렀는데 "강원도아리랑"이 대표적이다.

신옥화 : 연변예술학교 초청 교원. 학생들에게 민요를 가르쳤다. 그는 남도 민요에 능한 분으로서 "아리랑"도 여러 곡 불렀는데 그 중에서 "정선아리랑"과 "밀양아리랑"이 대표적이다.

우제강 : 민간가수이다. 그는 여러 가지 "아리랑"을 10여곡 불렀는데 그 중에서도 "밀양아리랑","강원도아리랑","곡산아리랑"을 잘 불렀다.

차병걸 : 흑룡강성 상지시 로가기향 신승촌에 사는 노인이다. 그가 구술한 민담집 "팔선녀","주부의 눈물"이 출판되어 사회의 시선을 모으는 노인이다. 차병걸노인은 민요도 잘 부른다. 그가 부른 "아리랑"은 "해주아리랑", "영천아리랑" 등 여러 곡인데 그 중에서도 "독립군아리랑","쪽박아리랑"이 대표적이다.

이현규와 강성기 노인도 여러 가지 "아리랑"을 7~8곡 부르신 분들이 있다.[5)]

제2대의 민요가수이며 연변예술학교 교수인 우옥란(민간가수 우제강의 딸)이 "아리랑", "본조아리랑" 등 여러 가지 "아리랑"을 불렀는데 "경상도아리랑"과 "밀양아리랑"이 대표적이다. 연변대학 예술학원 전화자 교수는 학생들에게 민요를 가르쳐 예술학원 학생들이 무대에서 "밀양아리랑"과 "진도아리랑"을 공연하게 하였으며 "긴 아리랑"과 "강원

5. 이들 외에도 구룡환, 이상철, 신철, 이원연, 류재기, 이영주, 박덕순, 조용운, 김진옥, 이상순, 김영삼, 이병별 등 노인들이 "경상도아리랑", "충청도아리랑", "청주아리랑","진도아리랑","밀양아리랑","양강도 아리랑","정선아리랑","강원도아리랑" 등 여러 가지 "아리랑"을 불렀다.

도아리랑”을 “아리랑” 연결 곡으로 하여 전화자교수가 학생들과 함께 무대에서 “아리랑” 곡을 부르기도 했다.

“아리랑”은 중국조선민족들 속에서 위에 소개한 민간가수들과 후대를 양성하고 있는 선생님들에 의해 보존되고 민중 속에서 대대로 전해지고 있다.

3. 해방 후 중국에서 창작된 “아리랑”

해방 후에 창작곡으로 된 아리랑은 모두 두 곡인데 “새 아리랑”과 “장백의 아리랑”이다. “새 아리랑”은 채택용 작사, 허세록 곡으로 되였다. 가사는 이러하다.

1. 아리랑 아리랑 아라리요
새로운 이 마을에 봄이 왔네
보슬비 내리여 땅이 녹고
풍기는 흙냄새 구수하다
뻐국뻐국 뻐뻐국 뻐국뻐국 뻐뻐국
뻐국새 밭가리 재촉한다.

2. 아리랑 아리랑 아라리요
뻗어가는 이 마을에 봄이 왔네
희망이 넘치는 넓은 들에
거름내는 우마차 오가누나
음매음매 으음매 음매음매 으음매
어미소 송아지 부른다.

1947년 토지개혁의 첫해에 나온 새 아리랑이다. "새 아리랑"은 해방을 맞은 농민들이 분배받은 자기의 땅에 풍년을 기약하는 씨앗을 뿌리며 봄갈이를 하는 기쁜 심정을 노래한 아리랑이다. 이 노래는 그때에도 많이 불렀고 지금도 자주 불러지는 노래이다. 이 노래는 중국 조선족들에게 "기쁨의 아리랑", "행복의 아리랑"으로 알려지고 있다. 두 번째로 들 수 있는 것은 1982년 개혁개방의 봄바람을 안고 나온 "장백의 새 아리랑"이다. 최현 작사, 안계린 작으로 되였는데 가사는 아래와 같다.

1. 장백산마루에 둥실 해뜨니
푸르른 림해는 록파만경
자랑하면 설레이누나
칠색단을 곱게 펼친 천지의 폭포수는
이 나라 강산을 아름답게 단장하네
아리 아리랑 스리 쓰리랑
아리아리 스리스리 아라리가 났네
장백산은 랄라랄라 랄라라
라라라라라라 우리네 자랑일세

2. 장백산 밀림엔 보물도 많아
탐스런 인삼 꽃 노을처럼
붉게 붉게 타 누나
숲속에는 노루사슴 껑충껑충 뛰놀고요
미인송요 두손 들어
너울너울 춤을 추네
아리 아리랑 스리 스리랑
아리아리 스리스리 아라리가 났네
장백산은 랄라랄라 랄랄라

라라라라라라 우리네 자랑일세

3. 그 옛날 천지엔 선녀 내렸고
오늘은 세월 좋아 벗님네들
이 고장에 찾아 오느나
친선의 꽃 활짝 피는
우리네 장백산은
조국의 명산이요 연변의 자랑일세
아리 아리랑 스리 스리랑
아리아리 스리스리 아라리가 났네
장백산은 랄라랄라 랄라라
라라라라라라라 우리네 자랑일세

조선민족은 장백산을 자고로 민족의 넋이 숭배인 성스러운 산으로 믿어왔다. "장백의 새 아리랑"은 장백산에 대한 자랑이 새 아리랑이며 우리 민족에 대한 자랑과 긍지의 새 아리랑이다. "장백의 새 아리랑"도 전통 민요인 "정선아리랑"의 첫 시작의 동음반복의 수법을 도입하여 가지고 곡을 이어 내려갔다. 이는 중국조선족이 중국에서의"정선아리랑"에 대한 발전이다. 이 노래는 전국 민족단결 가곡 콩클에서 2등상을 받았다.

4. 라디오방송국과 텔레비전 방송국에서 "아리랑"

중국에서 수집 정리된 "아리랑"이 연변인민방송국, 흑룡강성 조선말방송국, 중앙방송국 조선말방송을 통해 너무나도 자주 방송 되여 그 수를 딱히 말할 수 없다.

"아리랑"도 "본조아리랑"을 비롯해서 중국에서 수집 정리된 여러 가지"아리랑"이 거의 다 방송되고 있다. 텔레비전 방송에서도 실정은 라디오방송과 마찬가지다. 다만 아래에 두 가지 사실만 말하려 한다.

1950년 2월 9일 集체主大功及離別男昌(기념:집체 주대공급이별남창)

1977년 12월 29일, 연변조선족 문화발전 추진회에서는 "문화살롱"프로 20회 기념야회를 마련하고 "아리랑 넋"이라는 음악무대를 연변텔리비전 방송국과 공동 주최하였다. 기념야회 제목이"아리랑 넋"이고 또 이 기념야회에서 "아리랑편곡"도 불러지고 많은 민요들이 불러지는 민족적정서도 다분히 담겨 있었고 그 영향도 매우 컸다.

최근에 연변 문화 예술센터, 연변해외문제연구소에서는 공동으로 40회 대형역사 기록영화 "연변아리랑"을 중화인민공화국 국경 50돐 헌례 작품으로 제작하였다. "연변아리랑"은 1860년 한민족이 중국 땅에 이주한 때로부터 1952년 연변조선족자치주를 설립할 때까지의 근 100년의 연변조선족역사를 반영하였다.

"연변아리랑"은 2,000여 장의 사진을 렌즈에 담았으며 500여명의 인물을 취재하여 반영하였다. 이처럼 한 민족의 발전과 개척정신, 진정심을 구체적으로 보여준 대형기록영화는 보기 드물다.

연변텔레비전방송국과 연변문화텔레비전 예술쎈타에서 제작한 연변의 백년역사를 반영한 다큐멘테리《연변아리랑》(시나리오 서봉학, 이광수)은 4부 45집으로 제작방송 되기도 하였다.《연변아리랑》은 1986년부터 1952년 9월3일 자치주 창립까지 우리조선족의 수난의 역사와 항일투쟁사와 아리랑고개를 넘어 온 조선민족의 이민으로부터 중국의 56개 소수민족과 함께 나란히 나라의 주인으로 된 과정을 상세히 보여주었다. 이광수 극작가는 대형다큐멘터리《연변아리랑》을 토대로 30회 TV영상문학《아리랑》을 창작하여 출판 발행하였다. 작품에서는 용정 "3.13"반일집회, 동량리 "15만원 탈취 사건", "봉오동전투", "청산리전투", "붉은 5월 폭동", 연길감옥 탈옥투쟁 등 역사사건을 생동한 영상문학형상으로 구상하였으며 중국조선족들의 일본식민지와 철저히 맞서 세계를 놀라게 할 만한 사건을 잘 마무리 지었으며 조선족들의 민족심과 애국주의 이념을 충분히 자랑하였다. 그 외 중국조선족의 저명한 시인들인 김철, 이상각, 김성희, 임효원, 이옥, 이문호, 이성비, 김정호 등들도 아리랑을 주제로 민족의 서러운 역사와 행복을 향한 조선족의 발전사를 주옥같은 시구절로 노래하였다.

5. 전설과 문학창작이 된 "아리랑"

《아리랑》은 문학으로도 많이 반영되었다. 1930년 중국공산당에 가입한 무상독립투쟁가 김산은 일기에다 다음과 같이 썼다. "조선에는 민요가 하나있다 그것은 고통 받는 민중들의 뜨거운 가슴에서 우러나온 옛 노래다. 심금을 울리는 아름다움은 모든 슬픔을 담고 있듯이, 그것도 슬픈 노래다, 조선이 그렇게 비극적이었듯이 이 노래는 비극적이다. 아름답고 비극적이기 때문에 이 노래는 삼백여년 동안이나 모든 조선인들에게 애창되어왔다." 1957년 1월부터 1958년 12월까지 중국조선족문예지는 "아리랑" 이름을 달고 발간되었으며 박선석의 소설《장백아리랑》, 김운용의 대하역사 소설《아리랑》(2002년 한국에서 출판)을 펴냈다. 이 소설에서는 19세기 말 청나라의 높은 벼슬을 지닌 김석우의 일가의 비

합리하의 운명과 생을 통해 중국조선족의 반일 투쟁사를 반영하였다.

지금까지 중국에서 수집된 "아리랑" 전설은 모두 4편이다. 1985년 "문학과 예술"잡지(1-4기)에 실렸는데 그런 "아리랑" 전설들로는 "아리의 절개", "진도아리랑", "긴 아리랑 전설", "성부와 리랑"이다. 문학창작으로 된 아리랑은 아리랑전설을 이야기시로 쓴 장동운선생의 "아리랑의 절개", "아리랑"이 있다.

6. 출판문화와 문화지로 된 "아리랑"

아리랑은 출판문화 화원에서도 한 떨기 꽃으로 피어나 중국조선족의 문학진지를 지켜주고 있다. 일찍 "아리랑"은 연변대학 조문학부 교수이며 저명한 소설가인 김창걸 교수의 발의로 1957년에 연변문예지로 되였다. 그러다가 반 우파투쟁이 전개됨에 따라 1958년부터 "아리랑" 이라는 그 이름이 없어지고 대신 다시 "연변문예"지 이름이 나왔다.

1979년 개혁개방이 도래되면서 연변문학예술계련합회에서 중신이 되여 편집위원회를 구성하고 연변인민출판사에서 "아리랑"이라고 이름의 문학지를 출판하였다. "아리랑"은 주로 중단편소설과 시를 중심으로 발표하는 문학원지로서 매년마다 발간되며 지금까지 64호를 발간하고 "아리랑문학상"을 설치하고 지금까지 6차의 "아리랑문학상"수상식을 가졌다. "아리랑"이 우리 민족의 마음의 상징이여서 "아리랑문학상"을 받는 작가들은 한결 같이 다른 문학상을 받을 때보다 어깨가 더 무거워진다고 입을 모으고 있다.

《아리랑》은 미술로도 많이 반영되었다. 이철호의《장백아리랑》-1를 비롯한 계열작품에서는 한복을 곱게 입고 춤을 추는 민속놀이, 풍속 등 조선족의 삶의 형상을 그려냈다.

7. 조선족 민요 수집에서 수록된 "아리랑"

1978년 중화인민공화국문화부, 중화인민공화국 국가 민족 사무위원회, 중국음악가협회의 주체 하에 중국 민간가곡 집성전국편집위원회에서 내린 민족예술유산을 수집, 정리하여 2,000년 전에 10부의 예술집성 책을 편집, 출판하라는 지시에 따라 출판된 중국민간가곡집성권에 실린 아리랑타령을 예로 들어 살펴본다.[6)]

1995년 12월 중국 중심에서 한문으로 출판된 중국민간가곡집성 - 요녕권에 수록된 아리랑타령

제 목	가창자	수집,기보자	채집지
아리랑	최금순	안영훈	심양시
단천아리랑	김영안	안영훈	무순시
고성아리랑	김영수	안영훈	무순시
영천아리랑	최경희	안영훈	심양시
강원도아리랑	신옥화	안영훈	심양시
진도아리랑	강봉선	안영훈	철령시
경상도아리랑	전복수	안영훈	무순시
제주도아리랑	장동운	안영훈	단동시
밀양아리랑	김영옥	안영훈	신빈만족자치현
정선아리랑	전복수	안영훈	무순시
신 아리랑1	박듬자,박매자	안영훈	신빈만족자치현
신 아리랑2	윤송	안영훈	신빈만족자치현
월랑아리랑	김춘선	안영훈	무순시
봄날아리랑	조순남	안영훈	심양시
아리랑 등등	박매자,박금자	안영훈	신빈만족자치현

<표2>

이상 요녕권에 실린 아리랑타령은 중국민간가곡집성총부에서 민간예인가창자)이 가창한 녹음자료를 듣고 편집, 출판하였다.

6. 중국 연변 문화예술 연구중심 중국 아리랑타령 비물질 문화유산계승자 김남호의 논문 중에서 각 주의 아리랑

1997년 12월 중국 중심에서 한문으로 출판한 중국민간가곡집성 - 흑룡강권에 수록한 아리랑타령

제 목	가창자	수집,기보자	채집지
아리랑1	강경옥	손대성,왕해	철력현
아리랑2	김룡수	지문영	목단강시
밀양아리랑1	강경옥	우제철	오상현
밀양아리랑2	김룡수	지문영	할빈시
경산도아리랑	강경옥	우제철,리승권	오상현
진도아리랑	김룡수	리승권	이성현

<표3>

이상 흑룡강권에 실린 아리랑타령은 중국민간가곡집성총부에서 민간예(가창자)의 녹음자료를 듣고 편집, 출판했다.

1997년 12월 중국 중심에서 한문으로 출판한 중국민간가곡집성 - 길림권에 수록된 아리랑타령

제 목	가창자	수집,기보자	채집지
강남아리랑	김학수	리황훈	룡정시
경상도아리랑	우옥란	리황훈	연길시
단천아리랑	박우선	김봉관	안도현
량강도아리랑	김진옥	리황훈	룡정시
밀양아리랑	강기선	리황훈	도문시
신 아리랑	리현규	리황훈	화룡시
삼 아리랑	박경자	리황훈	안도현
아리랑1(경기도-본조아리랑)	우옥란	정준갑	연길시
아리랑2	로재기	리황훈	안도현
아리랑3	조종주	김남호	룡정시
아리랑4	최금란	리황훈	룡정시
아랑 아리랑	로재기	리황훈	룡정시
아리랑 타령	신 철	김봉관	훈춘시
부뚜막 아리랑 타령	김미순	리황훈	룡정시
아리 아리댕댕	우옥란	허원식	화룡시
정선아리랑	리상순	리황훈	연길시

진도아리랑	강기선	리황훈	도문시
영천아리랑	구룡환	리황훈	도화시
청주아리랑	신 철	김봉관	훈춘시
충청도 아리랑	김상철	김봉관	도문시
기쁨의 아리랑	김경애	김덕균	연길시

〈표4〉

이상 길림권에 실린 아리랑타령은 중국민간가곡집성총부에서 민간예인(가창자)이 가창한 녹음자료를 편집, 출판하였다.

아래에 3차로 되는 수집과정에서 채집한 "아리랑"가요 군의 목록은 이러하다.

1. 강남아리랑
2. 강원도아리랑
3. 경상도아리랑
4. 고성아리랑
5. 구 아리랑
6. 긴 아리랑 (1)
7. 긴 아리랑 (2)
8. 긴 아리랑 (3)
9. 긴 아리
10. 단천아리랑
11. 뗏목아리랑
12. 량강낭 아리랑
13. 룡강 기나리
14. 밀림속의 아리랑
15. 밀양아리랑 (1)
16. 밀양아리랑 (2)

17. 밀양아리랑 (3)
18. 밀양아리랑 (4)
19. 삼 아리랑
20. 삼일포아리랑
21. 상지 아리랑
22. 서도아리랑
23. 신 아리랑
24. 아리랑 (1)
25. 아리랑 (2)
26. 아리랑 (3)
27. 아리랑 (4)
28. 아리랑 (5)
29. 아리랑 (6)
30. 아리랑 (7)
31. 아리랑 (8)
32. 아리랑 (9)
33. 아리랑 (10)
34. 아리랑 댕댕
35. 영천아리랑 (1)
36. 영천아리랑 (2)
37. 영천아리랑 (3)
38. 울릉도아리랑
39. 잦은 아리랑
40. 정선아리랑 (1)
41. 정선아리랑 (2)
42. 정선 엮음아리랑

43. 진도아리랑 (1)

44. 진도아리랑 (2)

45. 진도아리랑 (3)

46. 진도아리랑 (4)

47. 청주아리랑

48. 충청도아리랑

49. 해주아리랑

50. 평안아리랑

51. 한 오백년

52. 이별가

53. 어사영

8. 조선민족의 멜로디 "아리랑"

2011년 5월 23일 우리나라 국무원에서는 세 번째로 국가 급 비물질 문화유산 명록을 공포하였는데 191항목 중 우리 주에서 신청한 "아리랑"도 들어있었다.

이 소식이 전해지자 한국에서 중국의 "아리랑"이 비물질 문화재 등재를 비난하는 많은 언론과 학자들과 아리랑 연구자들은 "아리랑"을 중국에서 가져간다고 방송과 학술회의에 많은 내용을 보도 하였다. 또한 중국의 개별적인 사람들도 이에 합심하여 뒷골목에서 이러쿵 저러쿵 떠드는 것이다.

당신들은 "아리랑"이 중국에서의 활동정황을 알기나 하는가?

전 문화부 하경지부장님은 연변을 시찰하시고 "연변은 산마다 진달래요 마을마다 열사

비라"고 말을 하였다. 중국의 무수한 혁명선열들이 "아리랑"을 부르며 일본군과의 싸움에서 흘린 피가 중국 동북산천을 붉게 물들이였고 이름 모를 조약돌 밑에 수많은 혁명 열사들이 지금도 고요히 잠들고 있음을 당신들은 모른단 말인가.

"아리랑"이 중국혁명과 건설에 끼친 작용은 그 무엇으로도 비길 수 없다는 것은 불 보듯 한 뻔한 사실이기에 중국에서의 "아리랑"의 전승, 보존에 대한 약간한 정황을 피력하려 한다.

"아리랑"이 어느 시기 나왔던 우리 한민족 역사에서 나온 것 만 사실이다."아리랑"도 조선민족의 다른 민요와 마찬가지로 사랑, 원한, 노동, 저항, 고통, 생활의 방면을 반영하였으며 시기성, 지역성, 사회성을 반영하였으며 우리민족의 원초적 정서와 맥을 같이한 민족사와 역사성을 지닌 문화예술의 종합성 멜로디가 틀림없다. 또한 주민에 따라 여러 형태의 아리랑으로 불러졌다.

예를 들면 한국 충청북도 청주 근교에서 도문시량수진 정암촌에 이주한 이주민들은 〈청주아리랑〉을 전승하였고, 경상북도에서 요녕성 심양시 소가툰에 온 이주민들은 〈밀양아리랑〉을 전승하였다. 그 외 전라도에서 흑룡강 연수현 중화진과 요녕성 신빈현 홍묘자향 장자촌에 온 이주민들은 〈진도아리랑〉을 불렀다고 했다. 그 외 흑룡강성 영안시 발해진에 사는 경상도 마을에서는 〈경상도아리랑〉을 불렀다고 했다.

1978년 국가문화부, 민족사무위원회, 중국음악협회의 공동 주최 하에 전국범위에서 민족예술유산을 수집, 정리하였는데 동북3성에서 수집한 "아리랑"정황은 아래와 같다. 요녕성에서 1995년 12월에 한문으로 수록된 아리랑은 15수이고 1997년 12월 흑룡강성에서 수집한《아리랑》은 97수이고 1997년 길림성에서 수집한"아리랑"은 22수이다. 그외 2008년 연변인민출판사에서 조선어로 출판한《중국조선족 민간 음악집》에서는 49수의 "아리랑" 이 실리였다.

중국에서 광복 전 "아리랑"으로 공연 된 것들로는 라운규의 무성영화《아리랑》(1927년)가 룡정, 연길 등지에서 방영되었으며 백고산 바이올린독주(1936년)《아리랑》이 연변지구에서 연주되었고 이우성 "향토 극"《아리랑 그 후 이야기》 신경협화회 문화부 연극반에서 공연하였다. 광복 후 가극《이향아리랑》(1945년 권녕일, 김산석창작) 연길, 룡정, 도문 일대에서 순회 공연하였고 가요《새 아리랑》(1945년 채택룡작사 허세록작곡) 창작되였다.

훈춘현 문공단 가극 "아리랑" 1983년

해방 후 연변에서는 합창《모내기아리랑》(1952년 김태희작사 김성민작곡) 창작공연되였고 김종운의 연극 "아리랑"(1956년)이 흑룡강성에서 100여차 공연되었다. 그 외 가극《아리랑》(1979년 리광순 대본, 김양송 각색, 임영호. 박인봉, 김영해 작곡) 훈춘시 문공단에서 창작공연 되였고 연변가무단의 가극 "아리랑"(1989년 김경련, 김철학 대본, 안국민, 최삼명, 최창규, 허원식 작곡)이 전국 가극 콩클에서 문화대상을 수여받았다. 그 외 연극 아리랑 민속사에서 연변 교육학원에서 공연한 "아리랑" (2002년 김명곤 창작), 연극《장백의 아리랑》(1990년 황봉룡, 허동활 극본)과 "아리랑" (임원춘극본) 이 창작 공연되었다.

연변가무단에서 창작, 공연된 대형 음악무용서사시《천년아리랑》(2006년 손영규창작) 도 전국소수민족문예공연 최고대상을 수여받았다. 그 외 요녕성 무순시 이석재 조선족소학교에서 공연한 아동가무 "아리랑"(2008년 허숙 창작)이 중앙CCTV에 방송되었으며 국가민족사무위원회 중앙 국제방송국 조선어부 등에서 북경 연길에서 공연한 대형 음악무용서사시《꿈의 아리랑》(오향옥 창작) 등을 예를 들 수 있다.

특히《꿈의 아리랑》은 중국조선족의 이민사, 발전사를 잘 반영하였으며 이주민의 정착,

개척, 항일, 해방 등 시기마다의 아리랑과 민족의 삶과 분투를 잘 노래하였다. 그 외 연변에서 몇 십 년 기간에 창작 발표된 "아리랑"과 관계되는 가요 수는 부지기수이다. 또한 방송국에서는 대형 연속 드라마 〈장백산아래 나의집주제곡〉《아리랑사랑》(리흥국 작사 박서성 작곡)은 길림성 제9기 장백산문예상수상, 《연변아리랑》(김학송 작사 김봉관, 림성호 작곡), 《장백산새아리랑》(최현 작사 안계린 작곡), 《아리랑처녀》(김학송 작사, 리귀남 작곡), 《우리는 아리랑후손》(채관석 작사, 박응준 작곡) 등 수십 곡 넘는다.

연변에서의 조선족민속무용, 음악의 발굴과 집성 정리 사업은 국가의 호소에 따라 50년도초 부터 본격적으로 진행하였다. 당시 자치주정부 주덕해 주장은 "소방차가 불끄려 가는 속도로 민족민간문화유산" 을 집성하도록 지시하였다. 그 후부터 우리 주 문예일군들은 5천 여 명의 민간예술인들을 방문했으며 천오백여명의 민간예인들은 많은 무형문화유산들을 내놓았다. 지금까지 2012년까지 통계에 의하면 우리 주에서는 민속놀이 등 도합 282개 국가급, 성급, 주급, 현(시)급 무형문화유산으로 등록되었다. 그중 국가적으로 집성한 각종 〈아리랑〉만 근 183수가 된다

한국에서는 "이광수의 논고 이후 지금까지 대략 80여년에 걸쳐 아리랑에 대한 연구가 있었다. 그럼에도 불구하고 부끄러운 것은 심층적인 연구가 거의 없었다는 점이며, 아리랑 연구사에 대한 기본적인 연구조차 제대로 하지 않은 상태에서 남의 내용을 복사하고 베끼고, 자신의 내용으로 만드는 연구를 해왔다는 사실이다."

사실 중국에서 아리랑을 국가급 문화재로 등재하지 않았다면 한국에서 아리랑에 대한 관심은 중국연변보다 훨씬 뒤떨어져 있음을 알 수 있다. 물론 몇 분의 아리랑 연구가들의 아리랑 연구를 집념하였으나 정부차원에서 아리랑을 무형문화재로 등재하지 않았다.

중국에서는 한국에서 불러지는 아리랑 외의 아리랑도 있다.

예를 들면 한국의 한 학자는 "아리랑의 4대 연고지 중 하나인 경북 영천의 아리랑은

1935년 조선일보에 가사 두 수(首)가 소개돼 있지만, 이후 1960년대에 작성된 민속 관련 조사보고서에는 아예 언급이 없다"며 "아마 1940년대 영천 주민이 옌변(延邊)으로 집단 이주하는 과정에서 이 노래를 아는 이들 대부분이 영천을 떠났기 때문일 것"이라고 추측했다. 1997년 〈중국민간가곡 요녕권〉에는 안영훈의 기보 수집하고 초경희가 부른 〈영천아리랑〉이 수록되었고, 길림권에는 이황훈이 수집 기보하고 구룡환이 가창한 〈영천아리랑〉이 수록되었으며, 2008년에 연변인민출판사에서 출판 발행한〈중국 조선족 민간음악곡집〉에는 영천아리랑(1, 2, 3)이 실렸다.

이전의 영천 아리랑을 부른 분은 80세가 넘었으며, 할아버지에게 배웠다고 하니 영천아리랑은 1800년대 후반부터 불러졌다는 이야기이다.[7] 1978년 연변예술집성 수집조의 김봉관선생님의 이야기에 근거하면 10월 14일에 도문시 량수진 정암촌에서 채록한 ≪청주아리랑≫이 신철씨의 창으로 발굴[8]되었는데 한국 청주에서는 이미 실종되었던 민요 "아리랑"이였지만 "청주 아리랑"에 대한 논문으로 석, 박사가 여러명 나왔으며, 청주 지역에서는 음원까지 나왔지만 중국에서는 채보자 이름이 자주 빠져 있어 자신들의 논문과 자신들의 악보로 사용되어 오는 것을 보니, 무엇을 배울 것인가 더 중요하게 생각한다.

2012년 가을 한국의 아리랑 관련 중국 취재 팀 일행은 연길에 와 중국 조선족 아리랑 연구자 관계자와 대화(인터뷰)한 적이 있었다. 중국에서 아리랑을 국가 급 무형문화재로 등재한데 대해 방송 취재 였다. 그때 다음과 같이 인터뷰 자는 말을 했다고 했다. "지금 중국에는 200여만명의 조선족이 살고 있는데 중국공산당의 영명한 민족정책으로 떳떳한 중국공민으로 자기언어 문자를 보유하고 있으며 자기문화의 보존 전승을 잘 진행하고 있다. 이러한 이미지에서 볼 때 우리조선족의 아리랑을 비롯한 민요, 민간춤, 민속 등등을 국 가적차원으로 보호받는 것은 전 조선민족의 영광이며 민족의 얼을 지키고 전승 발전하는데 큰 공헌을 하였다고 보아진다. 아리랑은 중국에서도 지켜야하고 한국, 조선에서도 지켜

7. 채보 전체적인 아리랑 채보 내용이 아님, 일부분만 있음, 2010년11월 민속원 출판, "중국조선족전통음악 대중 음악론" 제1절<아리랑타령을 부르며 중국에 건너온 조선민족>과 민요분류 타령에서<중국아리랑>문장을 발표.-조선족 사회에서 인정하지 않음.
8. 김형관 "영천 아리랑 이동과 보존 방법" 아리랑 연합회에 발표(2013년 3월). 김봉관 1978년 10월 14일에 도문시 량수진 정암촌에서 채록한 ≪청주아리랑≫이 신철씨의 창으로 발굴 연변. 예술집성 수집조로 참여하여 발굴(채보) 중국 조선족 민간 음악집(김봉관) 연변 인민 출판사

야 할 의무가 있다. 때문에 아리랑을 니 것 내 것 하기 보다도 응당 전 백이민족의 멜로디로 잘 보존 전수해야한다." 라고 인터뷰를 한 적이 있다고 했다. 2012년 12월 9일 KBS1 TV에서는 KBS 스페셜 유네스코 인류무형유산 <아리랑, 세계를 품다> 를 방송하였다.

지금이라도 한민족의 아리랑 뿐 아니라 우리민족의 모든 것에 대해 중시를 돌리고 보존 전승하는 것이 우리들의 영원한 과제로서 한민족의 뿌리를 잘 지켜 부단히 영광으로 발전해야한다. 지금 우리들은 아리랑을 잘 부르고 있으나 아리랑을 지키고 아리랑을 고집하시던 어르신들도 한분 두 분 우리 곁을 떠나고 있다. 지금 90년대 이후 태어난 청년들은 우리 민속과 우리민가와 멀어져가고 있으며 심지어 조선어 말조차 모르고 지낸다. 이것이 지금 중국조선족들의 현실이다. 앞으로 계속 나간다면 중국에 있는 조선족은 얼마안가 다른 민족으로 동화되고 말 것이다. 때문에 우리 모두가 아리랑을 고집하고 아리랑을 부르는 것은 선조들의 넋을 이어 우리민족을 잘 지키기 위함이다.

제5장 전통 민요 "아리랑"과 "창작 아리랑"

1. 중국에서 채보 된 전통민요 "아리랑" 악보
2. 중국 동북지방 해방 전·후의 아리랑

1 . 중국에서 채보된 전통민요 "아리랑" 악보

우리 한민족은 수 백 년 동안 민족분할과 중세 봉건체제에 착취와 일본제국주의 침략자들의 압박 하에 온갖 억압과 수모를 받아오면서 숨죽이면서 고통스러운 생활을 하여왔다. 한반도에서 이주민들이 중국 땅에 정착하여 자신들의 삶의 터전을 가구어가는 전반 과정에서 그들의 정서를 고스란히 담고 있는 한편 중국 조선민족의 삶의 애환을 대변해주고 있으므로 서로 끈끈이 엮여 있다고 말할 수 있다. 조선족들의 160여년의 기나긴 이민 정착에서 “아리랑”은 조선족의 노래만이 아닌 민족의 정책성과 생활의 연속을 대변해주는 정신적인 공감대와 민족문화의 중요한 역할을 하고 있다.

심지여 살길을 찾아 괴나리봇짐에 쪽박차고, 부평초 같이 이국땅을 헤매고 다니면서 고향이 그리워 눈물을 흘렸고 고향이 그리워 땅을 치며 한탄도 하였다. 이런 사회적, 역사적 원인으로 말미암아 “아리랑” 노래에는 민족의 “한”과 “그리움”이 짙게 흐르고 있다. “아리랑”노래는 한마디로 말하면 슬픔의 노래이다. 왕왕 슬픈 노래는 사람들에게 깊은 인상을 가져다주며 사람들로 하여금 깊은 사색에 잠기게 한다.

1905년 11월17일 일본제국주의자들의 강압 하에 이른바 “한일보호조약(韓日保护条约)”이 체결되고 1907년에 고종황제(高宗皇帝)가 퇴위(退位)했으며 조선왕조의 군대가 해산됨으로써 조선의 자주권은 상실 되였다. 일제는 조선을 일본에 귀속시키려고 조선의 곳곳마다 일장기(旗)를 꽂게 하였고 매일 아침마다 조선 사람들에게 일본 “천황폐하 반자이!(만세)”를 부르도록 핍박하였으며 모든 사람의 이름조차 일본어로 개명하게 하였다. 뿐만 아니라 한글의 말과 글을 쓰는 것마저 금지하고 강압적으로 일본말과 글을 배우게 하였고 조선노래를 부르지 못하게 하려고 1933년 5월 “일본총독부 학무국”에서 조선노래에 대하여 “금지령”까지 내리는 등 갖은 악랄한 수법을 가리지 않았다. 이와 같은 억울함 속에서 조선족들은 나라를 빼앗긴 수모와 쓰라림이 얼마나 고통스러운가를 절실히 느꼈다. 이런 가슴 아픈 역사적 상황 하에서 조선백성들은 일본인들의 눈을 피하여 은유적 수법으로 “님”을 조국으로 상징시켜 “아리랑”을 부르고 또 부르며 이 땅에서 일본인을 내 쫓고 자신의 조국을 되찾을 결심을 굳게 다지었다.

"아리랑"이 탄생한 한반도에서도 "아리랑 기원설"에 대하여, 또 "아리랑"에 깃들어 있는 한민족의 생활을 아는 사람이 얼마나 되랴. 현대 청소년들과 외국인은 이 방면에서 더욱 문외한이다. 하지만 "아리랑"은 마치 세계의 "공통어"인 것처럼 그 어느 나라, 어느 민족이나, 남녀노소를 불문하고 모두들 애창하며 정확하게 표현 할 수 있었다. 그것은 우에서 언급한 봐와 같이 우리 조선족의 민요문학의 우월성과 우리민족민요의 우월성이 아닌가 여겨진다.

별 유 천 지 라 네
맞 아 준 다 네
(후렴)아 리 랑 아 리 랑 아 라 리 요
아 리 랑 강 남 을 언 제 가 나

강원도아리랑

강상순 노래
김봉관 채보

1. 아 리 아 리 스 리 스 리 아 라 리 요
아 리 아 리 얼 씨 구 노 다 가 세
아 주 까 리 동 백 아 여 지 말 아
누 구 를 꾀 자 고 머 리 에 기 름

2. (전렴) 열라는 콩밭은 왜 아니 열고 아주까리 동백만 왜 열리나

3. (전렴) 붉게 핀 동백꽃 보기도 좋고 수줍은 처녀의 정열과 같네

4. (전렴) 가랑에 겨워서 등을 밀었더니 가고나 영절에 무소식이로다

5. (전렴) 흙물에 연꽃은 곱기만 하더니 세상이 호려도 네 살탓이지

6. (전렴) 감꽃을 주으며 헤어진 사랑 그 감이 익을 땐 다시만사

7. (전렴) 봄바람 불어서 꽃 피건만 고달픈 내 신세 봄 오나마나

8. (전렴) 영창에 비친 달 다 지도록 온다던 그 님은 왜 아니 와요

9. (전렴) 만나보세 만나보세 만나보세 아주까리 정자로 만나보세

10. (전렴) 산중에 괴물은 머루나 다래 인간의 괴물은 나 하나라

11, (전렴) 십오야 뜬 달은 왜 이라 밝나 산란한 이 마음 달랠 길 없네

12. (전렴) 풀벌레 구슬피 우는 밤에 산란한 이 맘음 달랠 길 없네

13. (전렴) 울 아주까리 정자는 구경거리 살구나무 정자로 만나보자

14. (전렴) 타릴 꺽으면 나온다더니 행랑철 부셔도 왜 아니나와

15. (전렴) 아리랑 고개다 주막집 짓고 정든 님 오기만 기다린다.

16. (전렴) 목화송이 털면서 맹세턴 그 님 훌훌 떠난후 소식이 없네

17. (전렴) 아주까리 동백아 열리지 말아 건너집 숫처녀 다 놀아난다

18. (전렴) 산중의 괴물은 머루나 다래 인간의 괴물은 정든 님이라

19. (전렴) 담 넘어갈적에 짓는 개는 인왕산호랑이 다 물어가고

20. (전렴) 구만리 장천에 우는 닭은 야산쪽제비 곡 물어간다

21. (전렴) 꽃 본 나비 물 찬 기러기 탐화봉접인데 임자 보고 그냥 갈소냐

22. (전렴) 산이 높아야 골이 깊지 조그마한 여자속이 깊을 수 있나

23. (전렴) 오초 상선은 다 오는데 우리 상천은 왜 못 오나

24. (전렴) 북향마루길에 해달이 비치기 쉽지 임자 당신 내집에 오기는 만무하네

25. (전렴) 춘풍토리 화개야에 꽃만 피여도 님의 생각

민간 예술인 박창렬

- 여, 충청남도 대천군(현 대천시) 출생.
- 11살 때 권변에 입학, 판소리, 민가, 무용, 장고연주 등 배움,
  1940년 흑룡강성 동녕현으로 이주.
- 1957년 연변예술학교 초빙 민간음악 교수, 강신자, 전화자에게 가르켰음.
- 1962년 판소리 발굴 및 창극 "춘향가" 개편에 참여.
- 1979년 전국소수민족민간예술인 가수 대회 민요 "등가타령","모내기타령"등 불러 절찬을 받음.
- 1982년 중국민간문예연구회 회원, 민요 및 판소리 "춘향가", "심청가", "흥부가", "수중가"의 편견을 정리. 조선족민간문예수집, 정리하는 작업에 큰 공훈을 세움..

구아리랑
강봉선 노래
서영화 채보
아 리 아 리 랑 사 리 사 리 랑 아 라 리 요
아 리 랑 고 개 로 나 를 넘 겨 주 오
무 남 독 녀 외 딸 애 기

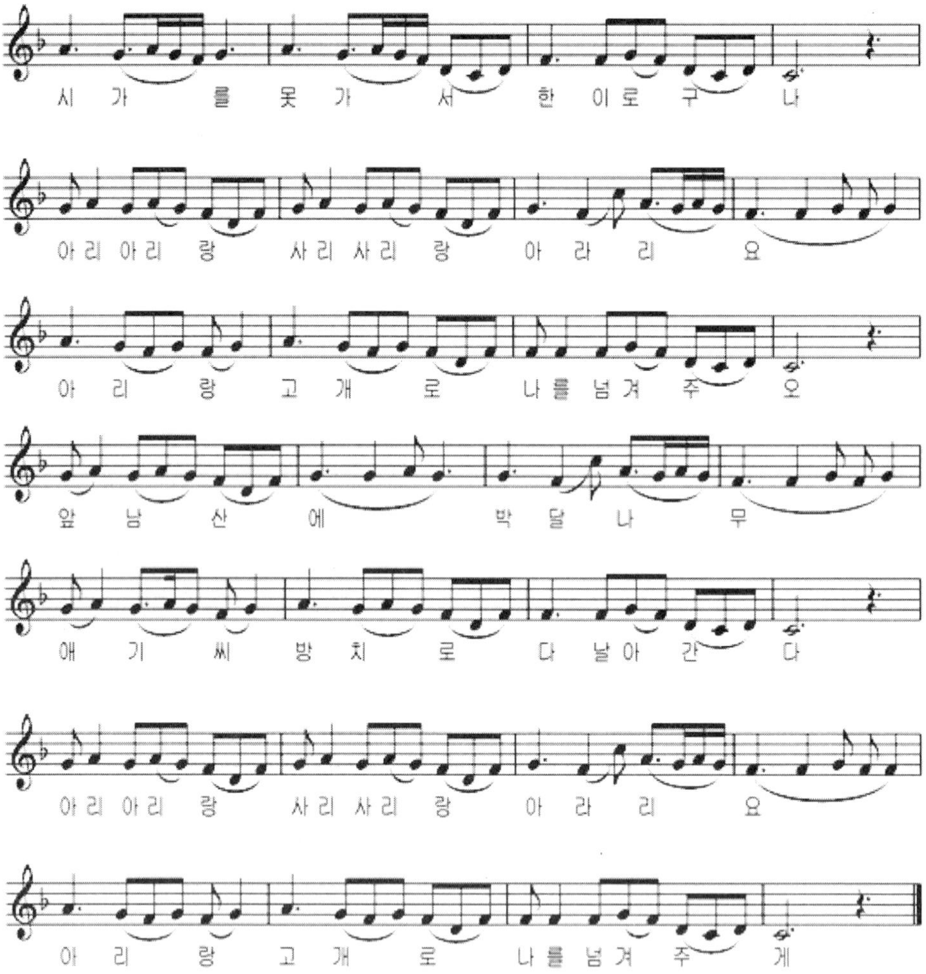

시 가 를 못 가 서 한 이 로 구 나

아 리 아 리 랑 사 리 사 리 랑 아 라 리 요

아 리 랑 고 개 로 나 를 넘 겨 주 오

앞 남 산 에 박 달 나 무

애 기 씨 방 치 로 다 날 아 간 다

아 리 아 리 랑 사 리 사 리 랑 아 라 리 요

아 리 랑 고 개 로 나 를 넘 겨 주 게

경상도아리랑

우옥란 노래
리황춘 채보
(전렴) 아 리 랑 아 리 랑 아 라 리 요
아 리 랑 어 절 씨 구 성 화 로 다

1. 울 넘어 담 넘어 님 숨겨 놓 고
2. 문 경 세 재 박 달 나 무
3. 만 경 창 파에 떠 가는 배 야
난 들 난 들 호 박 잎 만 날 속 인 다
홍 두 깨 방 망 이 로 다 나 간 다
거 기 좀 닻 주 어 라 말 물 어 보 자

“경상도아리랑”은 경상도지방의 대표적인 민요라고 할 수 있는 “밀양아리랑”, “옹헤야”와는 달리 은근하면서도 처량하다. 음조적으로 보면 “강원도아리랑”, “뱃놀이“를 비롯한 강원지방의 민요들과 더 많은 공통성을 가지고 있으며 엇 보리 장단에 기초하고 있는 선율형상은 처량하면서도 건드러진 정서로 일관되어 있다.

고성아리랑

박경자 노래
김봉관 채보

1. 성 님 성 님 사 촌 성 님
2. 열 두 폭 반 물 치 마

시 집 살 이 가 어 떻 던 가
살 강 결 에 걸 어 놓 고
시 집 살 이 좋 다 마 는
이 리 가 며 저 리 가 며
어 려 운 것 많 고 많 네
눈 물 씻 기 다 젖 었 네
(후렴)아 리 아 리 스 리 스 리 아 라 리 요
아 리 아 리 고 개 로 넘 어 간 다

기쁨의 아리랑

울며 넘던 피눈물의 아리랑고개
한번가면 소식 없던 탄식의 고개
업고지고 쫓겨서 흘러가더니
기쁨 싣고 떼를 지어 되넘어오네

어서 넘어라 어서 넘어라 에헤야

기쁨 싣고 돌아오는 아리랑고개

1940년대 조선의용군에서 불리어졌던 "기쁨의 아리랑"

1982년 1월 "민간예술인 강습반" 참가자 일동

긴아리랑(1)
강순복 노래
서영화 채보
아 리 랑 고 개 넘 어 봄 바 람 불 고
도 라 지 바 구 니 엔 꽃 잎 이 핀 다
에 루 야 데헤 루 야
큰 애 기 긴 한 숨 에 봄 철 이 진 다

긴아리랑(2)
김봉관 채보
아 리 랑 아 리 랑 아 라 리 로
구 료 아 리 랑 아 리 얼 소
아 리 리 로 구 료 만 경
창 파 에 거 기 둥 실 뜬 배
게 잠 간 닻 주 어 라
말 물 어 보 자
긴아리랑(3)
박순덕 노래
리황훈 채보
아 리 랑 아 라 리
요 아 리 랑 고 개 로
날 넘 겨 주 오
1. 넘 겨 줄
2. 총 각 이
3. 정 들 자
4. 산 천 이
5. 산 천 이

마 음 은 하 루 에 도 세 번 씩 나 나
사 다 주 던 궁 초 댕 기
리 별 도 분 수 가 있 지
푸 르 러 서 가 시 던 랑 군
고 와 서 돌 아 다 봤 나
엉 부 형 슬 하 라 못 넘 겨 주 겠 네
곤 때 도 안 묻 어 서 사 주 가 왔 네
시 집 간 지 몇 달 만 에 리 별 이 란 웬 말 이 요
구 시 월 단 풍 에 도 안 돌 아 오 네
님 계 신 곳 이 라 돌 아 다 봤 지
아 리 랑 아 리 랑 아 라 리 요
아 리 랑 고 개 고 날 넘 겨 주 소
긴아리
전영수 노래
서영화 채보
처량하게, 느리고 부드럽게(무박자)
1. 조 개 는 잘 아 서 아 하
하 하
젖 절 이 (히)
구 가 는 님
잠 아 하 아

1. 조개는 잡아서 젓 절이구 가는 님 잡아 정들이자
2. 바람새 좋다구 돛 달지 마라 몽금의 포구에 들렸다 가렴
3. 어저께 왔소 그저께 왔소 열에 열두달 잘 있다 가소
4. 고대광실만 바라지 말고 초가삼간이라도 정만 깊어라
5. 뒤문밖의 시라기타래 바람만 불어도 날 속인다
6. 세월 잊자고 산곡에 갔더니 역시나 대신에 단풍잎 지누나
7. 너 오려무나 너 오려무나 날 볼려며는 너 오려무나

8. 그리던 우리 님 꿈에 보고 꿈깨여 섭섭해 난 못 살겠네

9. 일상에 좋은 건 풍악인데 잘긋데 춤으로 놀아볼까

10. 단풍든 수풀에 들국화는 천자만홍 그림과 같구나

11. 식전 아침에 가시는 각시는 이슬지여 어찌나 가노

12. 앵도가지 꺾어들고 이슬떨며 나도 왔네

13. 애구머니 둥 더워라 양산우산을 받혀나 줄까

14. 저물도록 일하다가 뉘집으로 향하는고

떼목아리랑

황근재 노래
서영화 채보

1. 우 수 나 경 첩 에 물 풀 리 나
2. 아 리 랑 타 령 이 어 데 서 나 나
합 강 정 떼 목 이 떠 내 려 간 다
얼 었 다 가 녹 아 지 니 산 에 서 나 네
(후렴) 아 리 라 리 스 리 스 리 아 라 리 요
아 리 아 리 고 개 로 넘 어 간 다

조선족 구전 민요집(상) 저자 -이용득 선생님의 수집 모습

량강낭아리랑

김신옥 노래
리황춘 채보

(전렴) 아 리 랑 아 리 랑 아 라 리 요
아 리 랑 고 개 로 넘 어 넘 어 간 다
1. 말 군 아 징 군 아 말 몰 아 라
2. 육 놀 이 채 찍 에 전 륜 이 나 나
육 놀 이 채 찍 에 전 륜 이 난 다
생 부 모 행 전 에 전 륜 이 나 지

룡강기나리

김봉관 채보

세 월 이 좋 아 서 아
아 정 든 땅
에 새 살 림 피 고
잘 살 아 보 자 연 분 홍 저 고
1. 한 줌 두 줌
3.
리 남 깃 소 매 너 임 기 좋
모 를 내 니 노 래 소 리

“룡강기나리”는 평안도 지방의 대표적인 민요로서 평안도 용강지대에서 19세기 이전에 발생하여 북한의 강서, 온천, 증산, 대동군뿐 아니라 평원, 순안 지방에 이르기까지 널리 보급 되였던 평안도 지방의 대표적인 노동요였다.

“룡강기나리”는 주민들의 생활 속에 깊이 파고들어 모내기, 김매기, 나무베기, 물레질 할 때에 많이 불렸다. 그러나 주로 김매기 떼에 많이 불렀다. 지금에 와선 노동요라기보다 생활세태요로서 “타령” 유형의 소속되며 표연 가곡으로 널리 불려지고 있다.

“룡강기나리”는 “긴 아리”와 “타령”을 더한 연쇄가요에 해당한다. 현재 불리우고있는 수백여수의 가사는 모두 농사 노동과정과 농촌여성들이 아름다운 심정을 절실하게 묘사한 것들이다. 노래는 장단의 구속이 없는 리듬으로 시작되는데 사람의 내면세계에 얽힌 사연을 정서적으로 묘사하였다.

“룡강기나리”는 이 지방 주민들이 일상생활에서도 많이 불렀지만 특히 모내기나 김매기를 할 때에 주로 여성들이 많이 불렀다고 한다. 이 지방에서 "룡강기나리"가 얼마나 많이 불러지었던지 옛날에 처녀들이 이 노래를 부르지 못하면 시집도 갈수 없었고 또한 다른 사람들과 함께 논에서 김도 멜수 없었다고 한다.

넓은 의미에서 "룡강기나리"라고 하면 "기나리"와 "타령"을 다 같이 염두에 두지만 좁은 의미에서 "기나리"만을 두고 말한다.

자유박자에 기초하여 느리고 서정적으로 흐르는 "기나리"의 선율은 자유로운 길이로 연장되는 중추음 들과 그 사이사이에 놓여있는 굴림새 들이 조화롭게 결합되어 사색적이면서도 호소적인 정서를 안겨준다.

"기나리"가 끝나면 "타령"으로 넘어간다.

굿거리장단에 기초하고 있는 "타령"의 선율은 흥겹고 명랑하며 낙천적인 정서로 하여 "기나리"와 정서적 대조를 이루고 있다.

"타령"은 다른 노동민요처럼 한마디씩 주고받는 것이 아니라 한절씩 통째로 주고받는다. 한쪽에서 김메는 처녀가 한절을 부르면 맞은편에서 김매는 처녀가 다음 한절을 받아 넘기는데 그 노래 소리가 얼마나 흥겹고 듣기 좋았던지 길 가던 사람들이 노래를 듣느라고 해 떨어지는 줄도 몰랐다는 이야기도 있다.

"기나리"와 "타령"에는 서도지방 민요창법의 다채로운 용성과 굴림이 많이 포함되여 있는 것으로 하여 평안도 지방적 색채가 매우 진하다.

"룡강기나리"의 고유한 음조적 턱성에 기초하여 북한에서는 창작노래로 "청산벌에 풍년이 왔네"가 불러지며 중국뿐만 아닌 외국에서도 많이 불러지게 되었다고 한다.

밀림속의 아리랑
신옥화 노래
안계린 채보
아리아리아 리 랑
아리아리 아 리 랑

정 어 린 국 경 에 보 름 달 휘 청 청
타 오 르는우 등 불 과 잠 못 이 룬 이 내 몸 고 향 그 려 타 는 마 음
한 가 슴 에 끌 어 안 고
조 용 조 용 흐 른 다 아 리 아 리 아 리 아 리 아 리
랑 눈 속 에 피 는 꽃 주 머 니
펼 쳐 들 고 고 향 흙 에 향 기 롭 고 아 리 아 리 아 리
랑 꽃 물 든 고 향 땅 에 새 봄 빛 을
안 겨 주 는 빨 찌 산
처 녀 는 총 을 굳 게 틀 어 잡 네

밀양아리랑(1)

김계순 노래
김봉관 채보

1. 날좀 보 소 날좀 보 소 날 좀 보 소
2. 남 천 강 굽이 쳐 서 령 마 루감 돌 고
3. 운 경 세 재 는 웬 고 갠 가
4. 우 정 세 월 아 가 지 를마 라
동 지 섣 달 꽃 본 듯 이 날 좀 보 소
백 공 에 걸 린 달 은 아 랑 각 을 비 추 네
구 부 야 구 부 야 눈 물 이 난 다
장 안 에 청 춘 이 다 늙 어 간 다
(후렴) 아 리 아 리 랑 아 리 아 리 랑 아 라 리 가 났 네
아 리 랑 고 개 로 날 넘 겨 주 소

민요 수집조가 요녕성 무순시 리석재공사에서

밀양아리랑(2)

리보배 노래
서영화 채보

저 기 나 저 신 이 쟁 룡 산 이 라 지
오 동 지 섣 달 이 라 도 꽃 만 핀 다
아 리 아 리 랑 스 리 스 리 랑 아 라 리 가 났 네
아 하 리 랑 고 개 로 (호) 나 를 넘 겨 주 소
부 산 부 두 가 에 천 련 락 선 검 은 연 기 보 동 보 동
고 동 만 때 때 치 는 데 헤 헤 정 든 님 부 여 잡 고 (호)
인 사 를 못 해 아 리 아 리 랑 스 리 스 리 랑
아 라 리 가 났 네 아 하 리 랑
고 개 로 (호) 나 를 넘 겨 주 소

밀양아리랑(3)

우제강 노래
림성진 채보
1. 니가 잘 나 내가 잘 나 그 뉘 가 잘 나
2. 문 경 세 재 박 달 나 무
3. 산 천 초 목 은 젊 어 나 가 고
4. 산 천 이 고 와 서 나 여 기 왔 나
은 화 동 전 구 리 백 돈 십 원 짜 리 가 잘 나
홍 두 깨 방 망 이 로 다 날 아 난 다
우 리 의 청 춘 은 늙 어 만 간 다
살 다 가 간 곳 이 라 찾 아 왔 지
당 신 의 말 씀 에 가 슴 이 풀 린 다
아 리 라 리 랑 스 리 스 리 랑 아 라 리 가 났 네
아 리 랑 고 개 로 넘 어 간 다

밀양아리

밀양 아리랑' 노래비(碑)

밀양아리랑(4)

강성기 노래
김성민 채보

1. 날좀 보 소 날좀 보 소 날 좀 보 소
2. 니가 잘 나 내가 잘 나 그 누 가잘 나
3. 남 천 강 굽이 돌 아 령남 루 를감 돌 고
4. 문 경 세 재 박 달 나 무
5. 산 천 초 목 은 젊 어 가 고
6. 산 천 이 고 와 서 내 여 기왔 나
7. 정 든 님 오시 는 데 인 사 를못 해
동지 섣 달 꽃본 듯 이 날 좀 보 소
은화 동 전 구리 백 동 십원 짜리가 잘 나
벽 공 에 걸린 달 은 아랑 각을 비추 네
홍 두 깨 방망 이 로 다 날아 간 다
우 리 의 청 춘 은 늙 어만 간 다
살 다 가 간곳 이 라 찾 아 왔 지
행주 치 마 입에 물 고 입 만 방 긋
아 리아 리랑 스 리스 리랑 아라 리 가났 네
아 리 랑 고 개 로 넘 어 간 다

밀양 아리랑을 부르는 이용만(1940년생), 고 김경호(1930년생)선생님(2013년 촬영)

삼아리랑
김경자 노래
김원창 채보
아 리 랑 아 리 랑 아 리 아 리 아 리 랑
아 리 랑 고 개 로 날 넘 겨 주 소
아 리 랑 강 남 은 천 리 나 언 덕
정 든 님 올 때 만 기 다 린 다 네
아 리 아 리 아 리 넘 어 넘 어 서 구 월 단 풍 좋 은 시 절 에
두 견 아 음 음 음
우 지 를 말 어 라 우 지 를 말 어 라

'삼 아리랑' 은 북한에서 불려지는 아리랑이다. 옛날 삼배들에 삼배 옷을 만들면서 불리워지는 민요라고 알려져 있다. 최근에는 북한의 공훈배우 전인옥이 아리랑을 불러 인기를 끌었다. 서도 민요 가락에서 많이 불러지는 민요이기도 하다.

1935년 이면상 편사, 이면상 작곡의 신민요이다. 중국 동북지역에서는 해방 이전에 들어 왔을 민요로 취급하고 있으면 현재는 명백만 남아 있지 부르는 사람은 거의 없는 실정이다.

삼일포아리랑
정창복 노래
서영화 채보
1. 산 천 이 푸 르 죽 죽 떠 나 신 님
2. 무 심 한 기 차 야 날 실 어 다 놓
은 단 풍 들 고 눈 날 려 도 왜 못 오 나
고 환 고 향 시 킬 줄 왜 모 르 나
(후렴) 아 리 라 랑 스 리 라 랑 아 라 리 요
아 리 랑 고 개 로 넘 어 간 다

관동 팔경인 북한의 삼일포(금강산 관광시 촬영)

상지 아리랑

조남선 작사
강효삼 작곡

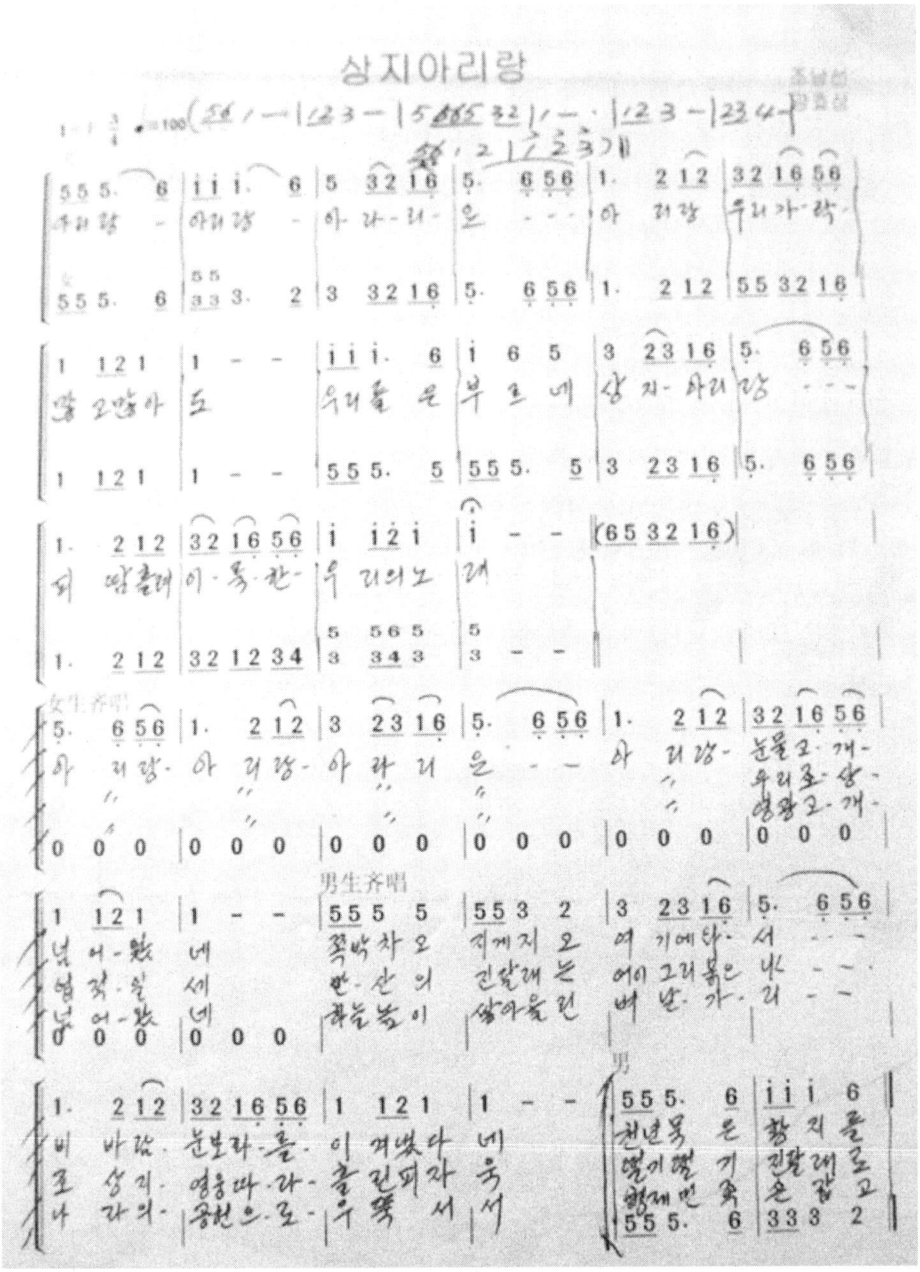

조선족 시인 겸 작사 강효삼(사진왼쪽), 작곡 조남선(사진 오른쪽)

- 중국 흑룡강성 연수현 출생(1944)
- 연변대 조선어문학과 졸업
- 흑룡강 작가회, 연변작가협회 회원, 자유기고인, 상지 아리랑 작곡
- 연수현 교직원, 상지시 하향정부 문화공무원 등 근무후 퇴직
- 문예시대 해외동포 문학상 수상(중국에서도 수십 번 수상경력 있음)
- 시, 수필, 노래말 가사, 아동 작품 등 다양한 소재에 걸쳐 무려 1000여 편 발표함.

음악가 및 작곡가 조남선(사진 우측)

- 중국 흑룡강 상지시 출생(1945) 2005년 퇴직
- 소학교음악교원, 학생문공단 악대지휘, 공사중학교의 음악교원, 악대지휘, 작곡, 편곡 등 조선족대중문화활동
- 작곡 "마아강반민족단결의 꽃 피였네","우리 모두 으뜸이 되자","저 하늘에 꽃구름 피우자", 상지 조선족 노인협회 회가도 작곡 등 작곡하고 편곡한 노래는 도합 30여수
- 농민 문예 콩클에서도 단연 일등상, 전현 음악교원 훈련 반의 음악보도원을 담당.

흑룡강성 상지시의 “상지 아리랑”이 있다는 소식에 많은 분들의 수소문에 상지시 조선족 문화원에서 활동 하시는 조남선 선생님의 작사를 했다는 소식을 듣고 찾아서 상지 아이랑에 대하여 만든 내역을 들어 보았다.

중국과 한국 등 지역마다 아리랑이 있고 상지시 지역을 대표하는 아리랑을 만들고 싶어, 동북지방 조선족 시인으로 유명한 상지시의 강효삼 선생님과 조남선 선생님 이 상지시 조선족을 위해 몇 달을 고민 끝에 정성아리랑, 밀양 아리랑들의 음악적 내용과 나윤규 본조 아리랑 내용을 겹치고 상지의 자랑을 알리고자 상지 아리랑을 만들고 행사시 마다 불러주고 가르키고 있다고 한다.(2013년 1월 상지시 조선족 문예활동 중에...)

상지시(尙志市)는 중화 인민 공화국 헤이룽장 성 하얼빈 시의 행정구역이다. 넓이는 8895㎢이고, 인구는 2007년 기준으로 610,000명이다. 상지는 한때 주허(珠河)라 불렀다. 상즈는 청나라 황제 광서제에 의해 개발되었고 1946년 일본과의 전쟁 영웅 자오상즈(赵尚志)를 기념하기 위해 상즈(상지)로 이름을 바꾸었다.

“서도아리랑”은 평안도지방에서 나와 서도지방에 널리 보급된 노래이다. 역사적으로 보면 최초로 채보된 것으로 추정되는 “아리랑”의 악보가 최근에 발굴 되였는데 “서도아리랑”과 거의 같다는 것을 찾아볼 수 있다.

노래의 선율진행에서 특징적인 것은 양산도장단에 기초하고 있는 것으로 하여 흥겹고 낙천적이다. 北韓 “서도아리랑은 신 아리랑 개작한 것”(2005년3월5일) 평안도와 황해도 지역의 대표적인 민요인 서도아리랑은 신 아리랑의 가사를 고친 것이라고 북한 학자가 밝혔다. 2005년 3월5일 김경희 평양음악무용대학 교수는 통일신보 최근호(2005년2월26일)에 기고한 글에서 “서도아리랑은 처음에 신 아리랑으로 불리다가 일부 가사가 다듬어지고 절이 감축돼 20년 전부터 지금의 제목으로 고착됐다”고 전했다. 그는 “노래의 창작연대는 정확히 알 수 없으나 1890년에 채보 돼 1896년 2월 영국잡지에 ‘조선의 노래’라는 제목으로 소개된 것으로 보아 그 이전에 창작됐으며 우리나라의 대표적인 민요로 세상에 널리 알려졌다는 것을 알 수 있게 한다” 고 말했다. 이 노래는 서도아리랑으로 되기 이전에는 7개 절로 이뤄졌으나 개작 이후에는 4개의 절로 됐으며, ‘아리랑 아리랑 아라리요 아리랑 고개를 넘어간다’ 라는 후렴구가 먼저 나온다고 그는 전했다.

인 간 의 청 춘 은 늙 어 만 간 다
정 든 님 병 환 은 날 로 깊 어
부 귀 와 빈 천 은 돌 고 돈 다
용 감 하 게 도 넘 어 간 다

민요수집조의 장비(601패 녹음기 1대, 장구1개, 녹음카세트 3개)

신 아리랑 (2)

(서영화 채보)

1. 산천초목은 젊어지고

   인간의 청춘은 늙어간다

   (후렴)

   아리랑 아리랑 아라리요

   아리랑 고개를 넘어간다

2. 무산자 누구냐 탄식마라

부귀와 빈천은 돌고돈다 (후렴)

3. 밭 잃고 집 잃은 동무들아

어디로 가야만 좋을가 보냐 (후렴)

4. 아버지 어머니 어서 오소

북간도 벌판이 좋다드라 (후렴)

5. 감발을 하고서 백두산 넘어

북간도 벌판을 헤매인다 (후렴)

6. 일간두옥 우리 부모

생각할수록 눈물이라 (후렴)

7. 우리의 앞길에 성닒군아

뜻과 같이 성공 하세 (후렴)

8. 성황당 까마귀 깍깍 짓고

정든님 병환은 날로 깊다 (후렴)

9. 감발을 하고서 주먹을 쥐고

용감하게도 넘어간다 (후렴)

10. 괴나리 보짐을 짊어지고

아리랑 고개로 넘어간다

11. 쓰라린 가슴을 움켜쥐고

백두산 고개로 넘어간다 (후렴)

12. 원쑤로다 원쑤로다

총가진 포수가 원쑤로다 (후렴)

13. 아리랑 고개는 얼마나 멀게

한번 넘어가면 영영 못오나 (후렴)

아리랑(1)
조종주 노래
리황훈 채보
(전렴) 아 리 랑 아 리 랑 아 라 리 요
아 리 랑 고 개 로 넘 어 간
1. 나 를 버 리 고 가 시 는 님 은
2. 청 청 하 늘 엔 잔 별 도 많 고
3. 인 제 가 며 는 언 제 나 오 나
십 리 도 못 가 서 발 병 난 다
우 리 네 살 림 엔 수 심 도 많 다
오 마 는 날 이 나 알 려 주 소

훈춘시 밀강현 퉁소마을 주민들이 아스랑가와 풍구타령을 퉁소로 연주하는 장면

아리랑(2)
조종주 노래
리황훈 채보
(전렴) 아 리 랑 아 리 랑 아 라 리 요
아 리 랑 고 개 로 넘 어 간 다
1. 부 모 동 생 을 다 버 리 고
2. 메 산 자 보 따 리 걸 머 지 고
아 리 랑 고 개 로 돈 벌 러 간 다
아 리 랑 고 개 로 넘 어 간 다

우리민족의 고유의 음악엔 8분박으로 된 것들이 대 부분 이였는데 “본조아리랑”은 서방과 계몽음악에서 흔히 사용하는 4분박인 3/4박을 선정하였고 고유의 민족음악에서 사용하던 여러 가지 장식음, 미분음, 꺾음, 후려치기 등 다양한 창법요소들을 피면하여 현대인들이 구미에 맞고 그 누구도 쉽게 부를 수 있도록 되어 있다.

“아리랑”은 백성들의 노래이기에 여기에는 우리민족의 생활력사가 고스란히 반영되여 있다. 백성들은 순수하고 정직하여 남을 부려먹을 줄도 모르고 그저 넉넉한 자원, 욕심 없는 자연과 더불어 행복할 것을 원하며 고난보다 평화로움을 먼저 추구하는 인간들이다. 이들은“아리랑”을 그네들을 동정하고 감싸주는 친근한 동반자로 인정하여왔다. 때문에 이들이 키워낸 “아리랑”은 더욱 강력한 매력을 가지게 되는 것이다. 우리 민족의 감정을 “아리랑”이라는 이 세 글자에 몽땅 부어넣을 수 있었다. 아니 “아리랑”이라는 이 민요가 우리 민족의 “희, 노, 애, 락” 을 남김없이 생동하게 표현하였던 것이다.

“아리랑”이 탄생한 한반도에서도 “아리랑 기원설”에 대하여, “아리랑”에 깃들어있는 감정을 아는 사람이 몇이나 되랴. 최근의 현대청소년들과 외국인은 이 방면에서 더욱 문외한이다. 허나 “아리랑”은 마치 세계의 “공통어”인 것처럼 그 어느 나라, 어느 민족이나,

남녀노소를 불문하고 쉽게 발음하고 정확하게 표현 할 수 있었다. 때문에 어느 때나 누구든지 무슨 목적에서 그 누구를 위하여 부르고 불러도 자기의 모든 의사를 충분히 표현 할 수 있었으며 “아리랑”을 부르는 과정에서 예술의 미적향수를 최대한도로 감수하게 되는 것이다.

아리랑(5)
리주영 노래
리황훈 채보
아 리 랑 아 리 랑 아 라 리 요
아 리 랑 고 개 로 나 를 넘 겨 주 오
영 월 영 천 꼭 두 바 위 로 중 석 캐 러 가 신 랑 군 은
돈 이 나 벌 면 오 시 련 마 는
공 동 묘 지 가 신 랑 군 은 어 느 시 절 에 오 나

민간 문예 일군 이황훈

- 1933년4월21일~1990년8월 북한 충청북도 괴산군 출생.
- 1951년~1954년 6월 북한 인민군 군악대 악사.
- 1954년부터 연변가무단 호른연주가. 길림성민족문공단 창작원, 연변예술집성판공실 근무
- 창작: 1954년 '연변목가' 등 300여곡 창작
- 논문: '조선민족 민간음악의 선율음정특징' 등 10여편
- 저서: '음악통론' 출판
- 수집,정리: 1959년부터 동북3성에서 800여수의 민요 수집, 정리. 길림성 문

화청, 연변자치주정부 영예증서 획득

- 중국민간가곡집성위원회, 중국민간문예가협회 회원, 중국 음악가협회 회원, 중국 소수민족음악학회 이사, 조선족 민속학회 이사, 중국 전통음악학회 이사 겸 민족음악위원회 주임,

아리랑(6)
구룡환 노래
리황훈 채보
아 리 랑 아 리 랑 아 라 리 요
아 리 랑 고 개 로 넘 어 간 다
아 주 까 리 동 백 아 열 리 지 말 라
돈 없 는 이 건 달 이 속 상 하 네
아 리 랑 아 리 랑 아 라 리 요
아 리 랑 고 개 로 넘 어 간 다
간 다 구 간 다 구 네 통 곡 말 구
나 당 겨 야 올 동 안 너 잘 있 거 라

아리랑(7)

박순덕 노래
리황춘 노래
(전렴) 아 리 랑 아 리 랑 아 리 라
랑 아 리 랑 고 개 로
날 넘 겨 주 소
1. 넘 겨 줄
마 음 은 하 루 에 도 세 번 씩 나 나
엄 부 령 슬 하 라 못 넘겨 주겠 네 (후렴) 아 리 랑
아 리 랑 아 라 리 요
아 리 랑 고 개 로 날 넘 겨 주 소

2. (전렴) 총각이 사다주던 궁초댕기 곤때도 안 올라 사주가 왔네 (후렴)

3. (전렴) 정들자 이별도 유분수지 시집간지 삼일만에 이별이란 웬 말이요 (후렴)

4. (전렴) 산천이 푸르러서 가시던 낭군 구시월 단풍에도 안 돌아오네 (후렴)

5. (전렴) 산천이 고와서 돌아다봤나 님 계신 곳이라 돌아다봤지 (후렴)

민간 문예 일군 이용득

- 1940년2월21일 길림성 안도현 량병향 출생.
- 연변대학 문화예술전업 졸. 현 연변민간문예가협회고문
- 창작: 1954년 창작 시작, 국내외 2000여편의 각종 장르

아리랑(8)

리현규 노래
김봉관 채보

앞 남 산 국 화 는 필 락 말 락 하 는 데
령 감 의 무 덤 에 는 개 부 꽃 이 나 피 고

랑 아 리 랑 고 개 로

날 넘 겨 주 소 1. 넘 겨 줄

마 음 은 하 루 에 도 세 번 씩 나 나

엄 부 령 을 하 라 못 넘 겨 주 겠 네 (후렴) 아 리 랑

아 리 랑 아 라 리 요

아 리 랑 고 개 로 날 넘 겨 주 소

2. (전렴) 총각이 사다주던 궁초댕기 곤때도 안 올라 사주가 왔네 (후렴)

3. (전렴) 정들자 이별도 유분수지 시집간지 삼일만에 이별이란 웬 말이요 (후렴)

4. (전렴) 산천이 푸르러서 가시던 낭군 구시월 단풍에도 안 돌아오네 (후렴)

5. (전렴) 산천이 고와서 돌아다봤나 님 계신 곳이라 돌아다봤지 (후렴)

아리랑(9)

조룡운 노래
리황훈 채보
강 원 도 금 강 산 일 만 일 천 봉 팔 만 구 암 자
마 디 마 디 봉 봉 에 다 칠 성 당 을 무 어 놓 고 서
백 일 기 도 를 말 고 아 닌 밤 중 오 신 손 님
괄 세 를 말 아 아 리 랑 아 리 랑
아 라 리 로 구 나 아 리 랑 고 개 로
넘 어 간 다 옛 날 이 라 옛 적 이 라 간 날 에
간 적 이 라 골 태 길 갈 태 길 잘 하 고 못 한 것 은 소 고 리 삼 태 비
모 지 랑 비 로 싹 싹 쓸 어 서 맹 개 칠 하 고
새 로 나 세 상 두 고 서 잘 살 아 봅 시 다
아 리 랑 아 리 랑 아 라 리 로 구 나

아 리 랑 고 개 로 넘 어 간 다
네 줄 배 기 강 낭 쌀 에 륙 모 배 기 메 밀 쌀 에
오 그 랭 이 같 은 감 자 를 동 록 의 안 에 서 오 글 보 글
끓 는 족 족 나 눠 먹 기 는 못 하 나 마
한 달 륙 장 오 일 닷 새 로 자 주 상 봉 합 시 다
아 리 랑 아 리 랑 아 라 리 로 구 나
아 리 랑 고 개 로 넘 어 간 다

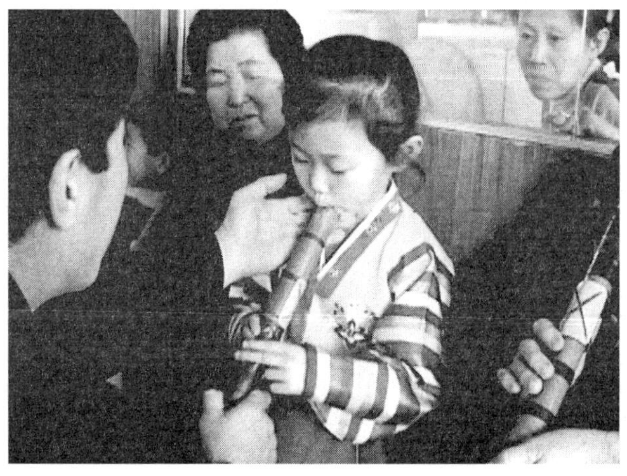

2001년 훈춘시 밀강현 통소마을 촬영

아리랑(10)

송음전 노래
김원창 채보
뒤 동 산 에 야 올 라 들 가 니
뒤 도 산 에 야 마 귀 할 미 꽃 은
밝 은 달 은 야 높 이 나 뜨 는 데
도 라 지 도 라 지 도 라 지 를 캔 다
늙 으 나 젊 으 나 건 부 러 졌 네
우 리 네 임 자 는 언 제 나 오 나
아 리 아 리 랑 스 리 스 리 랑 도 라 지 야
아 리 아 리 랑 스 리 스 리 랑 아 라 리 가 났 구 나
아 리 아 리 랑 스 리 스 리 랑 넘 어 나 오 는 데
언 제 나 언 제 나 나 를 따 라 오 나
너 도 야 날 과 같 이 건 부 러 진 다
우 리 는 언 제 나 세 상 을 보 나

1910년 사진, 당시 현대 가요 창작과 보급을 하기 위한 군악대원들의 모습

아리랑 랑랑

박영호 작사 / 김교성 작곡

봄이 오는 아리랑고개
님이 노는 아리랑고개
가는 님은 밉상이요
오는 님은 곱상이라
아리아리랑 아리랑고개는
님오는 고개 넘어넘어
우리 님만은 안 넘어와요

달이 뜨는 아리랑고개
나물캐는 아리랑고개
우는 님은 건달이요
웃는 님은 도련님이지
아리아리랑 아리랑고개는
님오는 고개 넘어넘어
우리 님만은 안 넘어와요

자료 : 1941년 박영호(1911~1953) 작사, 김교성 작곡의 신민요이다.

: 해방 전 민요선집 중에서, 주필 : 최삼명, 민족출판사

: 2013년 9월 북경 제1차 인쇄판

아스랑가(1)

(고자성 채보)

뒤동산산 뻐꾹이 밭갈이 재촉하고
앞남산 꾀꼬리 노래하네
아리아리랑 스리스리랑 아라리요
아리랑 고개로 넘어주소

아스랑가(2)

리경희 창 / 리황훈 채보

이 뒤동산에 등곱은나무
양반의 신주로 다 실어낸다
아리아리랑 스리스리랑 아라리요
아리랑 고개로 넘어간다

이 뒤동산에 할미꽃은
늙으나 젊으나 백발이라오
아리아리랑 스리스리랑 아라리요
아리랑 고개로 넘어간다

이 앞강물에 떠나는 배는
우리의 정든님 실은 배요
아리아리랑 스리스리랑 아라리요
아리랑 고개로 넘어간다

아리아리댕댕

허원식 채보
이 팔 청 춘 이 몇 이 드 냐
공 부 시 절 이 몇 해 더 냐
너 는 죽 어 서 상 아 가 되 고
백 발 보 고 서 웃 지 나 말 어 라
농 민 들 보 고 서 웃 지 를 말 어 라
나 는 죽 어 서 나 비 가 되 자
아 리 아 리 댕 댕 스 리 스 리 댕 댕
그 대 노 래 송 아 라 송 아 리 먼 산 뒤 산 에 꽃 놀 이 가 자

작곡가 허원식

- 1935년7월10일 용정시 덕신향 출생. 국가 1급 작곡가
- 1951년 연변 사범대학교 음악반 졸업,
- 1953년~1960년 연변가무단 성악배우.
- 1961년~1962년 심양음악학원 작곡부 교원, 63년부터 연변가무단 창작실.
- 창작: 교양악, 바이올린 협주곡, 성악협주곡, 합창, 가극, 무용음악, 연극음악 작품 창작.

- 가요: ‘장백의 붉은 꽃’, ‘수양버들’, 국가문화부 창작1등상 수상, 가극 “아리랑”의 작곡으로 국가문화부 문화작곡상 수상.
- 저서: 바이올린 협주곡집<나의고향>, 작곡집<꽃피는 우리 살림> 출판.
- 중국음악가협회 회원, 중국조선족음악연구회 부회장 및 연변분회 부주석, 명예주석 역임.

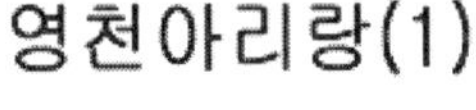

중국 조선족들에게는 우리가 부르지 않는 아리랑이 한곡 더 있다. 그 아리랑이 "영천아리랑"인데 한국과 영천 지역에서는 거의 사라져 가고 있다. 최근에는 (사)영천 아리랑민요보존회 전은석 회장과 회원들이 많이 부르고 있다. 영천 아리랑의 노래제목은 노래의 후렴구에서 나온 것이다. 경상도지방에서 나온 노래라고 볼 수 있으나 음악적으로 정서적으로 볼 때 경상도지방의 민요라기보다는 강원도지방의 민요에 더 가깝지 않나 생각한다.

"영천아리랑"에는 양산도장단에 기초한 것과 엇모리장단에 기초한 노래가 있는데 조식과 장단이 다른 대로부터 두 노래의 양상이 판이하다. 양산도장단에 기초한 첫 노래는 흥겹고 명랑한 느낌을 준다면 엇모리장단에 기초하고 있는 둘째 노래는 건드러지면서도 명랑한 느낌을 준다.

이 노래를 놓고 보아도 오랜 옛날부터 우리 민족의 음악적 재능과 다채롭고 매력 있는 한민족 장단에 대하여 잘 알 수 있다.

민간예술인 이현규(위의 채보 당시의 영천 아리랑을 불렀던 이현규 이다.)

- 1921년10월12일. 평안북도 영변군 남송면 천수동 용수잠 출생. 1945년 중국 집안시로 이주 후 중국 인민해방군 입대.
- 1949. 10월에 복원, 화룡현 덕화임장에서 임업공. 후에 과수원, 양봉업, 우체국 등지에서 종사, 어릴 때부터 민요를 즐기고 사랑하였다.
- 광복이전 조선8도를 돌아다니며 힘겨운 품팔이를 함.

- "새 아리랑", "탕세기", "녕변가", "수심가", "장타령" 등 멋지게 불어 넘긴다.

영천아리랑(3)
(전렴) 아리랑 아리랑 아라리요
아리랑 고개로 넘어간다
1. 아주까리 동백아 열리지 말아
2. 사진이 못난건 돈주고 사지
돈없는 이내머슴 속상하네
워낙에 못난건 할수있나
(후렴) 아리랑 아리랑 아라리요

아 리 랑 고 개 로 넘 어 간 다
간 다 구 간 다 구 네 통 곡 말 구
나 당 겨 야 올 동 안 너 잘 있 거 라

울룽도아리랑

서영화 채보

아 리 랑 아 리 랑 아 라 리 요

아 리 랑 고 개 고 개 로 나 를 넘 겨 주 소

기 암 기 석 찬 란 하 니 금 강 산 이 아 니 요 기 화 요 초

만 발 하 니 봉 래 산 이 여 기 로 구 나

아 리 랑 아 리 랑 아 라 리 요

아 리 랑 고 개 고 개 로 나 를 넘 겨 주 소

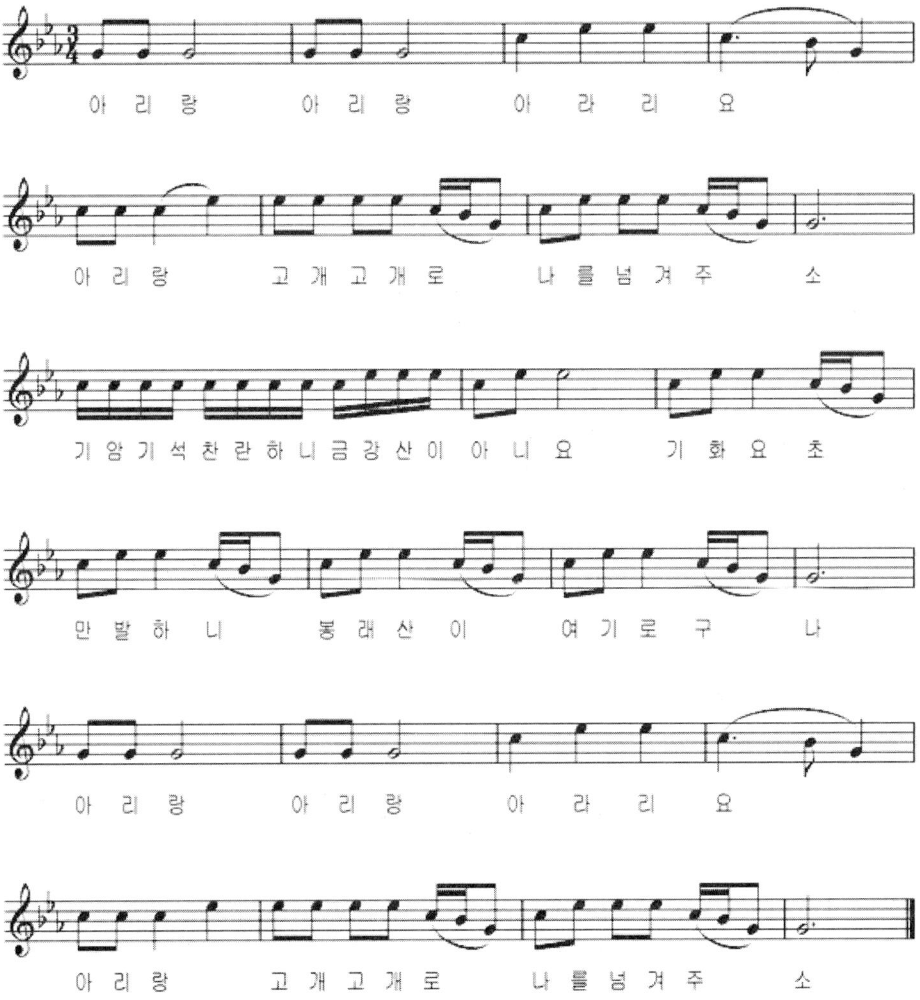

어랑타령
최민수 노래
서영화 채보
공 산 야 월 두 견 이 는 피 나 게 슬 피
울 고 강 심 에 어 린 달 빛 쓸 쓸 히 비 춰
있 네 어 랑 어 랑 어 야 어 야
더 야 내 사 랑 아
에 구 부 러 진 로 송 낡 은
바 람 에 건 들 거 리 고 허 공 중 천 뜬 달 은
사 해 를 비 춰 주 노 나 어 랑 어 랑 어 야
어 기 영 차 덜 커 덩 서 산 벽 으 로 감 돌 아
가 을 바 람
소 슬 하 니 락 엽 이 우 수 수 지 고 요 귀 뚜 라 미
슬 피 울 어 낭 은 간 장 다 썩 이 네 어 랑 어 랑

자진 아리

(김기수 채보)

(전렴) 아하이고 아하이고 성화로구나

1. (전렴) 연분홍 저고리 남깃소매 너 입기 좋거든 나 보기 좋구나
2. (전렴) 요놈의 살림은 할지말지한데 호박의 박넝쿨 지붕을 넘는다
3. (전렴) 앞집 큰애기 갑사댕기 드리고 남순인 치마를 자잘잘 끄네
4. (전렴) 사랑한다고 애당초 말하지 봉채받은걸 내 어찌 하리오
5. (전렴) 여울의 차돌은 부대껴 희고 이내 몸 시달려 머리털 세노나
6. (전렴) 갈밭에 달 뜬건 기러기 알고요 이내 맘 달 뜬건 그 누가 알리

7. (전렴) 뒷동산 숲속에 은근히 만날제 야멸찬 앙탈이 화근이로구나

8. (전렴) 가마채 붙들고 힐난질 말고 나 시집간데로 머슴살이 오려

9. (전렴) 오래긴 제 오래 놓고 사대문 걸고 나비잠 잔다

10. (전렴) 나 시집간데로 머슴살이 오면 신던 버선에 벌 받아 줌세

11. (전렴) 울담장 밖에 꼴베는 도령아 외 넘어간다 외 받아 먹어라

12. (전렴) 받으라는 외는 제 아니 받고 물같은 손목을 휘감아쥔다

13. (전렴) 쓰라린 님 리별 목이 메고 청춘도 갔으니 어찌 살리요

1978년 10월 13일 민요수집조가 정암에서 청주아리랑을 수집하였다.

정선아리랑(1)

리상순 노래
리황룬 채보

강원도금강산 일만이천봉 팔만구암자에 석달열흘아들생겨 달라구
백일 불공 말 고 타관객지 에 나선 사 랑
부 디 괄 세 를 말 아 라 아 리 랑 아 리 라 랑
아 라 리 가 났 소 아 리 랑 고 개 고 개
넘 어 넘 어 간 다 우리댁서방님은나싫다고 벽치고담치고
열 두 김 치 소 곰 치 고 배 추 김 치 초 치 고 칼 로 물 도 린 듯 이
그냥 싹돌아 서더 니 춘천 팔십 리 왜못가서
되 돌 아 왔 소 아 리 라 랑
아 라 리 가 났 소 아 리 랑 고개 고 개
나 를 넘겨 주 소 종성읍내물레방아는 사구삼십륙 서른여섯개인데

사시장철쉬지않고 물을안고 팽글팽글 조는데
우리랑군 어데로가 고 날안고돌 줄몰 라 아리랑
아 리라 랑 아 라리가났 소 아 리 랑
고 □ 고 개 나 를 넘 겨 주 소 한길두길세길네길
다섯여섯일곱여덟 아홉열 백길천길만길되는 채랭이끝에 다
다락을못잔 말은 불여 도 이웃집유부녀께
말붙임하기 는 참 어렵 구 나 아리랑
아리 라 랑 아라 리로 구 나 아 리 랑
고 개 고 개 나 를 넘겨 주 소 네딸자나내딸자나
원앙금침돋워베고 인물평풍법단이부자리 덮고자기는 아주 영글 렀는

데 이 웃 집 호박넌출아래 라 도 낮잠 자고 가
자 아리랑 아리 라 랑 아라 리가 났 소
아 리 랑 고 개 고 개 넘 어 넘 어 간 다

정선아리랑은 대한민국의 민요 중 하나이다. 모든 아리랑 가운데에서 역사가 오래 되었으며, 강원도 중산 간 아리랑의 원조가 되었다.

이 노래가 불리기 시작한 것은 적어도 600년 이전부터이다. 조선 건국 직후에 고려를 섬기던 신하들이 정선 지방으로 피신하여 숨어 지내면서 자신들의 정한을 노래에 담아 불렀다고 하는데, 이것이 그 이전부터 불리던 정선 지역 토속민요와 만나 정선아리랑의 기원을 이룬 것으로 추측하고 있다. 본래 이 노래는 아라리라고 불렸는데, 훗날 '아리랑' 으로 이름이 바뀌었다.

정선은 한강의 최상류로서, 이 지역에서 뗏목을 타고 서울을 오가던 사람들이 부른 아리랑은 곧 강원도의 다른 지역은 물론 서울까지 퍼지게 되었다. 그 결과 현재 평창, 삼척 등 강원도의 다른 지역에서도 '어러리', '어러레이' 등 정선아리랑에서 유래한 민요들이 전해지고 있다.

정선은 강원도 동남부에 위치한 고읍(古邑)의 하나이다. 이 노래에 대한 유래는 옛날 정선골에 20살의 한창 나이로 철부지 10살밖에 되지 않은 신랑에게 시집간 색시가 있었다. 매일매일 신랑의 뒤치닥 거리만 하다가 세상이 싫어진 색시는 세상 하직(下直)을 결심하고 물레방아가 빙글빙글 돌고 있는 정선 강가로 나갔다. 그러나 문득 돌고 돌아가는 물레방아를 보고 세월도 빙글빙글 돌아 철부지 신랑도 자랄 때가 있으리라는 생각에 돌아와 불렀다는 노래가 "정선아리랑"이라는 것이다.

이 노래의 가사는 조선 중종 무렵, 을사사화의 난을 피하여 낙향했던 선비들이 과거를 회상하며 읊었던 것이며, 고종2년 대원군이 경복궁을 중수할 때 태백산에서 나무를 나르던 뗏목군에 이하여 전국적으로 확산, 불리워 졌다는 것.

4. 명사십리가 아니라며는 해당화는 왜 피며
   모춘삼월이 아니라며는 두견새가 왜 울어

5. 강초일일에 환수정하니 강물만 푸르러도
   고향생각 나네

6. 무협이 랭랭하여 비세정하니
   인생차세에 무엇을 하나

7. 강산고택에 공문조하거든
   운우황재에 기몽사라던가

8. 야월삼경에 저 두견아 촉국흥망이 어제와 오늘이 아니거든
   어찌하여 저더지 슬피우나

9. 금준미주는 천인혈이요
   옥반가효는 만성고라

10. 촉루력시에 만루락이요
    가성고처는 원성고라

11. 아침저녁 돌아가는 구름은 산골에서 자는데
예와 이제 흐르는 물은 돌부리에서만 운다

정선아리랑 (3)

(고자성 채보)

강원도 금강산 일만 일천봉
팔만 구암자 마디마다 봉봉에다
칠성당을 무어 놓고서
백일기도를 말고 아닌밤중
오신 손님 괄세를 말아라

(후렴)
아리랑 아리랑 아라리로구나
아리랑 고개를 넘어 간다

옛날이라 옛적이라
건널아 건적아러
골래절 갈태절 잘하고 몽한일을
소고리 삼태미 모주랑비로
싹싹 쓸어서 팽개칠 하고
새로나 새정두고서 잘 살아봅시다
(후렴)

사줄배기 강낭쌀에

육모백이 메밀쌀에

오그랑이 같은 감자를

통녹이 안에서

오글복족 끓는 족족

노나먹기는 못하나마

한달 륙장 오일 닷새로

자조 상봉합시다

(후렴)

정선엮음아리랑

3
고 타관 객 지 외로이난사 랑
괄시를 마 라 2.세 파 에 시달 린몸
만 사 에 뜻이 없어 홀연 히 다떨 치고 청려 를
의지 하고 지향 없이 가노 라니 광풍 은 예와 달라
만물이 소연한데 해저 무는 저녁 노을 무심 히
바라 보며 옛일 을 추억 하고
시름 없 이있노 라니 눈 앞 에
3
온갖 것 이 보두시름 뿐 이 라

정선 엮음아리랑(2)

(정석필 노래 김봉관 채보)

(전렴)

아리랑 아리랑 아라리요

아리랑 고개로 나를 넘겨주오

1. 강원도 금강산 일만이천봉 팔만구암자

유점자 볍당뒤에 칠성단 모두 모고

팔자에 없는 아들딸 나달라고

석달열흘 록음에 정성을 말고

타관객지 외로이 난 사람 괄시를 마라

(전렴)

2. 세파에 시달린 몸 만사에 뜻이 없어

혼연히 다 떨치고 청려를 의지하여

지향없이 가노라니 광풍은 예와 달리

만물이 소연한데

해저무는 저녁노을 무심히 바라보며

옛일을 추억하고 시름없이 있노라니

눈앞에 온갓것이 모두 시름뿐이라

(전렴)

3. 달은 밝고 명랑한데 동해를 굽이치는

관동명승 경포대 호수에 달이 맑고

백사청송 좋은 경을 무심히 바라볼제

스며드는 찬바람이 옷깃을 스칠적에
님 잃은 내 가슴에 번민과 고통으로
아름다운 이 풍경도 좋은줄 모르니
닥쳐올 이 설음 어이 참아볼가

(전렴)

4. 느티나무 그늘아래 둘이 만나 속삭일제
옷고름 서로 매고 굳은 언약 하였더니
조물이 시기하여 맹세 또한 허사로다
지나간 일 꿈이런듯 하염없는 긴 한숨만
쉴새없이 나오나니 답답한 이 심사를 어이 달래볼가

(전렴)

5. 정성읍내 물나들이 허풍선의 궁글대는
주야장천 물거품을 안고 비빙글 배뱅글 도는데
우리 님은 어데를 가고서 날 안고 돌줄 왜 몰라

(전렴)

6. 임자당신 나 싫다고 울치고 담치고 배추김치 소금치고
열무김치 초치고 칼로 물벤듯이 싹 돌아서더니
인천 팔십리 다 못가서 왜 또 날 찾아왔나

(전렴)

7. 네 팔자나 내 팔자나 고대광실 높은 집에
화문동욕 보옥깔고 원앙금침 잠베개에
훨훨 벗고 잠자기는 애초에도 영 글렀으니

오다가다 석침담금에 로중 상봉할가

(전렴)

8. 앞산에 두견울고 뒤산에 접동울제
쓰라린 님 리별에 애타는 이내 간장
호소할 곳 바이없어 힘없이 지낼제
중천에 걸린 달은 강심에 잠겨있고
너울대는 은색파도 나의 회포 도려낼제
난데없는 일선어적 님의 애를 끊나니

(전렴)

9. 태산준령 험한 고개 칡넝쿨 엉클어진 가시덤불 헤치고
시내물 굽이치는 골짝 휘돌아서
불원천리 허덕지덕 허위단심 그대 찾아 왔건만
보고도 본체만체 담담무심

(전렴)

10. 새벽달 지새고 서리찬 고요한 밤
홀로 란간을 의지하고 애수에 잠겼을제
처량한 실성송은 이내 설음 자아내고
창망한 구름밖에 외기러기 슬피 울며 날아가니
울적한 이 심화를 어이할가

진도아리랑(1)

강성기
리복래 노래
리황운 채보
(전렴) 아 리 아 리 랑 스 리 스 리 랑 아 라 리 가 났 네
아 리 랑 응 응 응 아 라 리 가 났 네
1. 날 데 려 가 거 라 나 를 모 셔 가 거 라
2. 높 은 산 상 상 봉 외 로 운 소 나 무
3. 첫 눈 에 든 정 이 골 속 에 장 겨
4. 창 밖 에 오 는 비 산 란 도 하 더 니
5. 네 가 야 잘 나 서 일 색 이 더 냐
영 원 히 사 랑 할 날 데 려 가 거 라
내 몸 과 같 이 도 홀 로 섰 네
잊 어 나 보 려 해 도 못 잊 겠 네
비 끝 에 돋 는 달 유 정 도 하 구 나
내 눈 이 어 두 워 서 환 장 이 더 냐

"진도아리랑"은 전라남도 진도에서 나와 전라도 일대에 널리 보급된 "아리랑"의 하나이다.

전라남도 서남부에 위치하고 있는 진도는 한반도에서 큰 섬들 중의 하나이다. 진도는 평지는 적지만 기름지고, 동백꽃이 많이 피어 예로부터 풍광(風光)이 좋기로 유명하다.

부르는 사람들의 즉흥에 의하여 절마다 약간씩 변주되는 "진도아리랑"에는 무한한 사랑과 애정이 깃들어 있다.

다른 지방의 "아리랑"들과 차이나는 것은 전렴구인데 "아리아리랑 스리스리랑 아라리가 났네"로 시작하는 것이며 특히 "응응응"하고 조르는 듯한 자못 선정적(煽情的)인 감미로운 콧소리는 이 민요가 가지고 있는 고유한 특성이다.

전라도지방 민요의 음악적 특징이 푹 배여 있는 선율은 건드러지면서도 애절하다.

진도아리랑(2)

강성기 노래
김봉관 채보

진도아리랑(3)

리성진 채보

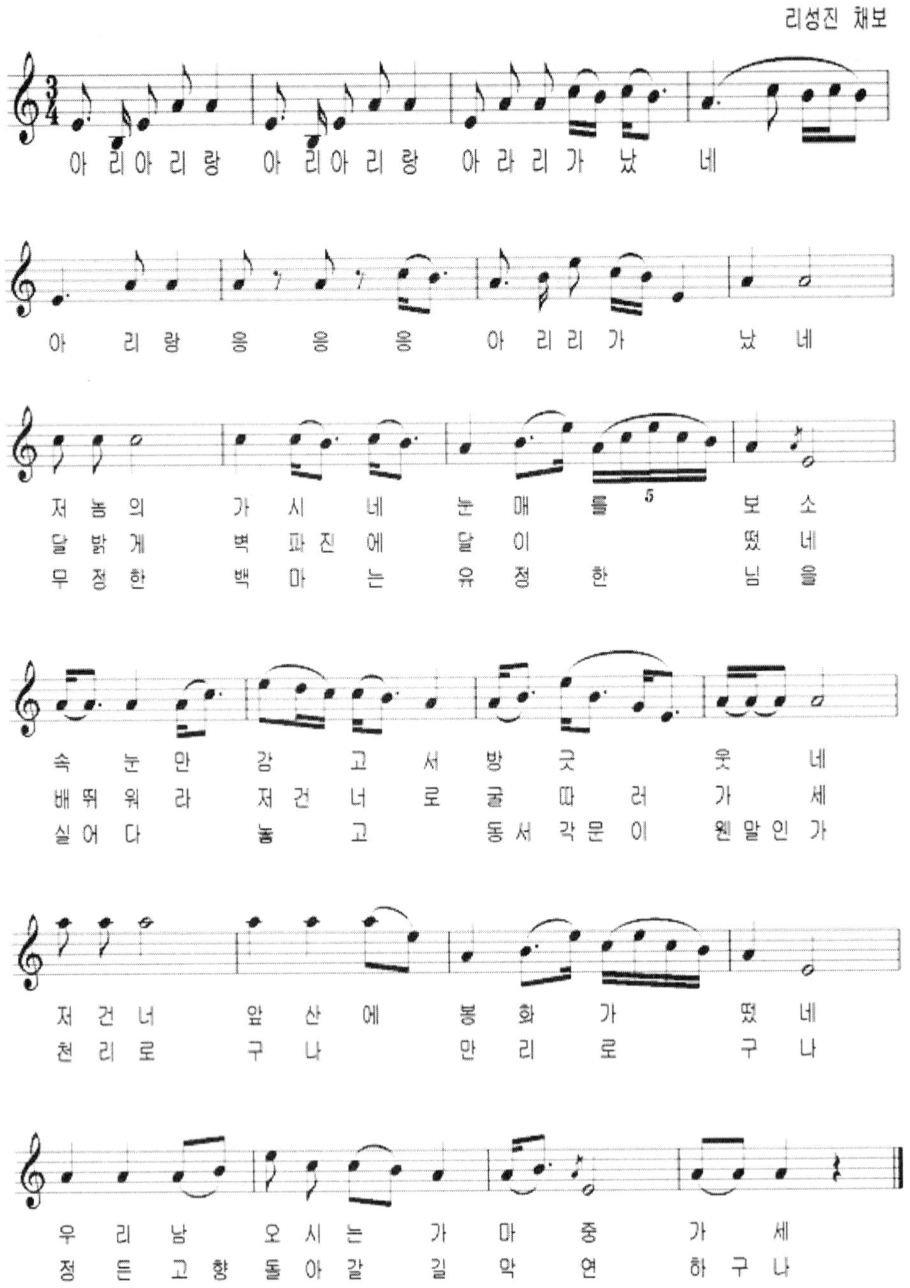
아리아리랑 아리아리랑 아라리가 났네
아리랑 응 응 응 아리리가 났네
저놈의 가시네 눈매를 보소
달밝게 벽파진에 달이 떴네
무정한 백마는 유정한 님을
속눈만 감고서 방긋 웃네
배뛰워라 저건너로 굴따러 가세
실어다 놓고 동서각문이 웬말인가
저건너 앞산에 봉화가 떴네
천리로구나 만리로구나
우리남 오시는 가마중 가세
정든고향 돌아갈 길 막연하구나

진도아리랑(4)

리복래 노래
리황훈 채보

아 리아 리랑 스 리스 리랑 아라 리 가 났 네
아 리랑 응 얼 씨 구 아 라기 가 났 네
날 다 려 가거 라 나 를모 셔 가 거라
높 은 산 상상 봉 외 로 운 소 나무
첫 눈 에 든정 이 골 속 에 잠 겨
창 밖 에 오는 비 산 란도 하 더 니
네 가 야 잘나 서 일 색 이 더 냐
영 원 히 사랑 할 사 람 날 다려 가거 라
내 몸 과 같 이 도 외 로이 섰 다
잊 어 나 보려 해 도 못 잊 겠 네
비 끝 에 돋 는 달 유 정도 하여 라
내 눈 이 어두 워 서 한 정이 더 냐

珍島아리랑碑

진도 아리랑 비(碑)

쪽박 아리랑 [1]

(서영하 채집)

(후렴)

아리린가 쓰라린가 한숨인가

아라리 쪽박차고 넘던 고개

삼천리 강토를 등뒤에 두고

쓸쓸한 북만주 뭣하러 왔나

(후렴)

웬수로다 웬수로다 웬수로다

쪽발이 왜놈이 웬수로다

(후렴)

어머니 아버지 내말 듣소

북간도 벌판이 좋답디다.

(후렴)

내고향 옥토는 어디다 두고

쪽박에 신세가 웬 말인가

(후렴)

날버리고 가는 임은 가고 싶어가나

북간도 벌판으로 돈벌러 갔지

(후렴)

산 넘고 강 건느면 내 고향이것만

어이하여 내 못가고 한숨만 쉬나

---

1. 차병걸(흑룡강성 상지시 로가디향 출신) 현재 상지조선족 문화관장인 이미영 관장이 1980년대에 차병걸 노인에게 직접 녹음해 놓은 것을 2013년 1월에 직접(김형관)재 녹음을 해 왔다.
2. (민요곡집에 발표된 내용- 고 서영하씨가 채집하여 정리한 것으로 파악) : 흑룡강 상지시 아부리향 신흥촌에서 나온 영천아리랑 곡

(후렴)

아니리 - 고향을 가구 싶은디… 가구 싶어 죽것는디…

못간다구 죽기야 하것슈 죽던 못하지유. 암유. 목숨인디.

북망아 산천아 말물어 보자

고향그려 죽은 목숨 몇몇이냐

(후렴)

중국 북간도(만주)에서 불러지는 노래 중에 민요로 "영천 아리랑"과 같은 내용의 "쪽박 아리랑"이 있다.[2] 이주민들의 나라 잃은 서러움으로 점점 한스러운 노래로 바뀌면서 모든 것을 읽어버리고 쪽박만 찾고 노래하게 되었고 제목조차 쪽박 아리랑이 되어 버린 것이다.

청주아리랑(1)
신 철 노래
김봉관 채보
(전렴) 아 리 랑 아 리 랑 아 라 리 요
아 리 랑 고 개 로 날 넘 겨 주 게
팔 라 당 팔 라 당 갑 사 나 댕 기
시 아 버 지 골 난 데 는 술 받 아 주 고
시 아 버 지 죽 으 면 좋 댔 더 니
아 리 랑 타 령 을 그 누 가 냈 나
곤 때 도 안 물 어 서 사 주 가 왔 네
시 어 머 니 골 난 데 는 이 잡 아 주 자
빨 래 줄 이 끊 어 지 니 또 생 각 난 다
이 웃 집 김 도 령 내 가 냈 네

(후렴)아 리 랑 아 리 랑 아 라 리 요
아 리 랑 고 개 로 날 넘 겨 주 게
사 주 랑 은 밭 아 서 무 릎 에 놓 고
시 애 끼 가 골 난 데 는 사 탕 사 다 주 고
시 어 머 니 죽 으 면 좋 댔 더 니
아 리 랑 타 령 이 얼 매 나 좋 은 지
한 숨 만 쉬 여 도 동 남 풍 된 다
며 늘 애 기 골 난 데 는 홍 두 깨 찜 질
보 리 방 아 물 줘 놓 니 또 생 각 나 네
밥 푸 다 말 구 서 엉 덩 춤 춘 다

도문시 정암촌의 과거와 현재 모습

청주아리랑(2)

박성주 노래
김봉관 채보

(전렴) 아 리 랑 아 리 랑 아 라 리 요
아 리 랑 고 개 로 날 넘 겨 주 게
팔 라 당 팔 라 당 갑 사 나 댕 기
날 가 라 네 날 가 라 네 날 가 라 네
시 아 버 지 골 난 데 는 술 받 아 주 고
시 아 버 지 죽 었 다 구 좋 댔 더 니
시 동 생 죽 었 다 구 좋 댔 더 니
아 리 랑 타 령 을 그 누 가 냈 나
곤 때 도 안 묻 어 서 사 주 가 왔 네
삼 베 질 쌈 못 한 다 고 날 가 라 네
시 어 머 니 골 난 데 는 이 잡 아 주 자
왕 골 자 리 떨 어 지 니 또 생 각 난 다
나 무 가 리 쳐 다 보 니 또 생 각 난 다
이 못 집 김 도 령 내 가 냈 네
(후렴) 아 리 랑 아 리 랑 아 라 리 요
아 리 랑 고 개 로 날 넘 겨 주 게
사 주 랑 은 받 아 서 무 릎 에 놓 고
삼 베 질 쌈 못 하 는 건 대 단 하 고
시 동 생 골 난 데 는 엿 사 다 주 고
시 어 머 니 죽 었 다 구 좋 댔 더 니
서 방 님 죽 었 다 구 좋 댔 더 니
아 리 랑 타 령 이 얼 매 나 좋 은 지
한 숨 만 쉬 여 도 동 남 풍 된 다
아 들 딸 날 아 준 건 대 단 찮 나
며 늘 애 기 골 난 데 는 홍 두 깨 뜸 질
보 리 방 아 물 줘 놓 니 또 생 각 나 네
잠 지 리 에 누 울 적 마 다 또 생 각 난 다
밥 푸 다 말 구 서 엉 덩 춤 춘 다

청주아리랑(3)

리상철 노래
김봉관 채보

(전렴) 아 리 라 랑 스 리 라 랑 아 라 리 요
아 리 라 랑 스 리 라 랑 아 라 리 야
팔 라 당 팔 라 당 갑 사 나 댕 기
시 아 버 지 골 난 데 는 술 받 아 주 고
아 리 랑 타 령 을 그 누 가 냈 나
곤 때 도 안 묻 어 서 사 주 가 왔 네
시 어 머 니 골 난 데 는 이 잡 아 주 자
이 웃 집 김 도 령 내 가 냈 네
(후렴) 아 리 랑 아 리 랑 아 라 리 요
아 리 랑 고 개 로 날 넘 겨 주 게
사 주 랑 은 받 아 서 무 릎 에 놓 고
시 애 끼 가 골 난 데 는 엿 싸 다 주 고
아 리 랑 타 령 이 얼 매 나 좋 은 지
한 숨 만 쉬 여 도 동 남 풍 된 다
며 늘 애 기 골 난 데 는 홍 두 깨 찜 질
밥 푸 다 말 구 서 엉 덩 춤 춘 다

청주 아리랑 (4)

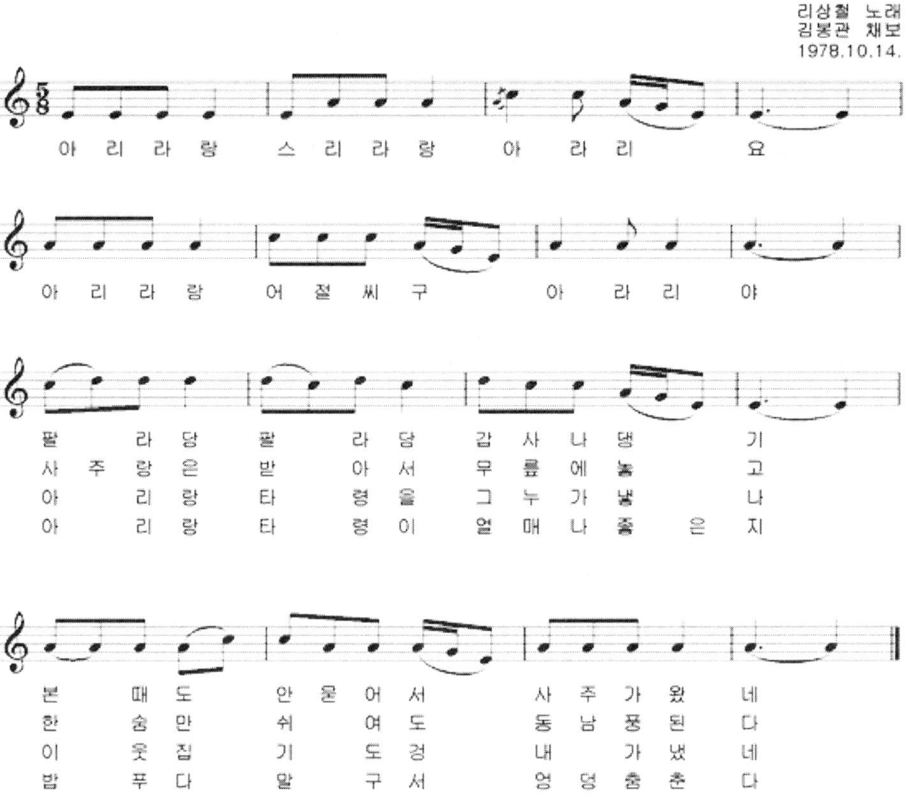
리상철 노래
김봉관 채보
1978.10.14.
아 리 라 랑 스 리 라 랑 아 라 리 요
아 리 라 랑 어 절 씨 구 아 라 리 야
팔 라 당 팔 라 당 감 사 나 댕 기
사 주 랑 은 받 아 서 무 릎 에 놓 고
아 리 랑 타 령 을 그 누 가 냈 나
아 리 랑 타 령 이 얼 매 나 좋 은 지
본 때 도 안 묻 어 서 사 주 가 왔 네
한 숨 만 쉬 여 도 동 남 풍 된 다
이 웃 집 기 도 경 내 가 냈 네
밥 푸 다 말 구 서 엉 덩 춤 춘 다

청주 정암촌에서 청주 아리랑을 가르키는 김봉관 선생님

청주 아리랑 (5)

신 철 노래
김봉관 채보
1978.10.14

(전렴) 아 리 랑 아 리 랑 아 라 리 요
아 리 랑 고 개 로 날 넘 겨 주 게
나 를 버 리 고 가 시 는 님 은
이 십 리 못 가 서 불 항 당 만 나
홍 두 깨 방 망 이 팔 자 가 좋 아
시 아 버 지 죽 으 면 좋 했 더 니
시 아 버 지 골 난 데 는 술 받 아 주 고
십 리 도 못 가 서 발 병 이 난 다
상 십 리 못 가 서 되 돌 아 오 네
큰 애 기 손 길 에 다 녹 아 나 네
빨 래 줄 이 끊 어 지 니 또 생 각 난 다
시 어 머 니 골 난 데 는 이 잡 아 주 자
(후렴) 아 리 랑 아 리 랑 아 라 리 요
아 리 랑 고 개 로 날 넘 겨 주 게
문 경 세 재 박 달 나 무
건 너 멀 비 탈 에 줄 밥 나 무
시 어 머 니 죽 으 면 좋 했 더 니
시 애 끼 가 골 난 데 는 사 탕 사 다 주 고
홍 두 깨 방 망 이 로 다 날 아 간 다
앙 반 의 신 줄 로 다 나 간 다
보 리 방 아 물 줘 놓 니 또 생 각 나 네
며 늘 애 기 골 난 데 는 몽 둥 이 뜸 질

청주 아리랑 (6)

박성주 노래
김봉관 채보
2002.11.

아 리 아 리 스 리 스 리 아 라 리 요
아 리 아 리 스 리 스 리 아 라 리 야
팔 라 당 팔 라 당 갑 사 나 댕 기
날 가 라 네 날 가 라 네 날 가 라 네
시 아 버 지 골 난 데 는 술 받 아 주 고
시 아 버 지 죽 으 면 좋 했 더 니
시 동 생 죽 었 다 구 좋 했 더 니
아 리 랑 타 령 을 그 누 가 냈 나
곤 때 도 안 울 어 서 사 주 가 왔 네
삼 베 질 삼 못 한 다 고 날 가 라 네
시 어 머 니 골 난 데 는 이 잡 아 주 자
왕 골 자 리 끊 어 지 니 또 생 각 난 다
나 무 가 리 쳐 다 보 니 또 싱 각 난 다
이 웃 집 김 도 령 내 가 냈 네
아 리 라 랑 스 리 라 랑 아 라 리 요
아 리 라 랑 스 리 라 랑 아 라 리 야

사 주 랑 은 받 서 무 릎 에 놓 고
삼 베 질 삼 못 하 는 건 대 단 하 고
시 동 생 골 난 데 는 엿 사 다 주 고
시 어 머 니 죽 으 면 좋 했 더 니
서 방 님 죽 으 면 좋 했 더 니
아 리 랑 타 령 이 얼 매 나 좋 은 지

한 숨 만 쉬 여 도 동 풍 된 다
아 들 딸 낳 아 준 건 대 단 찮 나
여 늘 아 기 골 난 데 는 홍 두 깨 찜 질
보 리 방 아 물 줘 놓 니 또 새 각 나 네
병 풀 어 누 울 적 마 다 또 생 각 난 다
밥 들 다 말 구 서 엉 덩 춤 춘 다

청주 아리랑 (7)

박성주 노래
김봉관 채보
2002.11.

아 리 아 리 스 리 스 리 아 라 리 요
아 리 아 리 스 리 스 리 아 라 리 야
팔 라 당 팔 라 당 갑 사 나 댕 기
날 가 라 네 날 가 라 네 날 가 라 네
시 아 버 지 골 난 데 는 술 받 아 주 고
시 아 버 지 죽 으 면 좋 했 더 니
시 동 생 죽 었 다 구 좋 했 더 니
아 리 랑 타 령 을 그 누 가 냈 나
곤 때 도 안 울 어 서 사 주 가 왔 네
삼 베 질 삼 못 한 다 고 날 가 라 네
시 어 머 니 골 난 데 는 이 잡 아 주 자
왕 골 자 리 꿇 어 지 니 또 생 각 난 다
나 무 가 리 쳐 다 보 니 또 싱 각 난 다
이 웃 집 김 도 령 내 가 냈 네

아 리 라 랑 스 리 라 랑 아 라 리 요
아 리 라 랑 스 리 라 랑 아 라 리 야
사 주 랑 은 받 서 무 릎 에 놓 고
삼 베 질 삼 못 하 는 건 대 단 하 고
시 동 생 골 난 데 는 엿 사 다 주 고
시 어 머 니 죽 으 면 좋 했 더 니
서 방 님 죽 으 면 좋 했 더 니
아 리 랑 타 령 이 얼 애 나 좋 은 지
한 숨 만 쉬 여 도 동 풍 된 다
아 들 딸 낳 아 준 건 대 단 찮 나
며 늘 아 기 골 난 데 는 홍 두 깨 찜 질
보 리 방 아 물 줘 놓 니 또 새 각 나 네
병 풀 어 누 울 적 미 다 또 생 각 난 다
밥 을 다 말 구 서 엉 덩 춤 춘 다

한 중년사나이가 “나도 한 곡조 부릅시다” 하는 것 이였다. 그가 바로 57세에 나는 신체가 건장한 신철이라는 사나이였다. “아리랑 아리랑 아라리요” 모든 사람들의 시선이 그한테로 모아졌다. 멋진 외모, 쩡쩡하고 구성진 목소리, 그리고 물 흐르 듯 터져 나오는 그의 노래는 우리들의 넋을 순식간에 앗아갔다.

“문화대혁명”이래 처음 듣는 신철의 구성진 노래 가락이 아닌가. 우리는 다급히 이 노래의 제목을 물어보았다. “청주아리랑”이라 하였다. 전국 각지로 돌아다니면서 민요를 수집했지만 이때까지 “청주아리랑”이란 처음 듣는 노래였다. 표현자의 노래 소리에 우리는 너무도 기뻐 어쩔바를 몰랐다. 이렇게 “청주아리랑”은 1978년 10월 14일에 세상에 소개되였다.. “문화대혁명”이 휩쓸고 간 10여 년 동안 우리의 노래를 부를 수도 들을 수도 없었던 우리 겨레에게 노래를 듣게 되었다.

“청주아리랑”을 처음 수집했던 그때로부터 15년 후인 2002년11월에 다시 정암촌을 찾은 우리 일행은 그곳에서 박성주와 이용안이 부르는 “청주아리랑”을 다시 듣게 되였다. 이 “청주아리랑”에는 “아리라랑 스리라랑 아라리요 아리라랑 스리라랑 아라리야”란 전렴과 후렴이 붙어있었다.

우리 민족의 얼, 특히는 충북의 정서가 숨배인 "청주아리랑"을 채록하여 세상에 내 놓을 수 있은 것은 참으로 감개무량한 일이다. 그동안 "청주아리랑"이 본고장 청주도 아닌 중국 도문에서 채록되었다는 것은 참으로 자랑이 아닐 수 없다. 이것에 대하여 한국의 언론에서도 "본 고장인 청주에서도 사라졌던 청주아리랑이 저 멀리 중국 길림성 도문시 량수진 정암촌에서 발견되었다는데 놀라며 많은 언론 보도가 되었다.

충청도아리랑
리상철 노래
김봉관 채보
1978.10.13.
아 리 라 랑 스 리 라 랑 아 라 리 요
아 리 라 랑 어 절 씨 구 아 라 리 야
아 리 랑 타 령 을 그 누 가 냈 나
아 리 랑 타 령 이 얼 마 나 좋 은 지
아 리 랑 말 년 에 왜 란 이 나 고
문 경 세 재 박 달 나 무
홍 두 깨 방 망 이 팔 자 가 좋 아
이 웃 집 김 도 령 내 가 냈 네
밥 푸 다 말 구 서 엉 덩 춤 춘 다
감 오 년 이 후 로 왜 동 물 치 마
홍 두 깨 방 망 이 로 다 날 아 난 다
큰 애 기 손 길 루 만 다 놀 아 난 다

평안아리랑

송옥수 노래
리황훈 채보

헤 라
산 천 구 경 간 다
아 리 랑
아 리 랑
아 라 리 가 났 네
아 리 아 리 랑
고 개 저 쪽 에 나 를 넘 겨 주 소

민간 민요 예술인 민요 수집가들(좌측부터 이황훈, 조종주, 정길운선생님)

해주아리랑

정순자 노래
김봉관 채보

(전렴) 아 리 아 리 얼 수 아 라 리 요
아 리 랑 얼 씨 구 놀 다 가 세 1. 아 리 랑
고 개 는 웬 고 갠 가
넘 어 갈 적 넘 어 올 적 눈 물 이 난 다

2. (전렴) 저기 가는 이 아가씨 눈매를 보소 겉눈을 감고서 속눈만 떴네

3. (전렴) 바람아 광풍아 불지를 말아 광풍에 낙엽이 다 떨어진다

4. (전렴) 뒤동산 진달래 만발하고 소적다소리가 풍년을 알리네

5. (전렴) 시집갈 큰애기 홀로 앉아 여러 가지 궁리에 마음만 타네

6. (전렴) 알뜰살뜰 오순도순 약속을 하고 녹두나물 변하듯 싹 돌아졌네

7. (전렴) 아가씨 댕기에 달린 석우황 총각의 영낭이 제격일세

8. (전렴) 호박풍잠 산호도굿 귀영자갓끈감 호사한 남자의 치레로다

9. (전렴) 비취보라 반보라 송화색옷감 건너마을 큰애기 선사나 할가

10. (전렴) 옥반 홍안 고운 량자 곱던 얼굴 덧없는 세월에 백발일세

11. (전렴) 화초일석 가는 춘풍 어이 막으며 귀밑에 오는 백발 그 누가 막으랴.

2. 중국 동북지방 해방 전·후의 아리랑

중국 조선족들의 강제 이주 이후 동북지방에서 일제시대의 고통의 아픔에서 많은 아리랑의 노래가 나왔고, 광복군 아리랑이라든지 독립군 아리랑, 자신의 신세 타령 같은 아리랑, 일본군에 대한 욕설이 담긴 아리랑이 불러지게 되었다. 하지만 그 당시는 함부로 부르지 못하고, 노동요 같은 형태의 아리랑이든지 "십진가"라든지 타령 같은 곡에 가사를 바꾸어 부르는 노래가 많이 나왔고, 1997년 이후 부터는 신 아리랑이 동북 지방에서 하나씩 나오기 시작 했으며, 200년대 초부터 2008년 사이 한 중국 동북 공정 속에 조선족의 문화 예술도 포함 이 되었으면 그 이후에는 신 아리랑과 창작 아리랑이 많이 발표가 되었다.[3)]

"아리랑"은 지금 전하고 있는 민요가운데서 가장 널리 알려진 대중적인노래이다. 이 노래가 발생한 유래와 이름의 기원에 대해서는 여러 가지 전설과 주장들이 있는데 어느 것도 확정되지 못하고 있다.

많은 민요들이 시대의 변천에 따라 소멸되어 가거나 또 다른 형태로 변화되지만 "아리랑"만은 여전히 오늘 한민족 대중들 속에서 애창되고 있으며 그 영향과 한민족의 마음 한 구석에 자리 잡고 있을 것이다.

시대와 지역, 국경을 넘어 한민족이 살고 있는 곳에서는 어디서나 애창되고 있는 이 노래에는 일본이 한국을 침략하고 한반도를 강점한 후 장기간의 압박과 착취에 시달리던 한민족들의 감정과 분노와 반항 그리고 나라에 대한 사랑과 고향에 대한 애착이 표현되어 있다. 또한 이 노래의 내용에는 그 밖에도 일제통치하의 형태를 풍자한 것과 사랑을 주제로 하는 내용들이 많은 비중을 차지하고 있다. 한민족 민요의 아름다움을 말할 때 흔히 "아리랑"을 지적하는 것은 우연하지 않다.

오늘날 중국 조선족들은 "아리랑"을 부르면서 민족의 자존심을 키워왔고 삶의 터전을 닦았으며 행복에 겨운 희열을 아리랑에 얹어 마음껏 부르고 있다고 한다.

---

3. 중국 사회 과학원의 동북 공정의 역사(고구려, 발해, 고 조선사 등등)와 별도로 조금 늦은 시기에 준비와 사람의 임명을 하였다.

현재 '아리랑'은 임진왜란 무렵 때부터의 것이 채록되어 있다.

• 임진왜란 무렵

할미성 꼭대기 진을 치고
왜병정 오기만 기다린다.

(후렴)
아리랑 아리랑 아라리요.
아리랑 고개로 날 넘겨주게

• 병자호란 무렵

오라배 상투가 왜 그런고
병자년 지내고 안그런가
(후렴)

• 흥선대원군 집정 무렵

조선 팔도 좋다는 나무는
경복궁 짓느라고 다 들어간다
(후렴)

승려 시인 만해 한용운(韓龍雲)이 일찌기 '님만 님이 아니라 기룬(그리운) 것은 다 님이다' 는 명구를 쓴 바와 같이, '아리랑' 은 남녀의 연정만을 표현한 것이 아니었다. 한국 한민족은 '곱고(사무치게) 그리운 것' 은 모두 '아리랑' 으로 표현하게 되었다.

1930년을 전후로 해서 일본의 레코드 회사들은 조선에 지사, 영업소 또는 대리점을 두고 일본어 레코드와 함께 판소리. 민요 등의 레코드를 팔고 있었다. 그 속에 <아리랑>이 포함되어 있었다. 1920년대 후반부터 민중이 애창한 <아리랑>은 시대상을 나타내는 대중가요로 다루어졌다. 그 중 해방 전 것으로서 1930년대 중반 이후에 불려진 것들이 많다.

아리랑 (1)[4)]

요렇게 조렇게 정들여 놓고
이별이 찾아서 못살겠네
아리랑 아리랑 아라리요
아리랑 고개로 넘어간다

멀구 다래 떨어진건 꼭지도 있건만
부모 동생 떨어진건 꼭지도 없네
아리랑 아리랑 아라리요
아리랑 고개로 넘어간다

사람이 나구야 돈이 났건만
사람을 모르고 돈만 아느냐

---

4. 조선족 구전 민요집 (이상각 수집, 정리, 요녕 인민출판사, 1980년, 심양. 108P)

아리랑 아리랑 아라리요
아리랑 고개로 넘어간다

행주치마 똘똘 말아 옆에다 끼고
총각아제 갈적에 왜 못갔던고
아리랑 아리랑 아라리요
아리랑 고개로 넘어간다

사람이 살면 몇백년 사나
한 백년 살자는데 성화도 많네
아리랑 아리랑 아라리요
아리랑 고개로 넘어간다

아리랑 (2) [5)]

아리랑 고개다 집을 짓고
정든님 오기만 고대한다
아리랑 아리랑 아라리요
아리랑 띄여라 노다가세

용안어지 당대초는
정든님 공경으로 다 나간다
나는 좋아 나는 좋아

5. 민족의 한을 담은 대표적인 아리랑이다. 흑룡강성 연수현 조선족 100년사에서 1903년 이후에 지역에서 불러졌던 아리랑이다. 연수현 조선족 100년사(민족출판사. 2004. 220P)

정든 친구가 나는 좋아

아이고 지고 통곡을 말아라
죽었던 랑군이 살아들 올가
나는 가네 나는 가네
떨떨 거리고 나는 가네

인제 가면 언제나 오나
오마는 한이나 일러를 주오
세월도 덧없도다
돌아간 봄이 다시 온다

만경창파 거기둥둥 떠가는 배야
거기 좀 닻주어라 말 물어보자
친구가 남이인건만
어이 그리 유정한가

아리랑 (3) [6)]

이씨의 사촌이 되지 말고
민씨의 팔촌이 되려무나
(후렴)
아리랑 아리랑 아라리요

---

6. 토지조사 사업으로 땅을 빼앗기고 소작인으로 전락한 조선 농민들의 생활은 비참하기 그지없었다. 단지 땅만 빼앗긴 것이 아니라, 일본인 고리대금업자의 악덕 상술에 수입의 몇 배나 되는 빚을 지고 그날그날의 끼니조차 거르게 되었다. 다음의 〈아리랑 타령〉에는 당시의 조선 농민들의 생활이 여실히 그려져 있다.

아리랑 띄어라 노다 가세

남산 밑에다 장충단을 짓고
군악대 장단에 받들어 총만 하네
(후렴)

아리랑 고개다 정거장을 짓고
전기차 오기만 기다린다
(후렴)

문전 옥토는 어찌 되고
쪽박의 신세가 웬말인가
(후렴)

밭은 헐려서 신작로(新作路) 되고
집은 헐려서 정거장 되네
(후렴)

말깨나 하는 놈 재판소 가고
일깨나 하는 놈 공동산 간다
(후렴)

아깨나 낳은 년 갈보질 하고
목도깨나 매는 놈 부역을 간다
(후렴)

신작로 가장자리 아까시 남근
자동차 바람에 춤을 춘다
(후렴)

먼동이 트네 먼동이 트네
미친 놈 꿈에서 깨어났네
(후렴)

아리랑 (4) [7)]

아리랑 아리랑 아라리요
아리랑 고개로 넘어가네
일년 열두달 남의 집에 사는
요내 신세는 가련도 하네

아리랑 아리랑 아라리요
아리랑 고개로 넘어가네
이런줄 저런줄 난 몰랐더니
친하고보니 망나닐세

아리랑 아리랑 아라리요
아리랑 고개로 넘어가네
식은밥 쉰것은 개나 주지

7. 조선족 구전민요집 (이상각 수집, 정리, 요녕 인민출판사, 1980년, 심양. 62P)

본당자 싫은건 어찌하나

아리랑 아리랑 아라리요
아리랑 고개로 넘어가네
생각하고 또 생각하니
살아갈 일이 막연하네

아리랑 아리랑 아라리요
아리랑 고개로 넘어가네
잘살고 못사는건 내 팔자요
본가정 하나만 골라줘요

아리랑 (5) [8)]

상해 임시 정부 서랍의 문건을 안고
중경으로 달려가는 우리 겨레들

아리아리랑 아라랑 고개는 혁명의 고개
죽어가는 침략주의요 썩어가는 군국주의라

아리아리랑 아라랑 고개는 혁명의 고개
울놈은 침략자요 웃을이는 애국자라지

---

8. 홍범도 장군이 항일 독립군들의 사기를 올리고 무장단체의 단결을 노래로 불렀다.

아리아리랑 아라랑 고개는 혁명의 고개
허벌펄펄 휘날리는 태극 깃발은

아리랑 고개 [9]

아리랑 아리랑 아라리요
아리랑 고개로 날 넘겨주소
아리랑 고개다 오막살이 집짓고
정든 님 오기만 기다려리누나

아리랑 아리랑 아라리요
아리랑 고개로 날 넘겨주소
넘겨줄 생각은 하루에 세 번 나도
엄부령 슬하라 못넘겨주겠다

아리랑 아리랑 아라리요
아리랑 고개로 날 넘겨주소
산천이 고와서 돌아를 봤나
님계신 곳이라 돌아를 봤지

아리랑 아리랑 아라리요
아리랑 고개로 날 넘겨주소

9. 조선족 구전 민요집 (이상각 수집, 정리, 요녕 인민출판사, 1980년, 심양. 111P)

정들자 이별도 분수가 있지
시집간지 삼일만에 이별이로다

아리랑 아리랑 아라리요
아리랑 고개로 날 넘겨주소
팔자좋은 사람은 형편이 좋아도
마당가의 모닥불은 날과 같이 속타네

아리랑 아리랑 아라리요
아리랑 고개로 날 넘겨주소
뒤 동산 고목은 날과 같이 속썩고
앞 남산 굴밥나무 날과 같이 매맞네.

아리아리랑 스리스리랑 [10)]

일만 이천봉이하에 뚝 떨어져서
쓸만한 논밭천지 신작로로 다 나가고
우차 마차 자동차 인력거 싸다니는데
늙은이 갈보되여 비누세수하고
댕기 맨건 나 보기 싫구나

아리아리랑 스리스리랑 아라리가 났소
아리랑 고개로 넘어넘어간다.

---

10. 조선족 구전 민요집 (이상각 수집, 정리, 요녕 인민출판사, 1980년, 심양. 55~56P)

사촐치기 강낭쌀에 세모재비 메밀쌀에
개불알 같은 울 감자알을
통로공안에 오글박작 지굴재굴
끓이는 족족 주구받구 나눠먹진 못해도
한달 육장 오일에 한번씩 상봉합시다

아리아리랑 스리스리랑 아라리가 났소
아리랑 고개로 넘어넘어간다.

아리롱 11)

아리롱 아리롱 아라리요
아리롱 고개로 넘어간다
뻐국새 울며는 풍년이 오고
까치가 울며는 님이 온다.

아리롱 아리롱 아라리요
아리롱 고개로 넘어간다
해발름 발발름 꼬장바지
달서 고개로 넘나든다.

아리롱 아리롱 아라리요
아리롱 고개로 넘어간다

---

11. 조선족 구전 민요집 (이상각 수집, 정리, 요녕 인민출판사, 1980년, 심양. 52P)

오며 가며 빛만 뵈고

요내 간장을 다 녹이네.

아리용 고개는 별 고개 [12]

아리용 아리용 아라리요
아리용 고개로 넘어간다
아리용 고개는 별고갠지
넘어갈적 넘어울적 눈물만 나네

아리용 아리용 아라리요
아리용 고개로 넘어간다
청산이 푸르적적 가신 님이
백설이 흩날려도 아니오네

아리용 아리용 아라리요
아리용 고개로 넘어간다
왜 가려나 왜 가려나 왜 가려나
꽃같은 날 버리고 왜 가려나.

아리용 아리용 아라리요
아리용 고개로 넘어간다
날 버리고 가시는 님은

---

12. 조선족 구전 민요집 (이상각 수집, 정리, 요녕 인민출판사, 1980년, 심양. 61P)

단 십리 못가서 발병났네

아리용 아리용 아라리요
아리용 고개로 넘어간다
생각하고 또 생각하니
정든 님 그리워 눈물만 나네.

아리용 아리용 아라리요
아리용 고개로 넘어간다
한숨은 쉬여서 동남풍 되고
눈물은 흘려서 강물이 되네.

강남 아리랑

강남은 멀어서 이천칠백 리
한 달하고 열흘을 찾아가면은
꽃피고 새 우는 별유천지라네
아리랑 아리랑 아라리요
아리랑 강남을 언제 가나

강남은 사시나 꽃 피는 나라
밤낮으로 헤매어 찾아가면은
별들은 반가이 맞아준다네
아리랑 아리랑 아라리요
아리랑 강남을 언제 가나

그리운 강남 [13)]

정이월 다 가고 삼월이라네
강남갔던 제비가 돌아오며는
이 땅에도 또다시 봄이 온다네
(후렴)
아리랑 아리랑 아라리요
아리랑 강남을 어서 가세

삼월도 초하루 당해오면은
가뜩이나 울적한 이 내 가슴에
제비떼 날아와 지저귄다네
(후렴)

저마다 일하고 제살이 하고
이웃과 이웃이 서로 믿으니
빼앗고 다툼이 애적에 없다네
(후렴)

하늘이 푸르면 나가 일하고
별아래 모이면 노래부르니
이 나라 이름이 강남이라네
(후렴)

---

13. 일제치하에 그리운 고향과 노동으로 지친 몸을 달래기 위하여 부르던 아리랑이다. 기뻐도 아리랑 슬퍼도 아리 랑을 불렀다. 연수현 조선족 100년사(민족출판사. 2004. 221P)

그리운 저 강남 건너가랴면
제비떼 뭉치듯 서로 뭉치세
굳은 마음으로 가면 간다네
(후렴)

아리랑 술집

추억도 맡어주마 미련도 맡어주마
으스름 하룻밤을 술집에 던지고

잔 속에 꿈을 실어 부르자 부르자
아리랑 아리랑 아리랑 아리랑 아라리요
아리랑 술잔은 몇 굽이냐

눈물도 이리 다오 한숨도 이리 다오
조각달 내 신세를 타관에 뿌리고

잔 속에 꿈을 실어 부르자 부르자
아리랑 아리랑 아리랑 아리랑 아라리요
아리랑 눈물은 몇 섬이냐

감으면 고향 산천 뜨면은 천리 타향
벼개에 젖어 가는 고달픈 과거사

잔 속에 정을 쏟아 부르자 부르자

아리랑 아리랑 아리랑 아리랑 아라리요

아리랑 고개엔 눈물도 많다

삼 아리랑 14)

아리랑 아리랑 아리아리아리랑

아리랑 고개로 날 넘겨주소

아리랑 강남은 천리나 언덕

정든님 올 때만 기다린다네

아리아리아리 넘어넘어서 구월단풍 좋은 시절에

두견아 음~음~음

우지를 말어라 우지를 말라

님 웨일즈가 쓴 아리랑 15)

아리랑 고개는 탄식의 고개 있느냐

한번 가면 다시는 못오는 고개

이천만 동포야 어데 있느냐

---

14. 북한 중부지방에서 불러지던 아리랑이다
15. "아리랑" 조우화 옮김, 동녘 출판사, 1984년 19쪽. 〈항일 저항 아리랑〉은 1930년대 이후 이주를 한 분들이 한 맺 친 사연을 담아 일본 사람들에 대한 분풀이를 노래를 통하여 표현 했다고 한다.

삼천리 강산만 살아 있네

지금은 압록강 건너는 유랑객이오
삼천리 강산도 잃었구나

월강곡 16)

밥 잃고 집 잃은 동포들아
어디로 가야만 좋을까 보랴

아리랑 아리랑 아라리요
아리랑 고개로 넘어 간다.

괴나리 봇짐을 짊어나 지고서
아리랑 고개를 넘어간다.

내 고향 아리랑 총각

(고태우의 연변 아라랑에서)

살림살이 쪼들리어 웃음도 없던
뒤마을 덜먹총각 노래 들으소

16. 현 중국 길림성 도문시 월강촌 지역으로 두만강 건너 온 조선족들의 고향에 대한 그리움의 노래이다.

둥글소 사놓고 아리아리랑
팔간집 지어놓고 아리아리랑

후렴)
아 아리아리아리 얼싸 좋네
아 스리스리스리 절싸 좋네

휘파람도 아리랑 콧노래도 아리랑
아리랑만 흥얼대는 총각되었소

잘 벌어서 잘 살라는 이 좋은 세상
기쁨 절로 웃음 절로 흥타령 절로
테레비 사놓고 아리아리랑
록음기 띄어놓고 아리아리랑

백양나무 가지에서 까치만 우나
그 총각께 하루 건너 경사 있다오
오토바이 사 놓고 아리아리랑

광복군 아리랑 (光復軍 阿里郞) 17)

작가 : 미상

이조왕 말년에 왜 난리 나서

---

17. 일제강점기시대인 1910년대 말부터 1930년대 초에 걸쳐 광활한 중국 땅에서 독립군이 활발하게 활동하던 시기에 불러진 아리랑이다. 중국 만주 등지에서 독립운동을 하던 독립군들이 군가로 부르던 아리랑.'독립군아리랑'이라고도 한다.

이천만 동포들 살길이 없네.
(후렴)

아리 아리랑 쓰리 쓰리랑 아라리요
광복군 아리랑 불러나보세.

일어나 싸우자 총칼을 메고
일제놈 처부숴 조국을 찾자.
(후렴)

내고향 산천아 너 잘 있거라
이네 몸 독립군을 따라가노라.
(후렴)

부모님 처자를 리별하고서
왜놈을 짓부셔 승리한 후에
(후렴)

태극기 휘날려 만세 만만세
승전고 울리며 돌아오리라.
(후렴)

우리네 부모가 날 찾으시면
광복군 갔다고 말 전해 주소.
(후렴)

광풍이 불어요 광풍이 불어요
삼천만 가심에 광풍이 불어요.
(후렴)

바다에 두둥실 떠오는 배는
광복군 싣고서 오시는 배래요.
(후렴)

동실령고개서 북소리 둥둥나더니
한양성 복판에 태극기 펄펄 날려요.
(후렴)

광복군 아리랑 [18]

아리 아리랑
쓰리 쓰리랑 아라리오
광복군 아리랑 불러나보세

우리집 부모가 날 찾으시거든
광복군 갔다고 말 전해주오

바다에 두둥실 떠오는 배는
광복군 싣고서 오시는 배요

---

18. 길림성 안도현 지역에서의 또 다른 광복군 아리랑 〈밀양 아리랑〉의 곡에 가사를 붙여 부른 〈광복군 아리랑〉이다. 이 노래는 충청남도 아산 지방에서 널리 전파되었다고 하는데 특 히 광복군 병사들이 훈련 도중 쉴 때에 불렀다고 한다.

두실령 고개서
북소리 두둥 나더니
한양성 복판에서 태극기 날려요.

광복군 아리랑 [19]

우리 집 부모가 날 찾으시거든
광복군에 갔다고 말 전해 주소
(후렴)
아리아리랑 스리스리랑 아라리요
광복군 아리랑 불러나 보세

광풍이 분다네 광풍이 분다네
삼천만 가슴에 광풍이 불어요
(후렴)

바다에 두둥실 떠오는 배는
광복군을 싣고서 오시는 배래요
(후렴)

아리랑 고개서 북소리 둥둥 나더니

---

19. 한국 가요사 (현암사 1992년판 : 박찬호지음, 안동림옮김) '노래에 담긴 민중의 마음' (11p ~ 80p). 위의 한국 가요사는 kgh2516님의 블로그에서 다운받음. 조선 민족의 해방과 일제의 패망을 예상하고 부른 노래가 있다. 밝고 경쾌한 템포의 가사와 곡은 쾌활하고 또 승리의 노래. 〈밀양 아리랑〉의 곡에 가사를 붙여 부른 〈광복군 아리랑〉이다. 노래 자체가 씩씩해서 밀양 출신인 조선의용대 2인자 윤세주(尹世胄)가 사기를 북돋우고 사명감을 불러일으키기 위해 밀양아리랑 곡조에 군가로 개사한 가사를 붙여 노래로 보급시킨 것이라는 설도 있다.

한양성 복판에 태극기 펄펄 날리네

(후렴)

독립군 아리랑 [20]

(전렴)

아리아리 스리스리 아라리가 났네

독립군 아리랑 불러보세

내 고향 산천아 너 잘 있거라

이내 몸 독립군 떠나를 간다.

(전렴)

태극기 휘날려 만세 만만세

승전고 울리며 돌아오리라

(전렴)

일어나 싸우자 총칼을 메고

일제놈 쳐 부숴 조국을 찾자

독립 아리랑 [21]

인천 제물포 살기는 좋아도

왜놈의 등살에 못살겠네.

(후렴)

아리랑 아리랑 아라리요

아리랑 고개를 넘어 간다

일본 대판이 얼마나 좋아서

꽃같은 나를 두고 연락선 탔는가.

(후렴)

산천초목은 의구(依舊)한데

이 땅의 주인은 어데갔나.

(후렴)

풍년 들어도 먹을게 없어

북국의 벌판을 찾아 갔나.

(후렴)

논밭은 헐어서 신작로 되고

집은 헐어서 정거장 된다.

(후렴)

말깨나 하는놈 감옥소 가고

일깨나 하는놈 북망산 간다.

(후렴)

---

20. 가사는 1999년 10월 '한민족아리랑연합회'가 강원도 정선에서 개최한 99' 한민족아리랑제전에서 중국 연변대학교 교수 박창묵이 발표한 논문 〈중국 조선족과 아리랑〉에서 인용한 것이다. 차병걸(흑룡강성 상지시)은 이 아리랑을 1980년 옛 소련(지금의 러시아)에서 중국으로 돌아왔을 무렵에 당시 81세 된 오병률에게서 배웠다고 한다.
21. 일제 강점기 캄캄한 어둠의 시대에는 남녀의 연정보다 민족의 '자유' '해방' '독립'이 더 절실한 아리랑이었다. 한국인들은 일제 침략자들을 아리랑으로 풍자, 비판, 저항하고 민족의 '자유' '해방' '독립'을 아리랑으로 노래 하였다.

새 아리랑 [22]

아리랑 아리랑 아라리오
아리랑 고개로 넘어가거라

쪽바가지 차고서 넘던 고개
기쁨의 웃음 짓고 돌아들 오네

아리랑 아리랑 아라리오
아리랑 고개로 넘어가거라

삼천리 강산에 나팔소리
이 강산 딸덩이가 꽃밭이 되네

신아리랑 [23]

(전렴)
아리랑 아리랑 아라리요
넘어가 넘어가 너어가거라
아리랑 고개로 넘어가거라

쪽박을 차고 넘던 고개
기쁨의 웃음 띠고 돌아들 오네

---

22. 조선 의용군들과 항일운동 전사들의 승리의 아리랑
23. 출처 미상, 조선족 구전민요(하권) 리용득 수집 정리, 민족출판사 268. 일주일 내내 일본 군대에 대한 원망의 노래.

(전렴)

숨 잘쉬는 백두산 줄기
피여서 만발한 무궁화라네

(전렴)

삼천리에 나팔소리
이 강산 땅덩이 꽃밭이 되네

신 아리랑[24)]

아리랑 아리랑 아라리요
아리랑 고개로 넘어간다.
나를 버리고 가시는 님은
십리도 못가서 발병난다.

아리랑 아리랑 아라리요
아리랑 고개로 넘어간다.
나를 데리고 가시는 님은
백리를 가도 날아서 간다.

(또 다른 신 아리랑)

아버지 어머니 어서 오소

24. 일제 강점기에 변형 작사된 '신 아리랑'이다.

북간도 발판이 좋다더라

기쁨의 아리랑 [25)]

울며 넘던 피눈물의 아리랑 고개
한번 가면 소식 없던 탄식의 고개
엎어지고 좇겨서 흘러가더니
기쁨 싣고 떼를 지어 뛰어넘어오네
후렴)
어서 넘어라 어서 넘어라 에헤헤
기쁨 싣고 돌아오는 아리랑 고개

꽃도 지고 잎도 졌던 아리랑 고개
우리 부모 뼈를 묻은 무덤의 고개
막대 끌고 돌아보며 흘러가더니
원쑤 갚고 떼를 지어 뛰넘어오네
(후렴)

붉게붉게 무궁화 핀 아리랑 고개
웃음소리 터져나는 승리의 고개
원쑤 피로 삼천리에 땅을 걸구나
보금자리 취세우려 뛰넘어오네
(후렴)

25. 일제가 물건간 후 승리의 회열을 담은 아리랑이 나왔다. 민요풍으로 새로운 아리랑이다. 가사나 곡조가 조금 빨라졌다. 흑룡강성 연수현 조선족 100년사. 민족출판사. 2004. 222P

태극기 휘날리는 아리랑 고개
고향 산천 찾아 넘는 기쁨의 노래
다시 오마 맹세하고 떠나간 사람
새 나라의 살림꾼이 뛰넘어오네
(후렴)

곡산 아리랑 [26)]

우제강 창 / 김태갑 수집

아리랑 아리랑 아라리요
아리랑 고개로 넘어간다
나를 버리고 가시는 님은
십리도 못가서 발병난다

아리랑 아리랑 아라리요
아리랑 고개로 넘어간다
어깨너머는 숙고사댕기
일광문안에서 날 흘려낸다

아리랑 아리랑 아라리요
아리랑 고개로 넘어간다
오동복판은 거문곤데
님으나 유정이 완연하지

26. 해방전 민요선집 (주필:최삼명, 민족출판사, 2013년 9월 북경 1차 인쇄, 529p)

아리랑 아리랑 아라리요
아리랑 고개로 넘어간다
아리랑 고개다 정거장 짓고
넘어갈적 넘어올적 만나보자.

평안 아리랑 [27]

송옥주　창 / 이황훈 채보

에~ 우리 댁에서 서방님이 잘났던지 못났던지
암팍 등곱새 팔은 곰배팔 자리전 등다리
칠푼짜리 불갱이를 짚고 물고마다 돌아다니며
병든 까마귀 물전에 돌듯이 빌빌 돌아다닌다
아리랑 아리랑 아라리가 났네
아리 아리랑 고개 저쪽에 나를 넘겨주소

우리 딸 복내기 연지찍고 분바르고
명주수건 손에 들고 헤라 산천구경 간다
아리랑 아리랑 아라리가 났네
아리 아리랑 고개 저쪽에 나를 넘겨주소

---

27. 해방 전 민요선집 (주필:최삼명, 민족출판사, 2013년 9월 북경 1차 인쇄, 534p)

새 아리랑(1) [28)]

리현규 창 / 김태갑 수집

이 뒤동산 등곱은 나무
가리매 가지로 다 날아난다
아리아리랑 스리스리랑 아라리요
아리랑 고개로 넘어간다

이 뒤동산 할미꽃은
늙으나 젊으나 백발이로구나
아리아리랑 스리스리랑 아라리요
아리랑 고개로 넘어간다

이 앞강에 뜨는 배는
우리 집 정든님을 실은 배란다
아리아리랑 스리스리랑 아라리요
아리랑 고개로 넘어간다

인제 가면 언제나 오겠나
오마나 한날을 정쿠나 가렴아
아리아리랑 스리스리랑 아라리요
아리랑 고개로 넘어간다

---

28. 해방 전 민요선집 (주필:최삼명, 민족출판사, 2013년 9월 북경 1차 인쇄, 535p)

새 아리랑(2) [29]

조종주 창 / 김태갑 수집

아리랑 아리랑 아라리요
아리랑 고개로 넘어간다
부모동생을 다 버리고
아리랑 고개로 돈벌러 간다

아리랑 아리랑 아라리요
아리랑 고개로 넘어간다
메산자 보따리 걸머지고
아리랑 고개로 넘어간다

아리랑 아리랑 아라리요
아리랑 고개로 넘어간다
무산자 누구냐 탄식을 말아
부귀와 빈천은 돌고돈다.

정선 아리랑 [30]

아리용 아리용 아라리요
아리용 고개로 넘어간다
여주 이천 물레방아 쌈지방아

29. 해방 전 민요선집 (주필:최삼명, 민족출판사, 2013년 9월 북경 1차 인쇄, 536p)

허풍선이 궁굴대는 백두산 물줄기 안고
주야장천 사시장철 떠드럭 쿵덕쿵
빙글빙글 뱅글뱅글 도는데
우리나 정든 님은 어델 가사
나를 안고 못도나

아리용 아리용 아라리요
아리용 고개로 넘어간다
심심산천에 썩 들어가서
쓸데없는 바위밑에다
초지 한장 걸어놓구서
아들딸 낳아말라 산제불공 말구서
돈없는 요내 일신 괄세를 말아

아리용 아리용 아라리요
아리용 고개로 넘어간다
백두산이 털썩 주저앉아서
오간데 없어져도 너와 나
맺은 정만은 변치를 말라
열길 절벽바위 벽상에다가
달걀을 붙여다 잡아메듯이
너와 나 맺은 정분 변할소냐

30. 해방 전 민요선집 (주필:최삼명, 민족출판사, 2013년 9월 북경 1차 인쇄, 113p)

제6장 중국 동북에서 태어난 창작 아리랑

1.『장백의 새 아리랑』 창작 아리랑
2.『연변 아리랑』창작 아리랑

중국 조선족의 "아리랑"은 과거에도 현재에도 많은 구전 민요와 달리 그 아리랑의 본질을 민요 속에서 새 모습으로 변화와 발전이 함께 어우러져 수많은 조선족의 작사자와 작곡가들이 새로운 "아리랑"을 창작하고 있는데 중국 동북지방에서 한족들의 작사가, 작곡가들까지 "아리랑"에 편곡을 하고 새로운 분야의 "아리랑"을 만들고 있다. 특히 중국 동북지역의 연변조선족자치주 지역에서 새로이 창작된 "아리랑"들을 알아보고, 연변 라디오 텔레비전의 "가요 700수" 중에서 해방 이후의 '아리랑' 이름으로 불리는 민요풍을 정리 해 보았다.

1) "장백의 새 아리랑" 창작 아리랑

작곡가 안계린 선생님의 살아생전에 남긴 글 중에서 "장백의 새 아리랑 탄생"의 비화의 내용입니다.[1)]

내가 중국 조선족 음악가 중에서 자주 접하는 분 중에서 한분이지만 저번(2014년 봄) 만나본 이후 7월에 돌아가신 뒤 더욱 조선족의 예술인과 전통을 지키는 분들을 만나고 기록을 남기고 싶어졌다. 하지만 연구자도 아닌 제가 조선족의 민속과 민요를 채보하는 일은 그리 쉽지가 않다.

지금까지 해온 일이라곤 방송 일이기 때문에 카메라로 녹음을 하고 악보를 얻는 것이 할 수 있는 일이라고 생각 하지만 안계린 선생님과는 집을 오고 가는 관계이다 보니 돌아가신 전에 한번 이라도 찾아뵙지 못한 마음이다. 어렸을 때 내가 살던 동네에서는 가끔 어

1. 안계린(1939년 11월 19일 평안북도 용천군 출생. 2014년 7월 12일 연길시 사망.) 1962년 길림예술전문학교 작곡학부 졸업. 연변판소리연구서 설립. 국가1급작곡가, 500 여편의 가곡과 수십 편 의 무용곡, 기악곡 외에도 10여 편의 조선족구연음악을 창작. 주요 작품으로 가요 "고향길", "장백의 새 아리랑"-국가급 창작상 수상. "동동타령", "고운 새 날아옌다", "양산도", "민요개편"-94 광서국제민가제에서 10대 민가 금곡상 수상. 무용곡 "유쾌한 일터", "다음이 춤"-국가급 창작상 수상. 작곡집 "장백의 새 아리랑", 대형음악총서 "음악지식"(공저), 평론 "사회주의 문예백화원에 우리 민요의 꽃을 피우자"(공저) 등등 많은 저서를 펴냈음.

른들이 술상을 벌리고 오락 활동들이 많았는데 어른들이 즐겨 부르는 곡들은 모두 우리민족의 고유한 전통 민요였다. 주민들은 보통 한 개 곡을 서로 주고받고 하며 부르거나 한 사람이 메기면 여러 사람이 받으면서 부르는 남도 민요의 최고조를 이룬다. 어릴 적을 회상해 보면 육자배기가 주류를 지역이지만 저의 동네에서는 어르신들은 "장타령"을 잘 불렀다. 어릴 때부터 전통민요에 따라 부른 것부터 중국 조선족 촌을 찾아서 취재 하면서 조선족 민요풍격을 세우는데 좋은 밑거름으로 된 것 같다.

전통 민요에서 음악 동기를 찾아 떠나면 연변의 전통과 신빈현의 음악인들이 제일 많이 부르고 있는 것을 느낄 수 있다. 안계린 선생님은 연길시조선족예술단이 설립을 발표하고 제1차 공연준비에 바쁠 때 였다. 한국의 "정선아리랑"을 연구하다가 이 민요의 앞부분 아리랑에서 묘한 음의 반복을 찾았다. 즉 '강원도 금강산 일만이천봉 팔만구암자……' 에서 보면 '강원도 금강산' 석자로 반복했고, '일만이천봉 팔만구암자' 는 다섯자, 다섯자로 반복함으로써 음악의 예술적 규칙성을 발견했다. 그래서 '장백산 마루에 둥실 해뜨니 푸르른 임해는' 이란 시구로 시작하는 "장백의 새 아리랑"이란 제목의 가사를 써 줄 것을 최현 선생에게 요구했는데 마침 최현선생이 흔쾌히 허락하여 오늘의 "장백의 새 아리랑"가사와 함께 곡이 완성 되었다.

이 곡은 젊은 가수 김재분양이 불러 바로 좋은 인기를 끓었을 뿐 아니라 다음해인 1983년에는 중국 전국 "민족단결가요응모"에서 2등상을 받았고, 짚고 넘어갈 것이 있다. 내가 곡을 다 쓴 후 김재분양에게 곡을 배워 줄 때였다. 김재분은 '아리아리랑 스리스리랑' 부분을 따라 배울 때 연속 네 번이나 한 음을 틀리게 불렀다. 나는 그의 틀리게 부르는 것을 고쳐 주다 말고 다시 생각해 보니 그가(가수) 틀리게 부른 것이 오히려 더 자연스러운 것을 느끼고 즉석에서 고치고 김재분양이 부른 대로 오늘의 곡이 더 완성 됐다. 작곡가는 시시각각 대중의 의견을 귀담아 듣기 좋아하는 습관을 가지는 것은 마치 창작의 보조영양제를 먹는 것과 같다는 느낌이 든다.

개인적으로 1년에 4~5번 정도 만나 뵙고, 불편한 몸을 이끌고 직접 "장백의 새 아리랑"을 불러준 생각이 난다.

고 안계린 선생님(2013년, 연길 집에서)

라 라 라라라라라라
라 라 라라라라라라
라 라 라라라라라라
라 라라라라라라라
우리네자 랑 일 세
우리네자 랑 일 세
아리아리스리스리아라리가났네 장 백 산
은 (음) (음) (음)
우 리 네 자 랑 일 세

2) "연변 아리랑" 창작 아리랑

아래에는 작곡가 김봉관 선생님의 창작담을 정리하였다.

중국 조선족 연변조선족자치주에서 조선족의 민요를 채보 다닌 분 중에서 초창기는 막내였으며, 현재는 유일하게 살아계신 분이다.

1990년대에 들어서면서 유엔에서 중국의 연변지역, 러시아의 블라디보스토크 지역, 북한의 함경북도 라진, 선봉지역을 포함한 두만강 지역 국 합작개발에 박차를 가하였다. 중국사회가 전면적인 개방에로 접어들면서 1992년 3월 국무원에서는 길림성 훈춘시, 흑룡강성 수분하시, 흑하, 내몽고자치구 만주리를 개방도시로 결정하면서 연변의 개혁개방도 더욱 깊이 있게 발전하기 시작하였다. 길림성내 최대 육상통상구로의 도문에서는 도문을 널리 홍보하기 위한 일환으로 가요응모활동을 전개하면서 가요창작학습반을 꾸렸는데 김학송이 쓴 가사 "연변 아리랑"이 나왔다.

다음은 가사를 어디에 설정하는 문제였다. 지난날의 "아리랑고개"는 고난의 고개, 한숨의 고개, 피눈물의 고개, 원한의 고개였다.

오늘과 현재는 시대가 바뀌었고 중국 국민들이 나라의 주인이 되고 개혁개방이 깊이 있게 발전 되면서 연변은 세계로 나가는 중요지역으로 부상되기에 오늘의 "아리랑고개"는 희망의 고개, 웃음의 고개, 행복의 고개, 성공의 고개로 불리기에 이곳 연변 조선족자치구의 지역을 설정하는 것이 아주 적절하다고 느끼었다. 작곡가 김봉관은 당시 도문시가무단에 내려와 성악배우들의 기술제고를 지도하고 있던 연변가무단의 성악가 임성호의 지도를 받기로 하였다.

작곡가 임성호는 작품을 보자 "연변아리랑"[2]이라는 제목과 가사, 그리고 노래의 기본 선율이 새로운 인상을 주면서 "연변아리랑"은 잘 고쳐볼 여지가 있는 좋은 작품으로 성악가들의 기량을 발휘 할 수 있게 예술성을 가미하려는 의욕이 생겼다. 여러모로 많은 노력을 하며 머리를 써서 원곡의 기초에서 노래의 시작의 초반부분과 마지막의 부분을 만들면서 전체의 곡을 다듬어 앞에서 우리 민족음악을 기초로 서양음악을 유기적으로 결합시켜 성악가들이 즐겨 부르는 차원 높은 가요로 창조 되었다.

노래는 창작된 그해 연변조선족자치주 창립 40돐[3]을 기념하여 펼쳐진 제3회 『연변의 여름』예술절 무대에 연변가무단에서 가수 임경진의 초연으로 출연하여 작품과 가수가 모두 수상을 하였다. 향후 작품은 가수들의 성악기량을 연마하는 좋은 교재로 사랑을 받았

2. "연변아리랑" 작사/김학송 작곡/김봉관,임성호 편곡/박위철, 1992년 도문에서 창작, 2003년 연길 에서 수개. 김봉관, 편저로1465쪽에 달하는《중국조선족민간음악집》은 우리 조선족의 민간음악을 집대성, 민요(로동요), 서정세태요, 서사요, 풍속의식요, 신민요 및 민요풍의 가요, 구전동요, 시조, 판소리 단편, 배뱅이굿, 창작판소리, 항일가요 등으로 세분해 1050수의 민간음악작품을 수록하였다.
3. 연변조선족자치주(延邊朝鮮族自治州) 1952년 9월 3일에 성립, 6개시 2개현(延吉市, 훈春시, 圖門市, 敦化市, 龍井市, 和龍市, 安圖縣과 王淸縣)을 포함하며 자치주정부 소재지는 연길시이다.

으며 연변가무단의 가수 안영란이 2002년 문화부에서 주최한 『할빈의 여름』 성악콩쿠르에서 불러서 작품이 우수 창작상을 수상했다. 2004년에는 가수 임향숙, 박춘희, 허령 등이 이 노래를 가지고 중앙 텔레비전 방송국에서 주최하는 성악콩쿠르 에 참가하였다. 이듬해 2005년 가수 허령은 전국성악콩쿠르에서 역시 『연변아리랑』을 불러서 금상을 수상했다.

노래가 일반적으로 성악곡에서는 악기의 반주로 이 부분을 담당하고 있지만 노래에서는 아름답고 서정적이며 폭이 넓은 노래로 가사에 있듯이 아주 높은 곳에서 장백산천지에서 흘러내리는 물이 금 삼각지대[4]를 지나 바다로 흘러드는 것을 내려다보는듯한 음악형상으로 명확하게 노래의 조식(曺植), 조성(造成), 정서(情緖)등을 표현하여 노래의 내용과 주제를 이끌어내는 작용을 하였다. 이어서 전주(B재료)가 있고 본 내용이 출현하는데 일반적으로 다른 가요에서 볼 수 없었던 참신하고 민족색채가 짙은 주제(A재료)가 나타난다. 노래에서는 주제의 음형을 계속 발전시키고 B부분에서는 자연구절로 변하면서 주제의 기본음형을 보존한다. 후렴(B재료)이 나오면서 가사가 형성하고 지역 명(B재료)이 출현하여 변강 중국인민들의 희망과 지향이 저 하늘 끝까지 높이 높게 날개가 날아가는 듯 한 정열로 끓어 넘치면서 결속된다.

전곡은 아름답고도 서정적이며 열렬한 진행으로 개혁개방의 새 단계를 맞이한 연변인민의 낙천적인 희열을 충분히 표현하였다. 노래에서 앞부분의 음악이 여러 번 반복적으로 나타나면서 "아리랑"이란 상징적이며 면서 독특한 민족적정취로 새로운 희망을 꿈꾸며 분발하는 연변인민의 미래 지향적인 정신세계를 충분히 표현하여 새 시기의 새 "아리랑"이다.

---

4. 중국에서 훈춘시는 유일하게 북한, 중국, 러시아 3국 변경에 위치한 도시이다

연변아리랑

김학송 작사
김봉관,림성호 작곡
아름답고, 서정적으로
천천히
장 백 산 천 지 에 서 쏟 아 지 는
물 이 금 상 각 나 래 펼 친
먼 바 다 로 흐 르 오 바 다 로 흐 르 오
하 얀 집 하 얀 마 을 감 돌 아 출 렁
그 옛 날 쪽 박 차 고 울 고 넘 던 고 개

1992년 도문에서창작
2003년 연길에서수개

새아리랑

민요풍으로

채택룡 작사
허세록 작곡

f
아 리 랑 아 리 랑 아 라 리 요
아 리 랑 아 리 랑 아 라 리 요

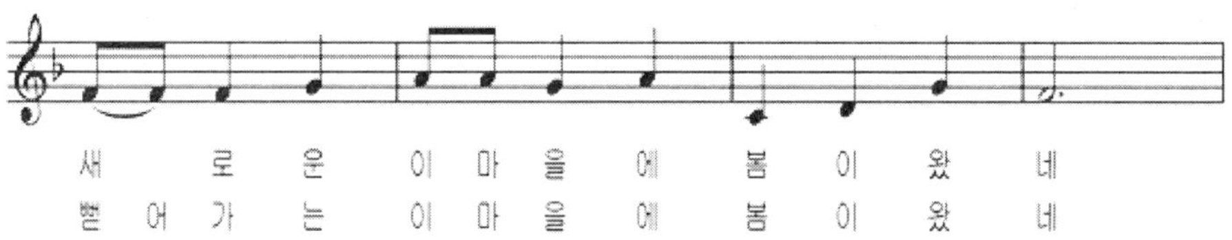
새 로 운 이 마 을 에 봄 이 왔 네
뻗 어 가 는 이 마 을 에 봄 이 왔 네

보 슬 비 내 리 여 땅 이 녹 고
희 망 이 넘 치 는 넓 은 들 에

풍 기 는 흙 냄 새 구 수 하 다
거 름 내 는 우 마 차 오 가 누 나

뻐 꾹 뻐 꾹 뻐 뻐 꾹 뻐 꾹 뻐 꾹 뻐 뻐 꾹 뻐 꾹 새 밭 갈 이 재 촉 한 다
음 매 음 매 음 매 음 매 음 매 음 매 어 미 소 송 아 지 부 른 다

눈물의 아리랑

고송숙 작사
송은룡 작곡
♩=60
언제나 웃음만 안겨 주던그 대 여 활짝핀 꽃마냥
눈물에 젖어든 손수 건을만 지 며 님울고 나울고
향기 도 많 았 네 리별없 이 함께 살 자
사랑 도 울고 있 네 떠 나 는 리별 앞 에
맹 세 도 했 는 데 맹세 도 했 는 데 이국타 향
무 슨 말을할 가 요 무슨 말을할 까 요 찢어지 는
떠나는 길 에 사랑을울리 네 (후렴)아 리 랑
두가슴 마 다 비물에떨고 있 네
아라 리 요 닝이여가질 말아 요 나홀로 부르는
눈 물이아 리 랑 눈 물 의 아 리 랑
아 리 랑

아리랑인생
김동환.강춘 작사
오미란 작곡
쪽박차고 살길찾아 떠나며 불렀네 아리랑 아리랑 아라리요
타향만리 꿈이루러 떠나며 부르네 아리랑 아리랑 아라리요
아리랑 인생길 아리랑 인생길 떠나네
아리랑 인생길 아리랑 인생길 떠나네
농사지어 잘 살아 잘살아보련다
꿈이루어 잘 살아 잘살아보련다
아리랑인생 열두고개 넘더라도
아리랑인생 열두고개 넘더라도
잘살거야 너나 없이 아리랑인생
잘살거야 너도 나도 아리랑인생
우리인생 아리랑에 실렸나봐
우리인생 아리랑에 실렸나봐

동녕아리랑
김창희 자가
문경택 작곡
흥겹게
아리랑스리랑아 라리요 동녕아리랑스리랑 대봉산고개로넘어 간다
아리랑스리랑아 라리요 동녕아리랑스리랑 대봉산고개로넘아 간다
동 녕아리랑스 리랑 탐 스 런사 과배 주 렁주 렁
동 녕아리랑스 리랑 내 고 향참 버섯 소 문나 서
북국의강남을자 랑하 네 동 녕아 리랑 아 리 랑
집집에돈뭉치굴 러드 네 동 녕아 리랑 아 리 랑
아 리스 리랑 아리랑스리랑동 녕아 라 리 요
아 리스 리랑 아리랑스리랑동 녕아 라 리 요
방 치 로 황 어 를 잠 아 내 니 세 상 에 이 멋 이 어 디 있 나
세 관 을 나 드 는 장 사 군 들 천 하 의 도 화 원 여 기 라 네
아 리 랑 스 리 랑 아 라 리 요 동 녕 아 리 랑
아 리 랑 스 리 랑 아 라 리 요 동 녕 아 리 랑

술 한잔 아리랑

김성욱 작사
리광윤 작곡

아 리 랑 아 리 랑 한 술 잔 아 리 랑
아 리 랑 아 리 랑 한 술 잔 아 리 랑

두 리 나 두 리 상 두 리 두 리 모 여 서 권 커 니
두 리 나 두 리 상 두 리 두 리 모 여 서 네 한 잔

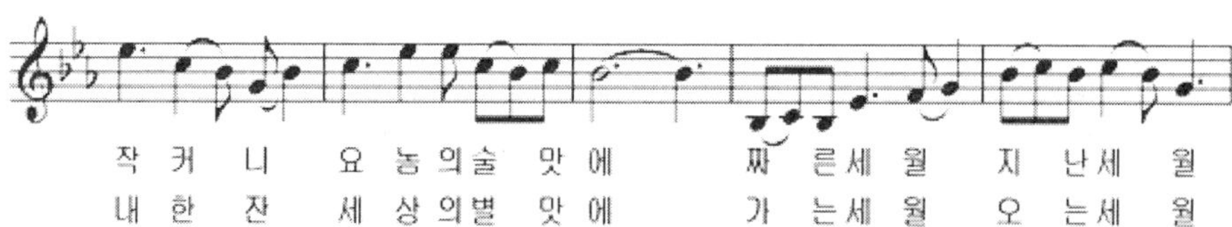
작 커 니 요 놈 의 술 맛 에 짜 른 세 월 지 난 세 월
내 한 잔 세 상 의 별 맛 에 가 는 세 월 오 는 세 월

후 회 를 말 아 라 아 리 랑 아 리 랑 아 라 리
행 복 의 술 한 잔

요 고 개 고 개 넘 어 간 다 술 한 잔 아 리 랑

신아리랑

김학송 작사
리철수 작곡

간 다간 다 넘 어간 다 간 다간 다넘 어간 다
간 다간 다 넘 어간 다 간 다간 다넘 어같 다

두 리 나 두 리 상 두 리두 리모 여 서 권 커 니
두 리 나 두 리 상 두 리두 리모 여 서 네 한 잔

작 커 니 요 놈의술 맛 에 짜 른세 월 지 난세 월
내 한 잔 세 상의별 맛 에 가 는세 월 오 는세 월

후 회를말 아 라 아 리 랑 아 리 랑 아 라 리
행 복의술 한 잔

요 고 개고 개 넘 어간 다 술 한 잔아 리 랑

아리랑 꽃타령

최 건 작사
림만호 작곡
방 실 방 실 장 미 꽃 대 롱 대 롱 초 롱 꽃
길 가 에 는 목 란 꽃 뜨 락 에 는 보 선 화
송 이 송 이 국 화 꽃 남 실 남 실 란 초 꽃
창 가 에 는 백 일 홍 꽃 집 집 마 다 월 계 화
아 름 다 운 장 미 꽃 사 랑 의 꽃 이 여
아 름 다 운 목 란 꽃 기 쁨 의 꽃 이 여
향 기 로 운 국 화 꽃 행 복 의 꽃 이 요
향 기 로 운 월 계 화 마 음 의 꽃 이 요
아 리 랑 스 리 랑 아 리 스 리 요 아 리 랑
꽃 타 령 절 로 나 네 아 리 랑 꽃 타 령
Coda

어머니 아리랑
(한국)황금찬 작사
(중국)최삼영 작곡
(중국)마복자 노래
아리랑 아리랑 아라리 요 아리랑 고 개 로 넘겨 주 소
아리아리랑 스리스리랑 넘 겨 주 소
어머님이 따오신 진 달래꽃을 입 술이
푸르도록 먹 어 도 배가고파 엄마를 부 르 면 어머니는
눈 물 로 아리랑을 불 렀 지 청 청 하늘엔 별도많
(간주)
고 우리네 살림에 가 난도많 지
rit.
아리랑 아 리랑 아 라 리
요 아리랑 고 개를 넘 어 간 다 아무리 가난해도 탄 식을말
아 부귀와 영화는 돌 고 돈 단 다 아리랑 아 리 랑
아 라 리 요 아리랑 고 개 로 넘 어간 다
넘 어간 다 넘 어간 다

아리랑소녀

김학송 작사
김동하 작곡

나 는 야 아 리 랑 소 녀 곱 게 핀 진 달 래
나 는 야 아 리 랑 소 녀 아 름 다 운 백 도 라 지

연 분 홍 치 마 자 락 날 리 며 웃 음 짓 네
앞 산 에 뒤 동 산 에 뿌 리 박 고 살 아 가 네

장 백 산 천 지 물 에 살 짝 살 짝 쿵 미 역 감 고
두 만 강 에 고 운 마 음 살 짝 살 짝 쿵 풀 어 놓 고

구 름 밖 에 하 늘 밖 에 푸 른 꿈 펼 치
하 얀 배 꽃 하 얀 마 음 푸 른 꿈 펼 쳐

네 아 리 랑 아 라 리 요 아 리 랑
네 아 리 랑 아 라 리 요 아 리 랑

열 두 고 개 넘 어 넘 어 간 다
열 두 고 개 넘 어 넘 어 간 다

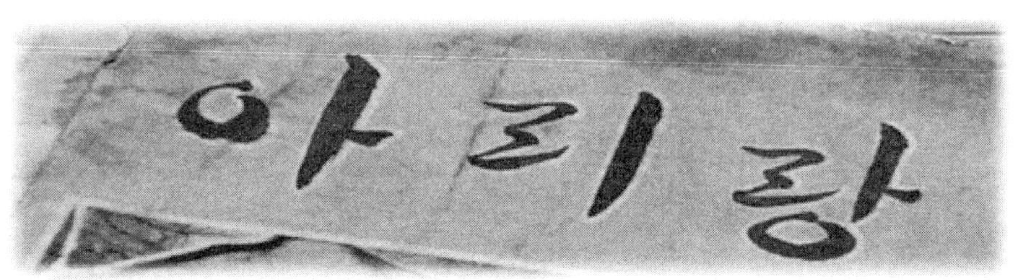

우리의 아리랑

조일권 작사
박광춘 작곡

동 방 에솟는해 백년 설을 비 추 고 우 리 의 꿈속 에
너 와 나어울려 푸른 꿈을 이 루 고 헤 뜨 는 동방 에
새삶이출렁 이 네 세 월 이흘러 도 변 함 없는 하 얀 꿈 아
천년꿈싣고 가 네 세 월 이흘러 도 변 함 없는 하 얀 빛 아
리 랑 가 락속 에 천만년빛내 가 네 아 리 랑 우리의
리 랑 가 락속 에 천만년빛내 가 네
아리랑 동 방 에 솟 는해 아 리 랑 아 리 랑
영 원 한 아 리 랑 동 방
에 솟 는해 아 리 랑

타향의 아리랑
황철청 작사
성기화 작곡
달빛도외 로 운 창가 에 기대 여 저 멀리고향하늘
낯설은거 리 의 가로 구 밑에 서 떠오르는아침 해를
바라보 면 건너집아 낙 네 구슬 픈 노래소리
바라보 면 길걷는나 그 네 휘여 진 잔등 에
처마밑에창 새도 장옷이 루 네
바람따라락 엽이 흐느끼 네
그 리움에 지 쳐 도 슬 픔에지 쳐
괴 로움에 지 쳐 도 고달픔에지 쳐
도 가고가 는 아 리 랑 열
도 넘고넘 는 아 리 랑 열
두 고 개 를 아리 랑
두 고 개 를 아리 랑
결속구
D.C

해변의 아리랑

허강일 작사
박일송,김혜자 작곡

밀려오는 파도에 한몸을 싣고
막내아들 손잡고 백사장따라
저멀리 정처없이 가고싶다오
저멀리 정처없이 가고싶다오
구름따라 흘러가면 고향이보일가
이길따라 걸어가면 두만강보일가
갈매기 울음소리 그슬피들리오
백사장 모래우에 망향가적어보네
아리랑 아리랑 해변의아리랑
아리랑 아리랑 해변의아리랑
(후렴)목메이게 불어오는 해변의아리랑
목메이게 불러보는 해변의아리랑 해변의아리랑

늙은 총각 아리랑

전광화 작사
리충모 작곡
석광선 노래

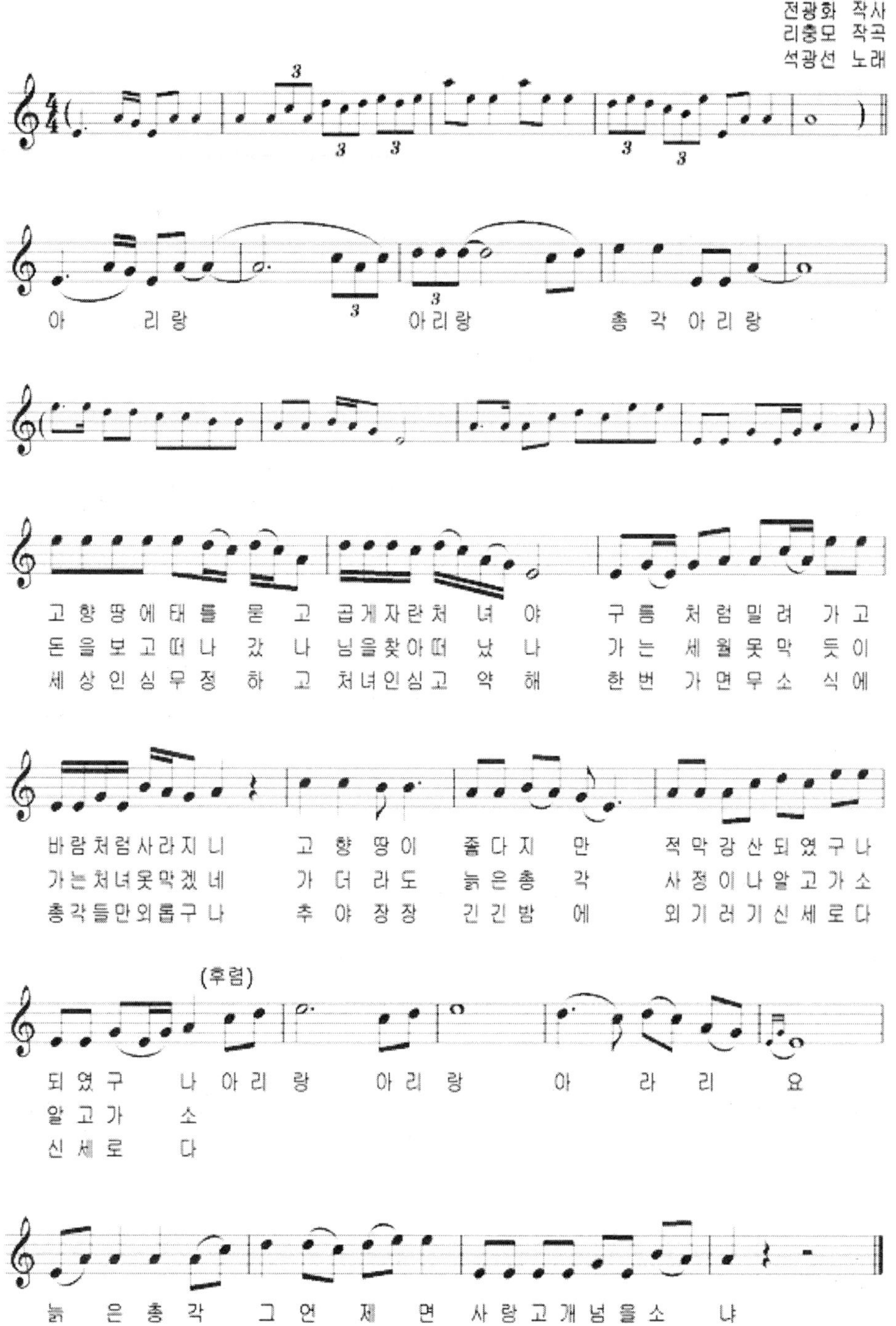
3
3 3
3 3
아 리 랑
3
3
아 리 랑
총 각 아 리 랑
고 향 땅 에 태 를 묻 고 곱 게 자 란 처 녀 야 구 름 처 럼 밀 려 가 고
돈 을 보 고 떠 나 갔 나 님 을 찾 아 떠 났 나 가 는 세 월 못 막 듯 이
세 상 인 심 무 정 하 고 처 녀 인 심 고 약 해 한 번 가 면 무 소 식 에
바 람 처 럼 사 라 지 니 고 향 땅 이 좋 다 지 만 적 막 강 산 되 였 구 나
가 는 처 녀 못 막 겠 네 가 더 라 도 늙 은 총 각 사 정 이 나 알 고 가 소
총 각 들 만 외 롭 구 나 추 야 장 장 긴 긴 밤 에 외 기 러 기 신 세 로 다
(후렴)
되 였 구 나 아 리 랑 아 리 랑 아 라 리 요
알 고 가 소
신 세 로 다
늙 은 총 각 그 언 제 면 사 랑 고 개 넘 을 소 냐

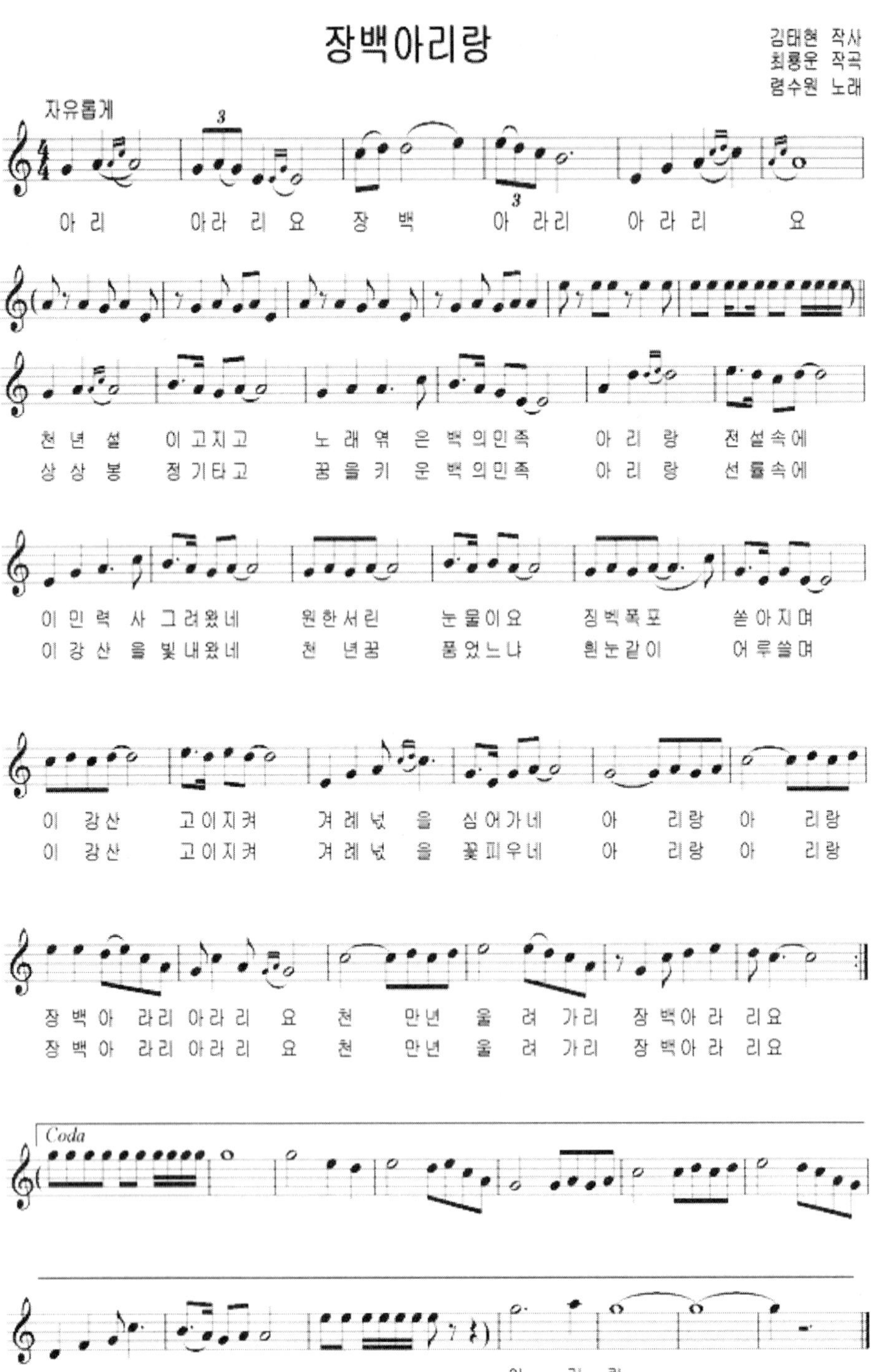
장백아리랑
김태현 작사
최룡운 작곡
렴수원 노래
자유롭게
아리 아라리요 장백 아라리 아라리 요
천년설 이고지고 노래엮은 백의민족 아리랑 전설속에
상상봉 정기타고 꿈을키운 백의민족 아리랑 선률속에
이민력사 그려왔네 원한서린 눈물이요 징벅폭포 쏟아지며
이강산을 빛내왔네 천 년꿈 품었느냐 흰눈같이 어루쓸며
이 강산 고이지켜 겨레넋을 심어가네 아 리랑 아 리랑
이 강산 고이지켜 겨레넋을 꽃피우네 아 리랑 아 리랑
장백아 라리 아라리 요 천 만년 울려 가리 장백아라 리요
장백아 라리 아라리 요 천 만년 울려 가리 장백아라 리요
Coda
아 리 랑

새 연변아리랑
김문희 작사
김동하 작곡
송경철 노래
온 누 리 에 백 두 산 은 웃 음 날 리 고
산 과 들 에 소 와 양 떼 넘 쳐 흐 르 고
고 향 벌 에 두 만 강 은 희 망 심 누 나
축 색 압 쌀 차 돌 같 아 밥 맛 좋 구 나
새 천 년 의 황 금 태 양 남 먼 저 맞 아
수 도 무 대 들 썽 하 게 굴 러 놓 고 서
꽃 펴 나 는 연 변 땅 에 새 세 상 온 다
온 세 상 의 손 님 들 을 맞 아 들 인 다
(후렴) 아 하 아 리 랑 아 라 리 요 아 하
아 아 라 리 요 천 지 개 벽 다 가 오 는 새 연 변 아
리 랑 새 연 변 아 리 랑

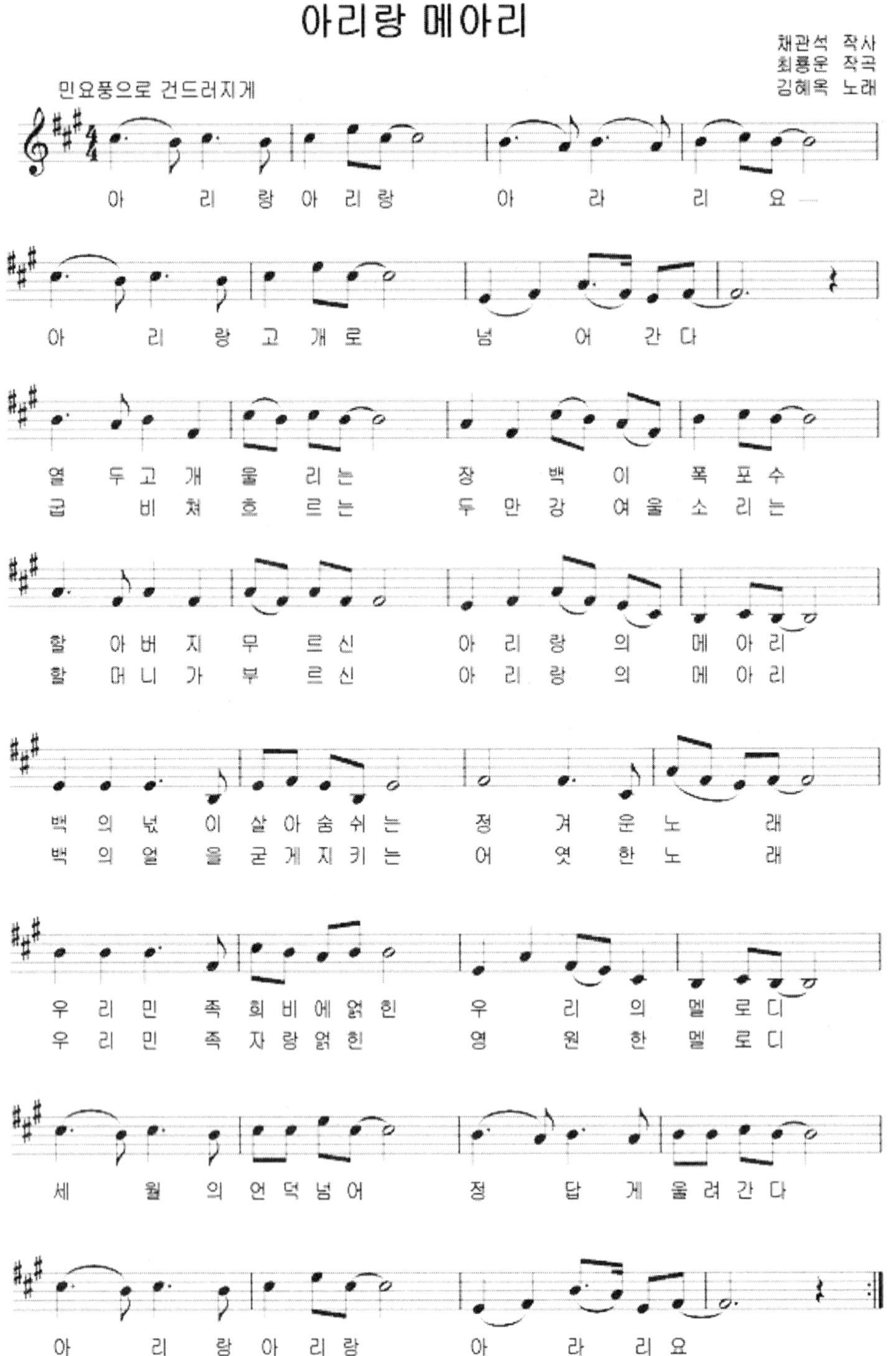
아리랑 메아리
채관석 작사
최룡운 작곡
김혜옥 노래
민요풍으로 건드러지게
아 리 랑 아 리 랑 아 라 리 요
아 리 랑 고 개 로 넘 어 간 다
열 두 고 개 울 리 는 장 백 이 폭 포 수
굽 비 쳐 흐 르 는 두 만 강 여 울 소 리 는
할 아 버 지 무 르 신 아 리 랑 의 메 아 리
할 머 니 가 부 르 신 아 리 랑 의 메 아 리
백 의 넋 이 살 아 숨 쉬 는 정 겨 운 노 래
백 의 얼 을 굳 게 지 키 는 어 엿 한 노 래
우 리 민 족 희 비 에 얽 힌 우 리 의 멜 로 디
우 리 민 족 자 랑 얽 힌 영 원 한 멜 로 디
세 월 의 언 덕 넘 어 정 답 게 울 려 간 다
아 리 랑 아 리 랑 아 라 리 요

아리랑 새 고개
박창길 작사
문승호 작곡
김지협 노래
눈 이 온 다 친 구 야 거 리 에 나 오 라 팔 을
눈 이 온 다 친 구 야 거 리 에 나 오 라 어 깨
벌 여 하 늘 을 껴 안 고 외 쳐 라 마 음
펴 고 당 당 히 활 개 쳐 보 아 라 마 음
의 어 두 움 이 하 얗 게 가 셔 지 고 구 름
의 괴 로 움 을 한 점 한 점 파 묻 으 며 해 솟
낀 얼 굴 에 둥 근 해 가 떠 오 르 리 아
는 얼 굴 로 이 세 상 을 헤 쳐 가 자
아 친 구 야 눈 빛 을 빛 내 라 마 음 잡
고 아 리 랑 새 고 개 넘 어 보 자
D.S
Coda
자 아 리 랑 새 고 개 넘 어 가 보 자

아리랑 세월

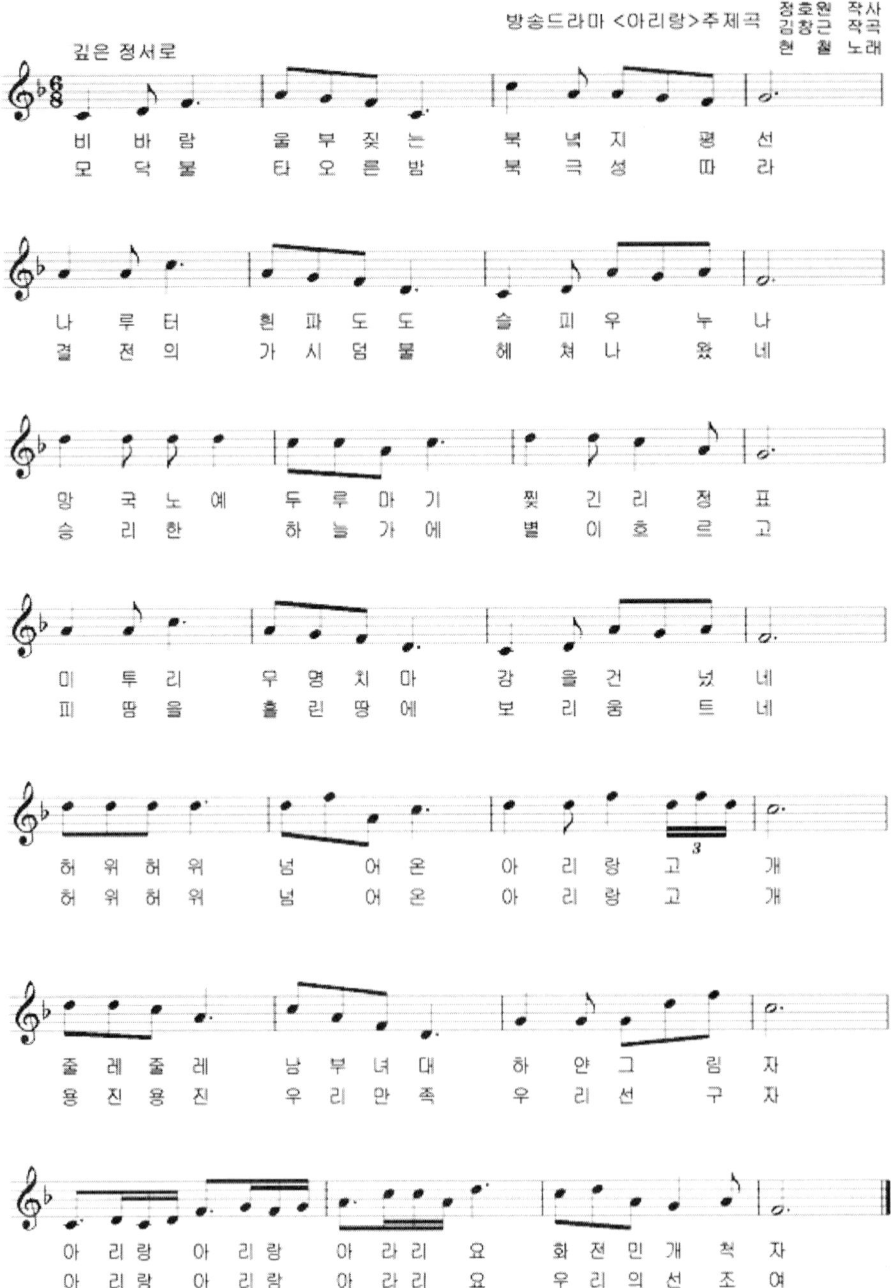

방송드라마 <아리랑>주제곡
정호원 작사
김창근 작곡
현 철 노래
깊은 정서로
비 바 람 울 부 짖 는 북 녘 지 평 선
모 닥 불 타 오 른 밤 북 극 성 따 라
나 루 터 흰 파 도 도 슬 피 우 누 나
결 전 의 가 시 덤 불 헤 쳐 나 왔 네
망 국 노 예 두 루 마 기 찢 긴 리 정 표
승 리 한 하 늘 가 에 별 이 흐 르 고
미 투 리 무 명 치 마 강 을 건 넜 네
피 땅 을 흘 린 땅 에 보 리 움 트 네
허 위 허 위 넘 어 온 아 리 랑 고 개
허 위 허 위 넘 어 온 아 리 랑 고 개
줄 레 줄 레 남 부 녀 대 하 얀 그 림 자
용 진 용 진 우 리 만 족 우 리 선 구 자
아 리 랑 아 리 랑 아 라 리 요 화 전 민 개 척 자
아 리 랑 아 리 랑 아 라 리 요 우 리 의 선 조 여

아리랑 우리노래

김영택 작사
초 산 작곡
리철혁 노래
세 월 과 더 부 러 부 르 고 부 르 는
세 월 과 더 부 러 강 산 이 변 하 여 도
아 리 랑 우 리 노 래 불 러 도 끝 없 어 라
아 리 랑 우 리 노 래 오 늘 도 변 함 없 네
아 리 랑 그 가 락 에 장 상 모 춤 을 추 고
아 리 랑 그 장 단 에 우 리 기 뻠 노 래 하 고
아 리 랑 장 단 맞 춰 우 리 행 복 나 래 하 네
아 리 랑 가 락 맞 춰 우 리 소 망 불 러 가 네
(후렴) 아 리 랑 우 리 노 래
아 리 랑 고 개 를 넘 고 넘 어
지 구 촌 곳 곳 에 서 너 도 나 도
부 르 고 부 르 네

아리랑 처녀

김학송 작사
리규남 작곡

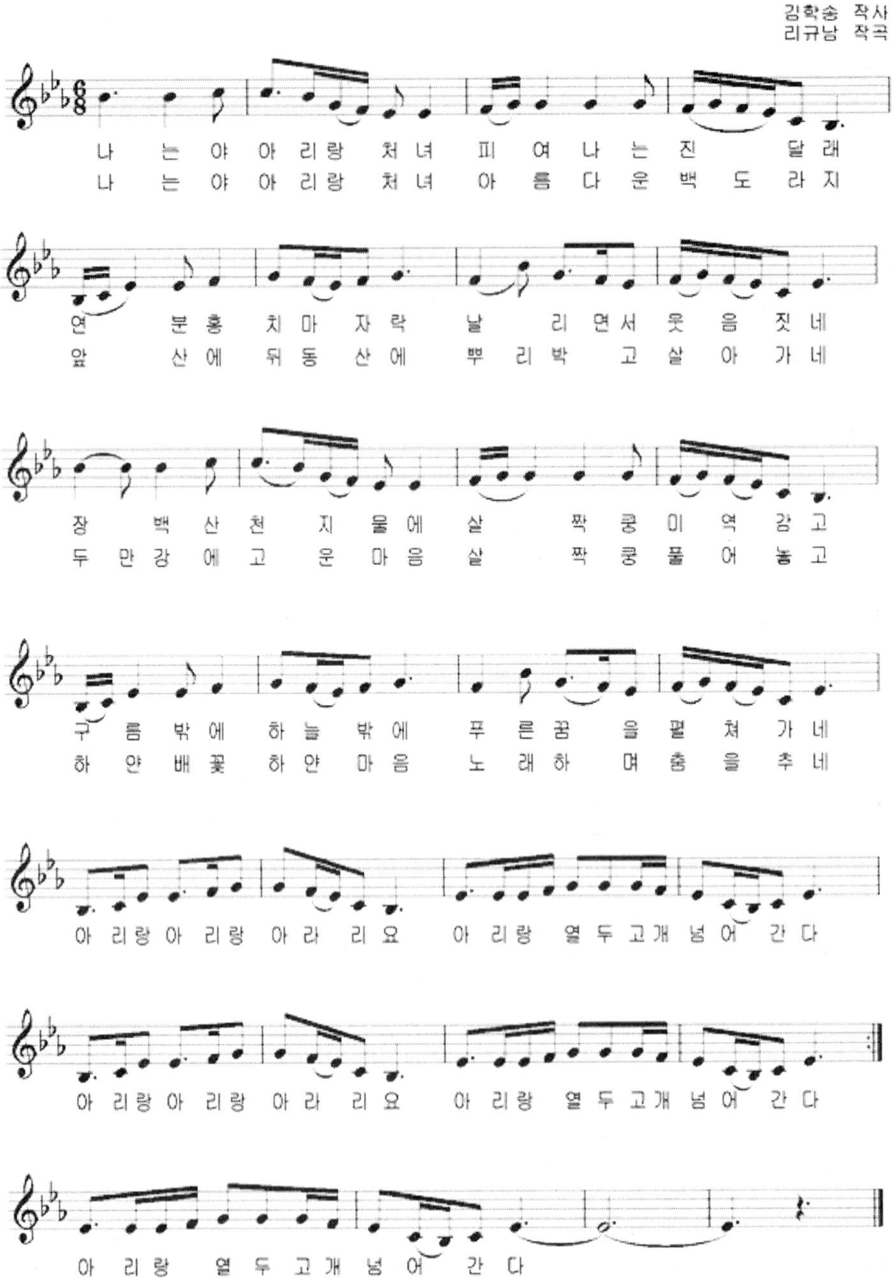
나 는 야 아 리 랑 처 녀 피 여 나 는 진 달 래
나 는 야 아 리 랑 처 녀 아 름 다 운 백 도 라 지
연 분 홍 치 마 자 락 날 리 면 서 웃 음 짓 네
앞 산 에 뒤 동 산 에 뿌 리 박 고 살 아 가 네
장 백 산 천 지 물 에 살 짝 쿵 이 역 강 고
두 만 강 에 고 운 마 음 살 짝 쿵 풀 어 놓 고
구 름 밖 에 하 늘 밖 에 푸 른 꿈 을 펼 쳐 가 네
하 얀 배 꽃 하 얀 마 음 노 래 하 며 춤 을 추 네
아 리 랑 아 리 랑 아 라 리 요 아 리 랑 열 두 고 개 넘 어 간 다
아 리 랑 아 리 랑 아 라 리 요 아 리 랑 열 두 고 개 넘 어 간 다
아 리 랑 열 두 고 개 넘 어 간 다

아리랑 인생
김동환 김춘 작사
오미란 작곡
김순희 노래
쪽 박 차 고 살 길 찾 아 떠 나 며 불 렀 네 아 리 랑 아 리 랑 아 라 리 요
타 향 만 리 꿈 이 루 러 떠 나 며 부 르 네 아 리 랑 아 리 랑 아 라 리 요
아 리 랑 인 생 길 아 리 랑 인 생 길 떠 나 네
아 리 랑 인 생 길 아 리 랑 인 생 길 떠 나 네
농 사 지 어 잘 살 아 잘 살 아 보 련 다
꿈 이 루 어 잘 살 아 잘 살 아 보 련 다
아 리 랑 인 생 열 두 고 개 넘 더 라 도
아 리 랑 인 생 열 두 고 개 넘 더 라 도
잘 살 거 야 너 나 없 이 아 리 랑 인 생
잘 살 거 야 너 도 나 도 아 리 랑 인 생
우 리 인 생 아 리 랑 에 설 렜 나 봐
우 리 인 생 아 리 랑 에 실 렸 나 봐

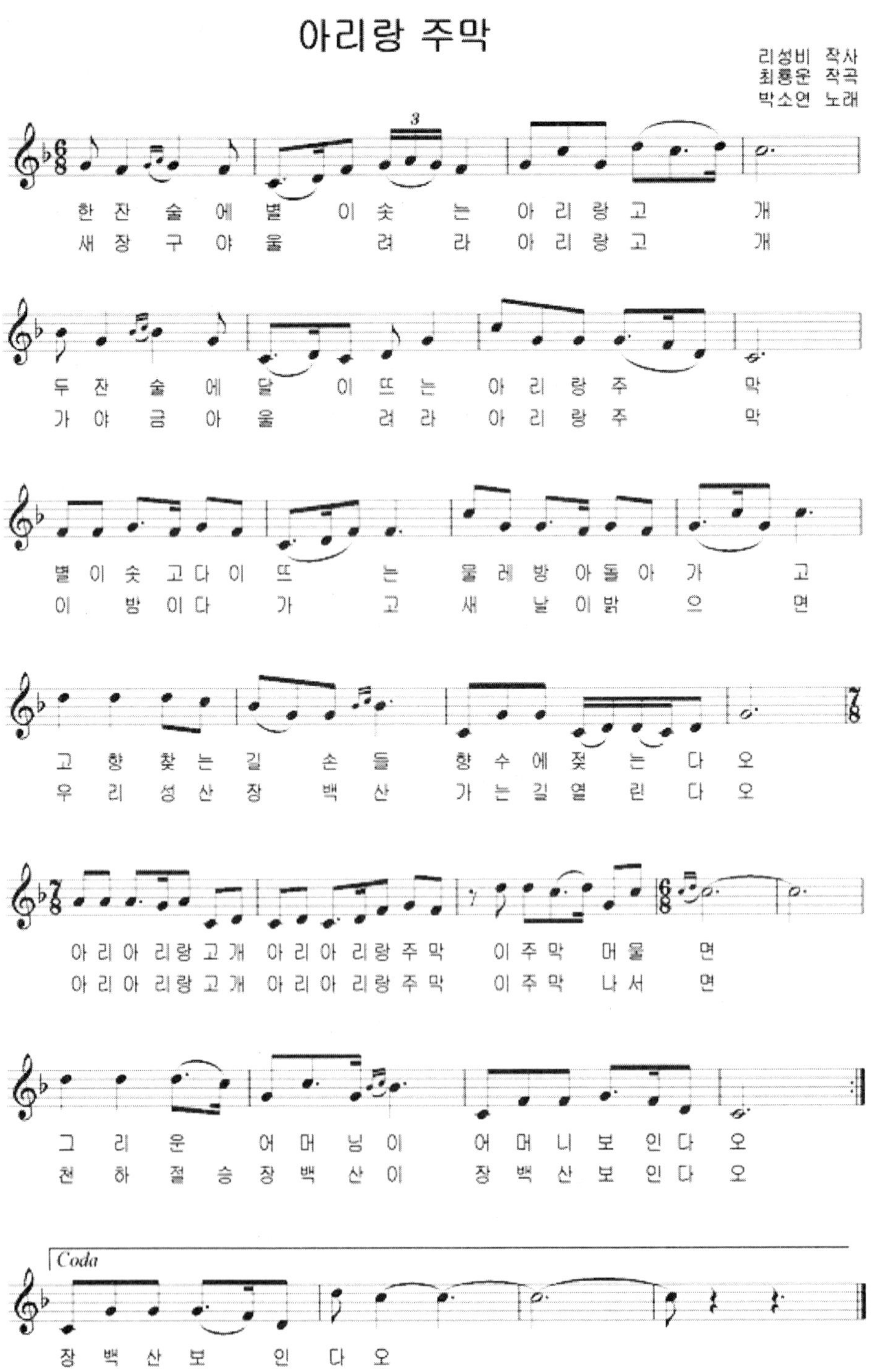
아리랑 주막
리성비 작사
최룡운 작곡
박소연 노래
한 잔 술 에 별 이 솟 는 아 리 랑 고 개
새 장 구 야 울 려 라 아 리 랑 고 개
두 잔 술 에 달 이 뜨 는 아 리 랑 주 막
가 야 금 아 울 려 라 아 리 랑 주 막
별 이 솟 고 다 이 뜨 는 물 레 방 아 돌 아 가 고
이 방 이 다 가 고 새 날 이 밝 으 면
고 향 찾 는 길 손 들 향 수 에 젖 는 다 오
우 리 성 산 장 백 산 가 는 길 열 린 다 오
아 리 아 리 랑 고 개 아 리 아 리 랑 주 막 이 주 막 머 물 면
아 리 아 리 랑 고 개 아 리 아 리 랑 주 막 이 주 막 나 서 면
그 리 운 어 머 님 이 어 머 니 보 인 다 오
천 하 절 승 장 백 산 이 장 백 산 보 인 다 오
Coda
장 백 산 보 인 다 오

타향의 아리랑

황철정 작사
성기화 작곡
구련옥 노래
♩=61
달 빛 도 외 로 운 창 가 에 앉 아 서 저 멀 리 고 향 하 늘
낯 설 은 거 리 의 가 로 수 밑 에 서 떠 오 르 는 아 침 해 를
바 라 보 면 건 너 집 아 낙 네
바 라 보 면 길 걷 는 나 그 네
구 슬 픈 노 래 소 리 처 마 밑 에 창 새 도
휘 여 진 잔 등 에 바 람 따 라 락 엽 이
잠 못 이 루 네 그 리 움 에 지 쳐 도
흐 느 끼 네 괴 로 움 에 지 쳐 도
슬 품 에 지 쳐 도 가 고 가 는 아 리 랑 열
고 달 품 에 지 쳐 도 넘 고 넘 는 아 리 랑 열
두 고 개 를 아 리 랑
두 고 개 를 아 리 랑

된장아리랑

황상박 작사
김일규 작곡

화 전 농 할 아 버 지 땀 이 배 인 콩 알 인 가
구 수 한 된 장 냄 새 가 슴 깊 이 파 고 드 니
절 구 질 할 머 니 가 삶 아 빚 은 솜 씨 로 구 나
팔 다 리 울 뚝 불 뚝 새 기 운 이 솟 구 치 누 나
벼 짚 강 아 뛰 운 메 주 천 하 별 미 이 아 니 냐 우 리 겨 레
장 사 기 보 글 보 글 산 해 진 미 비 길 소 냐 우 리 겨 레
미 풍 량 속 고 운 마 음 비 꼈 구 나 아 리 랑 스 리
음 식 문 화 좋 은 솜 씨 어 렸 구 나
아 리 랑 된 장 아 리 랑 대 를 이 어
그 향 기 그 향 기 풍 겨 가 리 아 리 랑 스 리 랑
아 라 리 요 된 정 아 리 랑 아 리
랑 된 장 아 리 랑 요

내 사랑 아리랑

최 현 작사
림만호 작곡
아 리 랑 스 리 랑 아 리 스 리 요
아 리 랑 스 리 랑 아 리 스 리 요
아 리 랑 이 노 래 는 행 복 의 노 래
아 리 랑 이 노 래 는 희 망 이 노 래
청 실 홍 실 아 리 랑 백 년 가 약 아 리 랑
새 살 림 에 아 리 랑 꽃 이 피 네 아 리 랑
우 리 함 께 부 르 자 사 랑 의 노 래
아 리 랑 가 락 속 에 우 리 산 다 네
소 곤 소 곤 아 리 랑 속 삭 이 며 아 리 랑
아 기 자 기 정 이 들 어 원 앙 새 라 네
D.C
(결속)
아 리 랑 내 사 랑 아 이 노 래 불 러 불 러
rit.
천 년 만 년 살 아 가 리 살 아 가 리 라

새 아리랑

리상각 작사
최삼명 작곡

꽃 보 고 웃 었 던 가 님 보 고 웃 었 던
달 보 고 웃 었 던 가 님 보 고 웃 었 던
해 보 고 웃 었 던 가 님 보 고 웃 었 던
아 리 랑 이 노 래 는 행 복 의 노 래
아 리 랑 이 노 래 는 희 망 이 노 래
청 실 홍 실 아 리 랑 백 년 가 약 아 리 랑
새 살 림 에 아 리 랑 꽃 이 피 네 아 리 랑
우 리 함 께 부 르 자 사 랑 의 노 래
아 리 랑 가 락 속 에 우 리 산 다 네
소 곤 소 곤 아 리 랑 속 삭 이 며 아 리 랑
아 기 자 기 정 이 들 어 원 앙 새 라 네
D.C
(결속)
아 리 랑 내 사 랑 아 이 노 래 불 러 불 러
rit.
천 년 만 년 살 아 가 리 살 아 가 리 라

아리랑 너와 나의 사랑

리홍국 작사
박서성 작곡

친절하게

3
저 산언덕을 넘 어 이 강 밴에 울 렸 네
저 산언덕을 넘 어 이 강 반에 울 렸 네
3
비 바 람의 친 구 여 너 와 나의 사랑이 여
산 괴 물의 정 이 여 너 와 나의 희열이 여

3
해 란강 반에 메 아 리쳐 새 봄 을맞 이 하 네
장 백 림해 물 들 이여 행 복 을엮 어 가 네

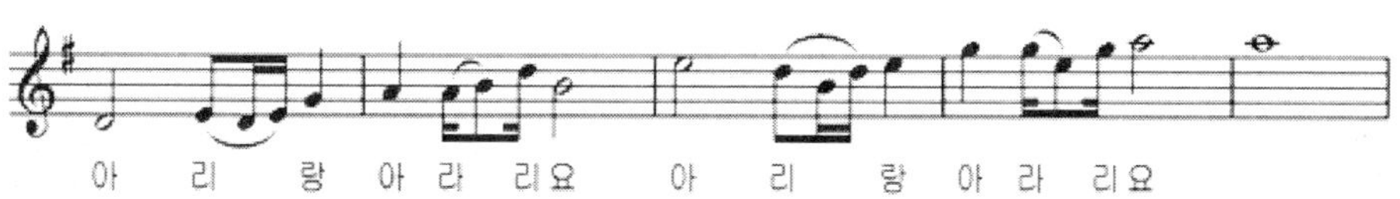
아 리 랑 아 라 리요 아 리 랑 아 라 리요

영 원 한 사 랑 노래 영 원 한 너 화 나의 노 래

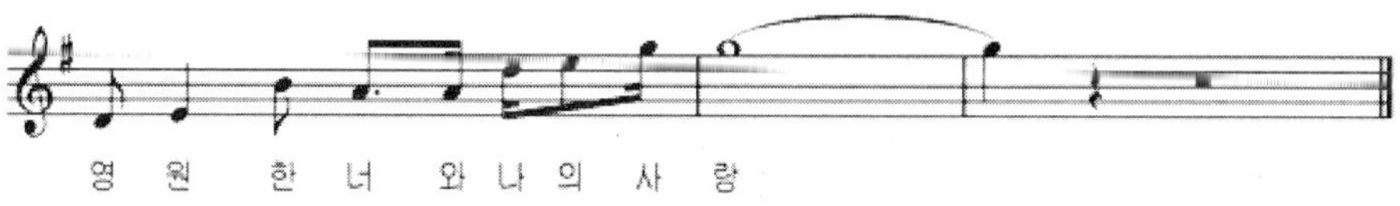
영 원 한 너 와 나 의 사 랑

장백산아리랑

김학송 작사
김정송 작곡
♩. =70
굿거리장단 흥겹게
장 백 산 에 해 둥 실 뜨 니
장 백 폭 포 북 장 구 치 니
연 변 산 천 저 모 습 이 찬 란 도 하 다
금 수 나 강 산 에 새 봄 이 로 다
바 라 보 니 흰 옷 자 락 초 록 춘 풍 에 춤 을 추 고 해 란 강 도 노 래 한 다
바 라 보 니 저 동 다 리 흥 에 겨 워 노 래 하 고 두 만 강 도 춤 을 춘 다
노 래 한 다 (후렴) 성 산 에
춤 을 춘 다
울 리 는 가 야 금 소 리 구 름 위 에 출 렁 이 는
장 백 산 구 름 위 에 출 렁 이 는 장 백 산 아 리 랑 아 리 랑
아 리 아 라 리 요 너 는 내 사 랑 내 사 랑
아리랑 아리랑 아 리 아라리 요 녀 는 내사랑 내 사 랑

사과배 따는 처녀

摘苹果梨的姑娘
张东云 作词
崔三明 作曲
张文一 翻译
喜舞的金达莱呀，跳支舞好吗？
善歌的黄鹂鸟呀，唱首歌好吗？
解放牌汽车呀，你快点启程。
我们村的苹果梨树，就会早日开花。
摘苹果梨的姑娘她，乐呀乐开了花。
快把这些苹果梨，送往那北京城。
苹果梨村的秋后苹果梨，特圆又特大。
黄鹂鸟歌声引来花蝴蝶，围住姑娘她。
故乡苹果梨延边名特产，送往北京城。
产量多，销路畅，无人不在夸。
有莺歌，有蝶舞，大家笑哈哈。
梨虽小，心意重，装满果农情。
啊 阿里阿里郎，斯里斯里郎，
啊 阿里阿里郎，斯里斯里郎，
啊 阿里阿里郎，斯里斯里郎，
姑娘发了话："累了吃咱苹果梨，
姑娘发了话："谁喜欢咱村苹果梨，
姑娘发了话："让全国人民吃上苹果梨，
解渴又解乏！"
俺就嫁给他！"
心里真高兴！"

장백산 아래 우리집

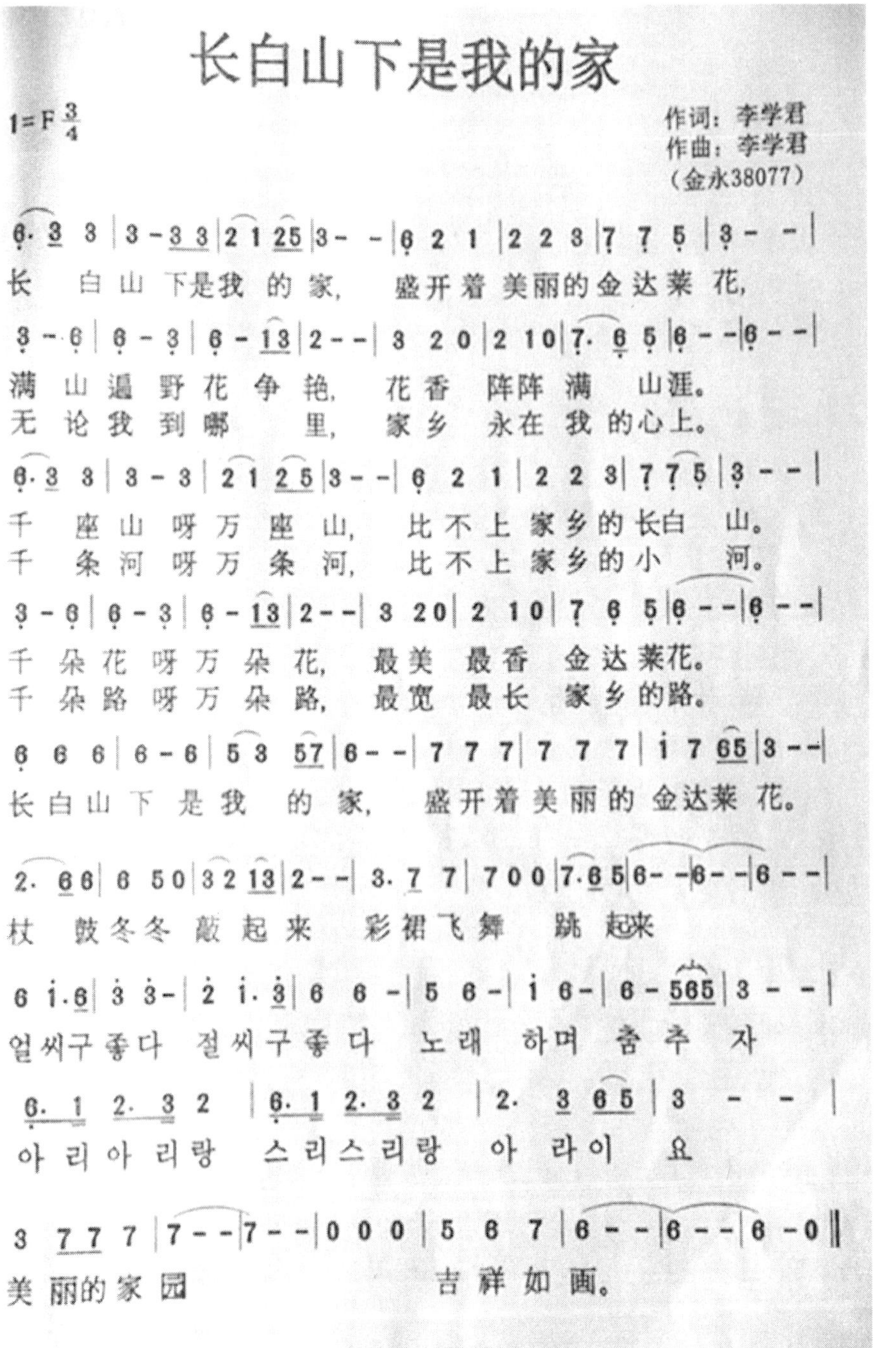

长白山下是我的家

1=F $\frac{3}{4}$

作词：李学君
作曲：李学君
（金永38077）

长 白山下是我 的 家， 盛开着 美丽的金达莱 花，

满 山遍 野花 争 艳， 花香 阵阵 满 山涯。
无 论我 到哪 里， 家乡 永在 我 的心上。

千 座山 呀万 座 山， 比不上 家乡的长白 山。
千 条河 呀万 条 河， 比不上 家乡的小 河。

千 朵花 呀万 朵 花， 最美 最香 金达莱花。
千 朵路 呀万 朵 路， 最宽 最长 家乡的路。

长白山下 是我 的 家， 盛开着美丽的金达莱 花。

杖 鼓冬冬 敲 起 来 彩裙飞舞 跳 起来

얼씨구좋다 절씨구좋다 노래 하며 춤추 자

아리아리랑 스리스리랑 아 라이 요

美丽的家园 吉祥如画。

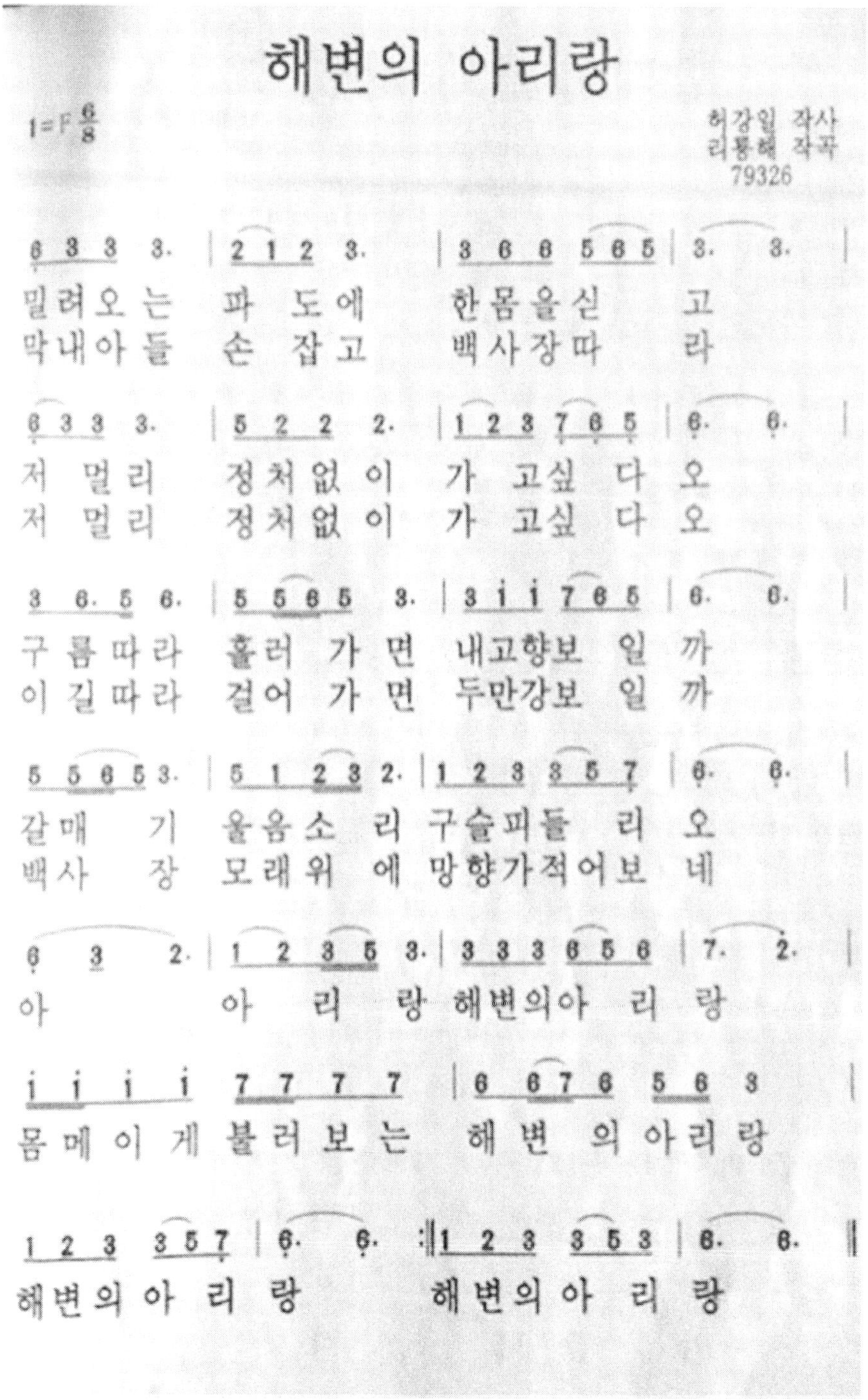

해변의 아리랑

1=F 6/8

허강일 작사
리룡혜 작곡
79326

6 3 3 3. | 2 1 2 3. | 3 6 6 5 6 5 | 3. 3. |

밀려오는 파 도에 한몸을싣 고
막내아들 손 잡고 백사장따 라

6 3 3 3. | 5 2 2 2. | 1 2 3 7 6 5 | 6. 6. |

저 멀리 정처없이 가 고싶 다 오
저 멀리 정처없이 가 고싶 다 오

3 6. 5 6. | 5 5 6 5 3. | 3 1 1 7 6 5 | 6. 6. |

구름따라 흘러 가 면 내고향보 일 까
이길따라 걸어 가 면 두만강보 일 까

5 5 6 5 3. | 5 1 2 3 2. | 1 2 3 3 5 7 | 6. 6. |

갈매 기 울음소 리 구슬피들 리 오
백사 장 모래위 에 망향가적어보 네

6 3 2. | 1 2 3 5 3. | 3 3 3 6 5 6 | 7. 2. |

아 아 리 랑 해변의아 리 랑

1 1 1 1 7 7 7 7 | 6 6 7 6 5 6 3 |

몸메이게 불러보는 해변 의아리랑

1 2 3 3 5 7 | 6. 6. :|| 1 2 3 3 5 3 | 6. 6. ||

해변의아 리 랑 해변의아 리 랑

삶의 사랑 넘치는 기쁨
有爱生活就会喜洋洋

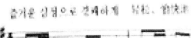

즐거운 심정으로 경쾌하게 轻松、愉快地

아 리랑그슬픔 스 리랑그기쁨

阿 里郎悲一场, 斯 里郎喜一场,

얼 씨구바람분다 절 씨구비가온다

哟儿 西古风 一样, 哎儿 西古雨 一样,

큰 일 도 작은 일 도 우리함께생각하 는

大 事 情 小 事 情

에 헤야좋은날 데 헤야궂은날 삶의사랑에기쁨넘친 다

哎 嘿哟好日子, 嘚 嘿哟苦日子, 有爱生 活 就会喜洋 洋,

coda

아 리아리랑 스 리스리랑 에 헤야좋은날

阿 里阿里郎, 斯 里斯里郎, 哎 嘿哟好日子,

데 헤야궂은날 삶의사랑에기쁨넘친 다 우

嘚 嘿哟苦日子, 有爱生 活 就会喜洋 洋, 呜

제7장 연변 조선족 자치주 기념 "아리랑"

1. 연변조선족자치주 창립 10돐 경축대회
2. 연변 조선족 자치주 40주년 기념
3. 연변 조선족 자치주 50주년 기념
4. 연변 조선족 자치주 성립 60주년 기념
5. "연변 라디오 텔레비전의 가요 700수" 중에서 "아리랑"

1) 연변조선족자치주 창립 10돐 경축대회

1962년 9월 3일, 연길시 5만여명 각 소수민족들은 연변조선족자치주 성립 10돐을 축하해주었다.

19580629-纪年延边歌舞团演职员与中央文化部部长矛盾同志合影
1958년 6월 29일. 연변 가무단연직원여 중앙문화부부장 모순 동지합영

1964년 8월 19일 하얼빈 조선족들의 하계 공연 후 모습

1965.7, 送别梁相镐（第一支队）同志留念
1965년 7월 송별 양상호 (제1지대) 동지류 념

2) 연변 조선족 자치주 40주년 기념

연변의 조선족들에게 구삼절 득 9월 3일에 조선족 자치창립일은 가장 큰 명절입니다. 연변(延邊)조선족 자치주 창립 40주년 기념행사가 31일 개막(1992년 9월 3일) 행사를 연변 인민 체육관에서 열린 주 행사는 이틀에 걸쳐 10만 명이 넘은 규모로 진행 하였다. 중국의 54개 소수민족 대표들도 방문했습니다.

韓·中수교 후 처음 맞는 이 행사는 자치주를 비롯한 재중(在中) 2백만 동포들의 축제 분위기 속에서 성대하게 막이 올랐다. 이날부터 기념일인 9월3일까지 4일 동안 자치주의 중심 도시인 延吉시에서 열리는 이번 행사의 개막식에는 한국(韓國). 미국(美國). 독립국가연합(CIS). 캐나다. 북한(北韓) 등에서 온 동포 5천 여 명이 참가해 축하했으며 거리마다 오색 깃발과 하늘 높이 떠오른 30여개의 애드벌룬이 축제 분위기를 더욱 고조시켰으며, 행사에서는 한국(韓國)의 인천(仁川)대 축구팀이 延吉 대표팀과 친선게임을 벌이고 북한(北韓)측은 延吉시 삼보(三寶)빌딩에서 도자기 등 공예품과 그림 전시회를 열리였다.

행사 첫날인 이날 행렬 선두에는 한복을 차려입은 청년들이 모터사이클을 타고 행진해 많은 박수갈채를 받았다. 延吉 실내 체육관에서는 개막식에 이어 연변 제1사범학교 학생들 등 11개 학교에서 "농악무", "절놀이", "탈춤", "장구 춤", "칼춤", "해마지 춤", "무동춤", "윷놀이", "물동이춤", "어린이 신랑 각시 춤", "어린이 농악무", "부체춤", "양걸춤", "북춤" 등으로 민속놀이가 벌어졌으며 중국(中國)측에서는 돈화(敦化)시 민속 무용단이 꽃차에 분승해 延吉시 長白路 장백 광장에서 출발, 하남가(河南街)와 인민로(人民路)등 중심가 10여㎞를 누볐고 인도에 늘어선 많은 인파는 꽃차가 지날 때 마다 환호와 함께 박수를 보냈다. 한편 이번 행사는 경기 항목과 비 경기 항목 등 모두 30여 가지의 각종 행사로 구성돼 있고 민속놀이와 우표전, 서예전, 사진전 등 각종 전시회가 개최되는가 하면 조선족 이민사를 비롯한 20여권의 각종 책자도 발간됐다.

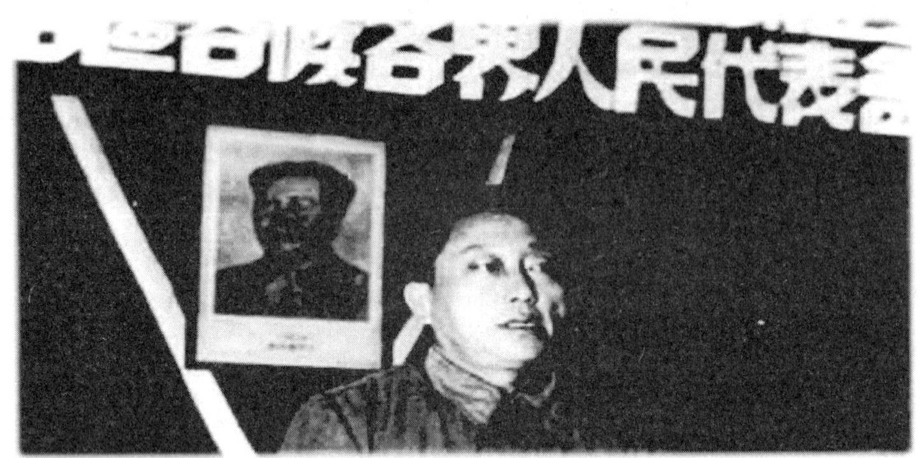

1952년 8월, 주덕해는 연변조선민족자치구 제1차 인민대표대회에서 보고를 하고 있다.

1992년 9월 1일, MBC 9시 뉴스 화면

3) 연변 조선족 자치주 50주년 기념

연변조선족자치주 50주년 행사는 지난 2002년 연변 공설운동장에서 진행 되었으며, 약 2만여명 정도가 연습을 하여 많은 조선족의 전통 공연을 하였다.

연변 조선족 자치주 50주년 기념식에는 총(3부) 1장 장백송, 2장 번영송, 3장 미래송으로 나누어 행사가 진행 되었다. 전체적인 내용은 "번영하는 연변"으로 하였고, 내용에서는 "장백송", "진달래", "진달래고향", "부친산, 모친강", "연강 행천리", "장백가무", "고향", "장백고량" 등등 소제목으로 행사가 진행 되었다. 우리 고유의 민속과 전통을 살려 만든 음악과 춤으로 연길 대 운동장에서 약 2시간 정도 울려펴져 우리 한민족의 숨결 같았다.

1장

長白頌(장백송)에서는 중국속의 조선족의 전통을 지키는 모습을 형상화해 전통과 현대를 접목시킨 모습을 보여 주었다. 아리랑의 구음악과 신 아리랑의 조화를 만들다.

1경 "파도치는 용암", 2경 " 장백송", 3경 "대해에로(강대해)"

2장

중국 속에서 이제는 세계 속으로 뻗어가는 뜨거운 피와 솟아오르는 용맹함을 繁榮頌(번영송)에서는 새 시대에 번영하는 연변 조선족 자치주를 모습을 담아 보여 주었다. 어린 시절의 진달래 동산에서 놀던 시절부터 성인의 진달래 동산 모습을 그려냈다. 중국식 양걸 음악에 맞추어 조선족과 중국은 하나다는 것을 보여 주었다. 중국 국가 연주 속에서 행진(앞으로) 하면서 중국 사람인 것을 표현했다.

전통춤으로 시작하여 발전하고 잘사는 연변 조선족들의 모습과 자라나는 청소년에서 건강하고 전통을 지키는 조선족들의 장구춤, 북 놀이, 농악무(상모돌리기)를 통하여 모습을 표현 했다.

1경 "진달래", 2경 "나는 병사",

3경 "금파도(금파수수)", 4경 "야 골이다" ,

5경 " 다 함께 춤을"

3장

未來頌(미래송)에서 다가오는 미래를 생각하는 모습으로 전통 보다는 현대적인 감각을 살려 연출 하였다.

금용과 청용으로 차전놀이 형식에서 미래 지향적인 모습을 담아내고자 했다.

미래를 꿈꾸고 발전된 연변을 보여주고 하는 모습을 담은 것 같다.

1경 "나래치는 용", 2경 "지향 미래"

1980년 6월 27일 하얼빈에서 차병걸과 후배들의 민간 음악인의 공연 후 모습.

2009,10,21 연길에서 고 안계린 선생님, 김봉관 선생님 부부, 김형관(저자)

2002년 연변 조선족 자치주 50주년 로고

2002년 연변 조선족 자치주 50주년 행사DVD

번영하는 연변

2002년 연변 조선족 자치주 50주년 기념 공연장면

장 백 송
김학천 작사
장천일 작곡
심원하고도 폭넓게
아리랑아리랑 아 라 리 요
아리랑아리랑 아 라 리 요

mf
세월에싸여 온 장백의천년설 은 성스러운우 리
세월에실려 온 천지의전 설 은 슬기로운우 리
마음이런 가 창공에빛나 는 백두봉 은
숨결이런 가 지심을울리 는 폭포수 는
영웅적인 우 리 거 룩한기 상
자랑스런 우 리 생 명의기 상
f
(후렴) 아 리랑 아 리 랑 아 라리 이 요
아 리랑 아 리 랑 아 라리 이 요
ff
요 아 라 리 요

진달래 고향

리 영 작사
최연숙 작곡

빠르지 않게 감칠맛 있게

이쁜그 대 보 러 오 네
매력있 는 그 대 라 네
어디서 나 모 여 오 네
바라보 면 황 홀 하 네
저 백 두 산 은 높이지 는 머 리
저 천 지 물 은 맑은눈 동 자
장 백 산 맥 은 웅 장한봉 매
미 인 송 솔 은 춤 추는손 길
아 리 랑 스 리 랑
아 리 랑 스 리 랑
진 달 래 고 향
진 달 래 고 향

그 대 여 잘 있 느 나
반 가 운 그 대 손 길
안 녕 하 여 라
떠 날 수 없 어 라
1.
그 대 여 잘 있 느 나 안
정 다 운 그 대 품
녕 하 여 라
2.
rit.
a tempo
을 떠 날 수 없 어 라

长白歌谣

刘世新 词
引子。自由地。稍慢。
徐砌徽 曲
阿里 郎 阿拉 里 喽约，
阿里 郎我的 歌谣， 阿妈妮 哼出的小
曲 千 年 不 老。
a tempo 稍慢
依 恋着祖 国的
锦 延着生 的
怀抱， 站在金鸡版 图 的 一 角，
美好， 沐浴日月星 光 的 自 豪，
举 一个天 池 酒杯 畅饮着民 族的
拥 万朵五 彩 云霞 倾訴着明 天的

欢 笑。 阿 里 郎
骄 傲。 阿 里 郎
阿 里 郎 我 的歌 谣， 阿 爸吉 种下 的
阿 里 郎 我 的歌 谣， 阿 爸吉 播下 的
春 天四 季常 青， 阿 妈妮 哼出 的 小曲 千 年
幸 福岁 岁常 青， 阿 妈妮 期待 的 希望 越 高
不 老。 阿 里 郎 阿 啦 里
越 高。
约， 阿 里
郎。

사과배 따는 처녀

장동운 작사
락천적이며 자호감을 가지고
최삼명 작곡
3
연 분 홍 진 달래야 춤 추어다 오
종 다 리 꾀 꼴 새 야 노래해 다 오
해 방 패 자 동 차 야 빨리와 다 오
우 리 마 을 과 수 나 무 꽃 피 여 난 다 네
처 녀 솜 씨 하 좋 아 서 범 나 비 난 다 네
우 리 마 음 담 뿍 싣 고 북 경 에 간 다 네
아 리 아 리 랑 스 리 스 리 랑 사 과 배 는 요
아 리 아 리 랑 스 리 스 리 랑 사 과 배 는 요
아 리 아 리 랑 스 리 스 리 랑 사 과 배 는 요
소 문 이 높 아 서 손 님도많 소 아
내 고 향 좋 아 서 그 맛도좋 소 아
연 변 의 특 산이 라 자 랑도많 소 아
3
아리아리랑 스리스리랑 사과배는 요
아리아리랑 스리스리랑 사과배는 요
아리아리랑 스리스리랑 사과배는 요
삼 복 철 스리슬슬녹는 꿀 맛이 라 네
늙은이 들 잡수시 면 젊 어진 다 네
목 마 른 갈 증 이 뚝 떨어 진다오

4) 연변 조선족 자치주 성립 60주년 기념

아리랑 내사랑 방송, 노래 책(연변 라지오텔레비전 방송국 방영)

"연변 조선족자치주 60주년 기념" 관련 책과 연변 라지오텔레비젼에서 "아리랑 내사랑"이란 프로그램을 제작하여 방송을 하였다. 축제에 참여하는 연변 조선족 음악가들과 가수들이 함께 만든 아리랑 관련 내용을 보면 중국 조선족이 아닌 한족 가수들과 함께하는 축제에 이제는 조선족만의 아리랑이 아닌 중국 동북의 아리랑으로 발전시키는 것이다.

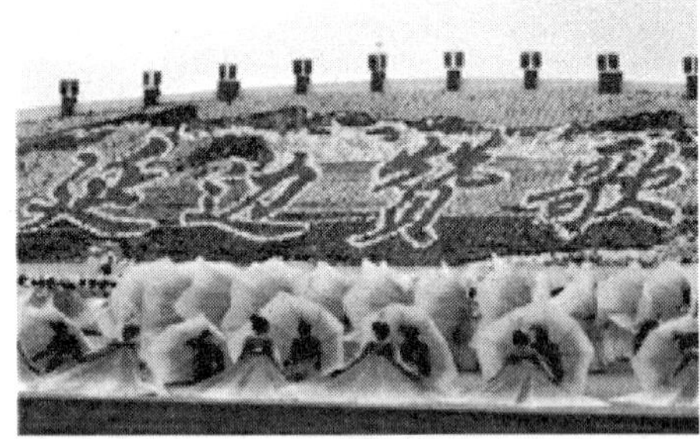

2012년 연변조선족 자치주 60주년 기념 각종 로그를 이용한 상품, 입장권, 기념공연 사진

신 연변가곡(연변노래) 표지, 방송 프로그램 “아리랑 내사랑” 타이틀.

신 연변노래 머리말(원본 번역본)

"激情延边, 唱口向 中國" 歌集序

〈격정이 넘치는 연변의 노래 중국에 울려퍼지네〉 가곡집

연변 주는 자연풍경이 수려하고 인문특색이 짙으며 사람들이 문명하고 도시와 농촌이 아름답다. 비옥하고 검은 연변 땅은 풍요로움을 자랑하면서 연변사람들의 성격을 호탕하게 육성하였다. 또한 장백산의 산수는 조선족들의 노래와 춤을 즐기는 심성을 북돋아주어 어디가나 아름다운 노래 소리를 들을 수 있고 휘휘 늘어진 수양버들과 같은 춤사위를 감상 할 수 있다. 하여 연변은 일찍부터 〈문화의 고향〉 〈가무의 고향〉이라는 명예를 안고 있다.

자고로 좋은 세월에 좋은 노래가 있다고 했던가. 연변조선족자치주 창립 60돐과 개혁개방 30돐을 앞두고 연변의 음악계에서는 당의 영도하에 조선족 동포들과 여러 민족이 일심 단결하여 조화로운 사회를 형성함으로써 정치가 안정되고 경제가 번영하고 교육, 과학기술, 문화가 발전하여 사회가 진보하는 좋은 형세를 반영하는 노래를 많이 창작하기로 결의했다.

좋은 노래는 사람들의 심금을 울릴 뿐 만 아니라 노래가 전파되면서 대외 홍보효과도 역시 크다. 연변의 경전 가곡인 〈연변인민 모주석을 노래하네〉 〈붉은 태양 변강을 비추네〉 등 명곡들은 중국대지의 방방곳곳에 울려 퍼지면서 그들이 연변사람들을 알게 하는데 커다란 기여를 했을 뿐 만 아니라 이제는 연변의 오래된 명함장이 되였다. 인터넷시대에 들어서서 한수의 좋은 노래는 연변의 여러 민족 인민들이 분발하여 개혁개방을 추진하고 연변을 번영하게 하며 국내외에서 연변을 더욱 잘 알게 하는데 더욱 일조 할 수 있다. 연변의 가무문화를 발전시키는 것은 연변을 새롭게 디자인하여 연변을 민족특색이 더욱 뚜렸하게, 시대적 감각을

더욱 선명하게 부각하여 더욱 많은 국내외 연변 팬들이 우리의 새 노래, 아름다운 노래를 부르게 하는데 이바지 할 것이다.

상기 과제를 달성하기 위해 중공연변주위와 주인민정부에서는 2009년 3월부터 〈격정이 넘치는 연변의 노래 중국의 대지에 울려퍼지네〉 가곡창작활동에 시동을 걸었다. 이번 가곡창작활동은 중국음악가협회의 대폭적인 지지하에 전국범위에서 전개 되였는바 10여개 성, 시, 자치구의 음악가들이 용약 참여하여 800여 편의 가사와 700여수의 가곡이 응모에 참가했다. 우리는 객관적이고 공정하며 엄격한 심열과 시창을 거쳐 그중에서 30곡을 응모 당선 가곡으로 선정하였다. 우리는 이상 30수 가곡과 이왕의 우수한 가곡 중에서 몇 수를 알선하여 가곡집 〈연변의 새 노래〉을 출판한다. 이러한 새 노래들은 연변의 여러 민족 형제들이 고향을 사랑하고 새 생활을 사랑하며 더욱 행복한 미래를 꿈꾸는 감정을 잘 표출하고 있으며 민족적 특색, 지방적 특색, 시대적 특색이 아주 짙다. 또한 새 노래는 선율이 아름답고 내함이 풍부하며 감정이 열렬하다. 특히 조선족동포들이 아끼고 사랑하는 〈진달래〉 〈아리랑〉에 대한 보다 애절한 감정을 표출한 새 가곡이 창작 되여 참으로 경사롭다.

이번 가곡응모활동은 사회 각계 층 인사들로부터 또 한 차례 우리 연변 조선족자치주 정신문화의 대잔치라는 찬사를 받았으며 연변의 문화 사업이 발전하는데 커다란 추동이 였 다고 평가했다. 우리는 앞으로 연변의 새 노래가 연변에서 널리 불려지고 중국 대지에 울려 펴지면서 전국인민들이 연변인민을 더욱 잘 알게 되고 연변을 더욱 잘 알게 하는 새로운 명함장이 되기를 바란다.

민 광 도

2010년 3월 4일

新 延边歌曲(연변노래) 중에서 아리랑 관련 노래는 다음과 같다.

1. 故乡梦 (고향몽)	柴景春 作詞 李河秀 作曲
2. 阿里郎 我的愛 (아리랑 내사랑)	李 國 作詞 林鳳浩 作曲
3. 延边 序曲 (연변서곡)	金學泉 作詞 金 正 作曲
4. 故乡梦 (고향몽)	柴景春 作詞 朴瑞星 作曲
5. 阿里郎 我的愛 (아리랑 내사랑)	李 國 作詞 王詔鶴 作曲
6. 아리랑 가락속에	김 경 作詞 김 웅 作曲
7. 愛在延边(예재연변)	鄧智星 作詞 孫文虎 作曲
8. 연변 아리랑	조일권 作詞 김 철 作曲
9. 阿里郎 我的愛 (아리랑 내사랑)	李 國 作詞 朴瑞星 作曲
10. 祝福 (축복)	李國 作詞 孫福江, 孫具 作曲
11. 長白頌 (장백송)	金學泉 作詞 張千一 作曲
12. 金达莱故乡 (진달래고향)	里 詠 作詞 崔潤淑 作曲
13. 長白姑娘(장백고낭)	

故乡梦

柴景春 词
李河秀 曲

美丽，抒情 ♩= 71

6=d $\frac{4}{4}$

故乡是美人松阳光下婀娜的舞姿，
故乡是姑娘们夜幕下弹奏的伽耶琴，
故乡是阿妈妮屋檐下火红的辣椒，
故乡是阿爸依牛车下碾出的辙印，

一年一年婆娑着岁月，婆娑着梦想；
一曲一曲演绎着岁月，演绎着梦
一串一串映红了岁月，映红了梦想；
一道一道追赶着岁月，追赶着梦

想。阿里郎，斯里郎，我的故
想。阿里郎，斯里郎，我的故

乡！阿里郎，斯里郎，我的故乡！
乡！阿里郎，斯里郎，我的故

乡！我的故乡！

阿里郎，我的爱
李国 词
林凤浩 曲
阿里郎，阿里郎，阿里郎，我的爱！
在那山冈传来，在那河边飘来。
在那山冈传来，在那河边飘来。
那是风雨的知音，那是你我的相爱，
那是山水的眷恋，那是你我的情怀，
荡漾在海兰江畔，呼唤着早春的到来。
催绿着长白林海，编织着美好的未来。
阿里郎，阿拉里哟，心中的歌，心中的爱！
阿里郎，阿拉里哟，永远的歌，永远的爱！
阿里郎，阿拉里哟，心中的歌，我的爱！
阿里郎，阿拉里哟，永远的歌，我的爱！
（副歌）阿里郎，阿拉里哟，阿里郎，永远的歌，阿里郎，
阿拉里哟，阿里郎，我的爱！（阿里郎！）

延边序曲

金学泉 词
金 正 曲

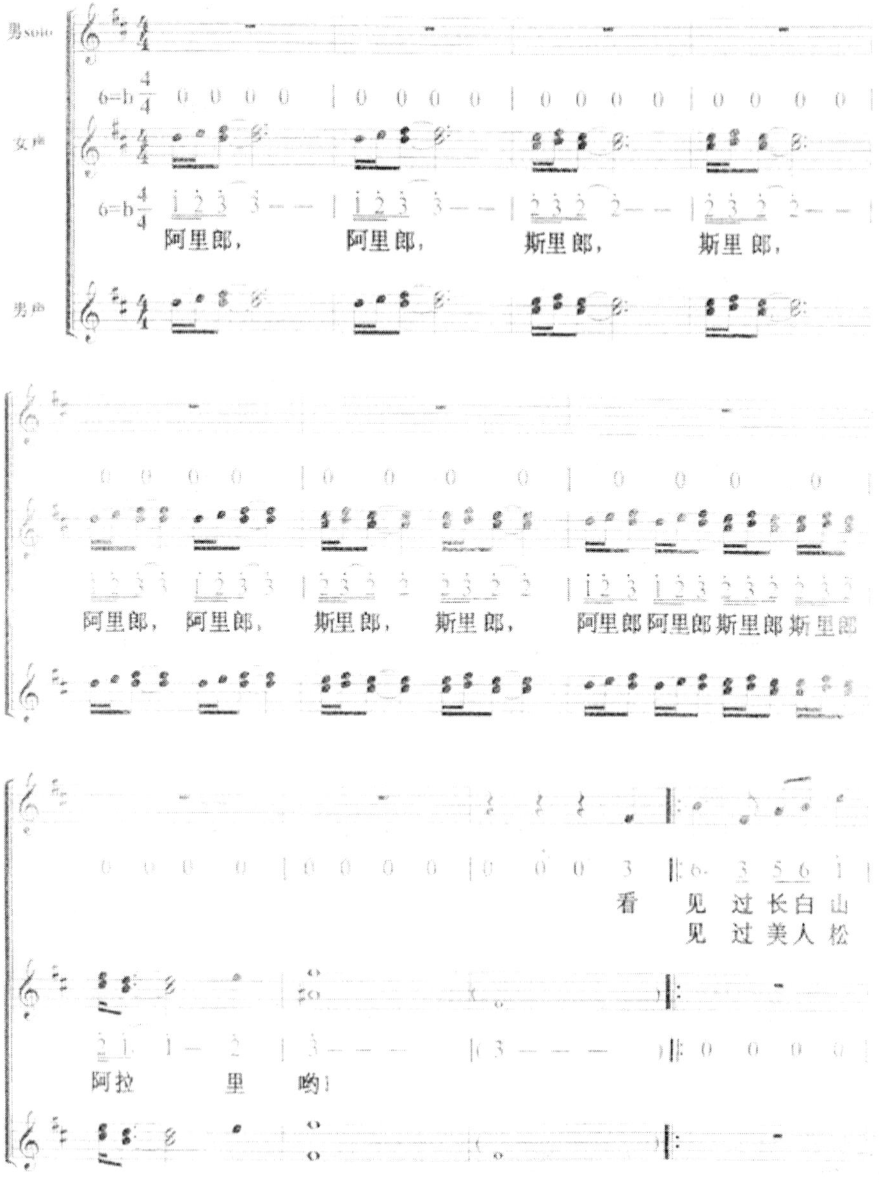

男solo

1=♭B $\frac{4}{4}$

女声

1=♭B $\frac{4}{4}$

阿里郎， 阿里郎， 斯里郎， 斯里郎，

男声

阿里郎， 阿里郎， 斯里郎， 斯里郎， 阿里郎阿里郎斯里郎斯里郎

阿拉 里 哟！

看 见 过 长白 山
见 过 美人 松

吗？听说过图们江吗？这里有蓝天碧草鲜
吗？听说过金达莱吗？这里有人参灵芝岳
花，这里有林海雪原树挂；延边的天空
桦，这里有勤劳勇敢神话；延边的历史
映照新世纪第一缕朝霞，延边的大地
放射新时期璀璨的光华，延边的人民

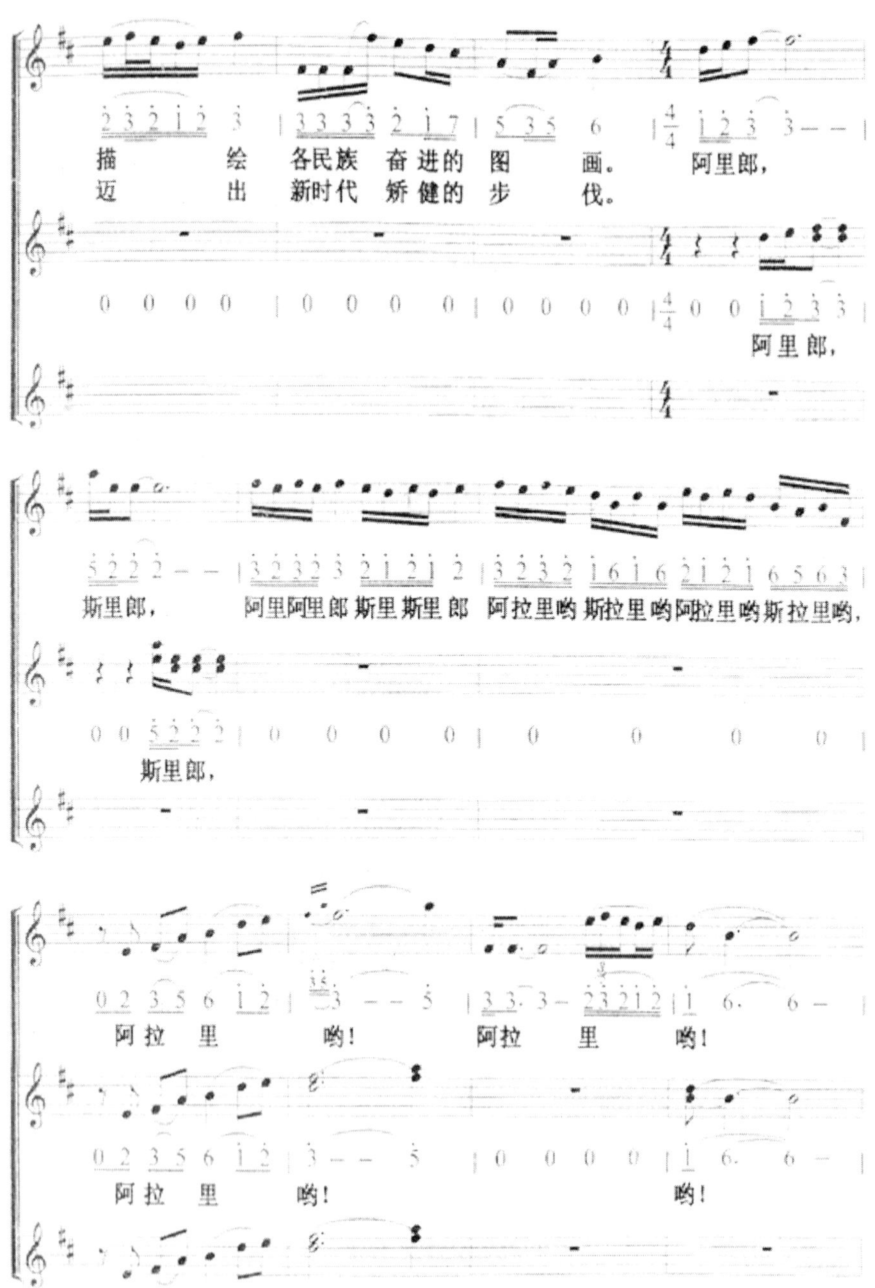
描 绘 各民族 奋进的 图 画。 阿里郎，
迈 出 新时代 矫健的 步 伐。
阿里郎，
斯里郎， 阿里阿里郎 斯里斯里郎 阿拉里哟 斯拉里哟阿拉里哟 斯拉里哟，
斯里郎，
阿拉 里 哟！ 阿拉 里 哟！
阿拉 里 哟！ 哟！

1.
阿里郎，
斯里郎，
阿里阿里郎，斯里斯里 郎，
阿拉里哟斯拉里哟阿拉里哟斯拉里哟，
阿拉 里 哟！
2.
看
阿里郎，
阿拉 里 哟！
阿里郎，

斯里郎，阿里郎，斯里郎，阿拉里哟！
斯里郎，阿里郎，斯里郎，阿拉里哟！
阿里郎，斯里郎，阿里郎，斯里郎，阿拉里
阿里郎，斯里郎，阿里郎，斯里郎，阿拉里
哟！阿拉里哟！
哟！阿拉里哟！
阿拉里哟

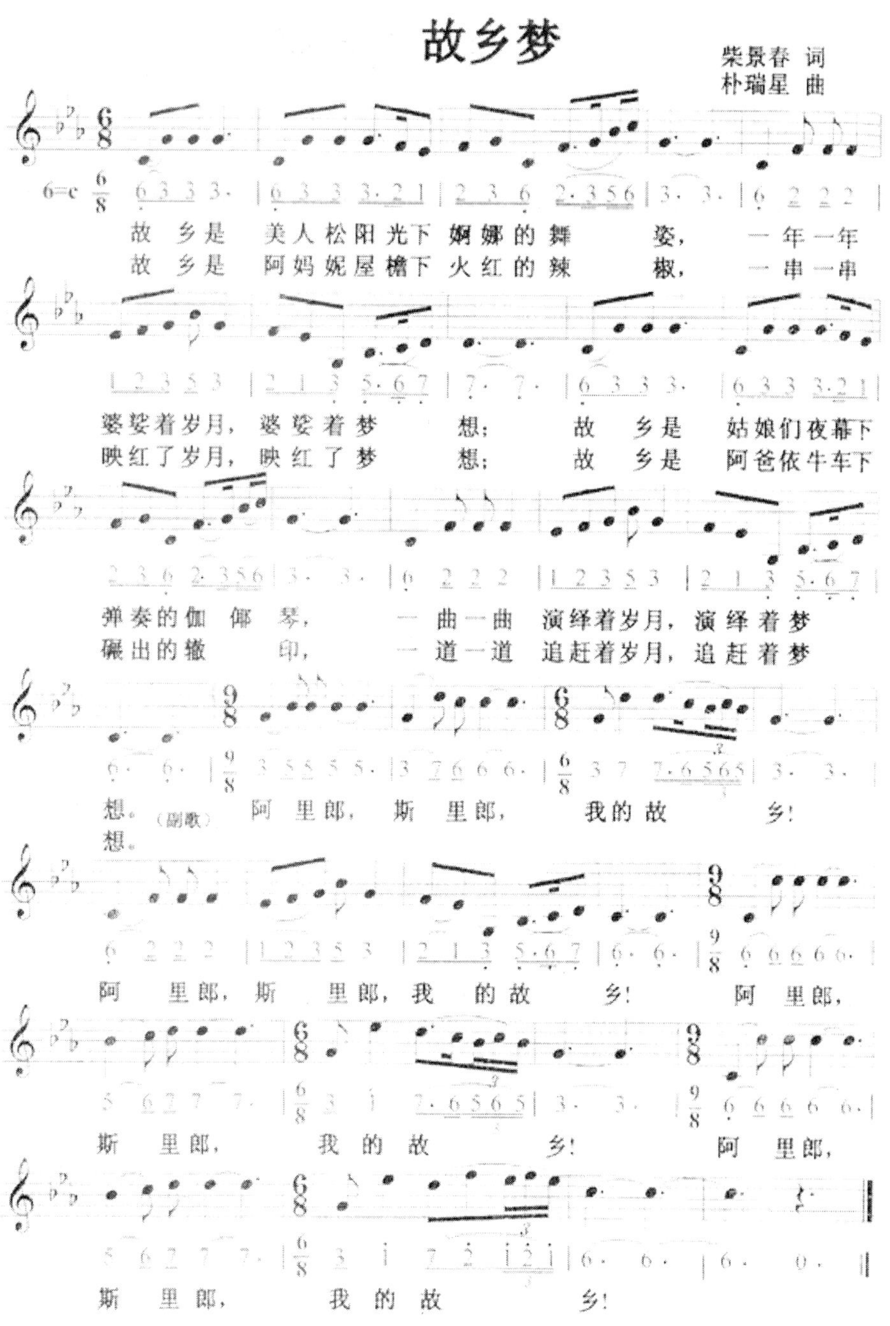
故乡梦
柴景春 词
朴瑞星 曲
6=c 6/8
故 乡是 美人松阳光下 婀娜的舞 姿， 一年一年
故 乡是 阿妈妮屋檐下 火红的辣 椒， 一串一串
婆娑着岁月，婆娑着梦 想； 故 乡是 姑娘们夜幕下
映红了岁月，映红了梦 想； 故 乡是 阿爸侬牛车下
弹奏的伽 倻 琴， 一曲一曲 演绎着岁月，演绎着梦
碾出的辙 印， 一道一道 追赶着岁月，追赶着梦
想。（副歌） 阿 里郎， 斯 里郎， 我的故 乡！
想。
阿 里郎，斯 里郎，我 的故 乡！ 阿 里郎，
斯 里郎， 我的故 乡！ 阿 里郎，
斯 里郎， 我的故 乡！

阿里郎，我的爱

李　国 词
王绍鹏 曲

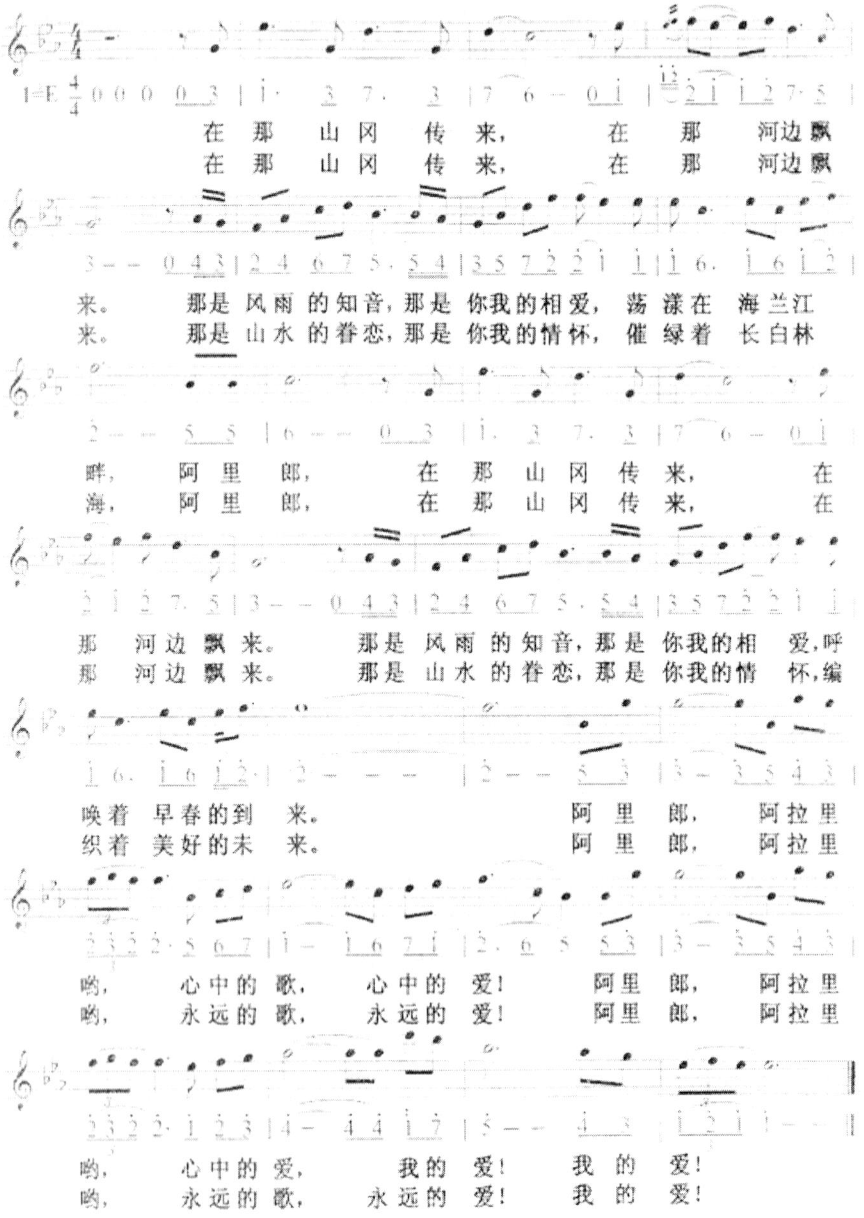

1=E $\frac{4}{4}$

在那山冈传来，在那河边飘来。那是风雨的知音，那是你我的相爱，荡漾在海兰江畔，阿里郎，在那山冈传来，在那河边飘来。那是风雨的知音，那是你我的相爱，呼唤着早春的到来。阿里郎，阿拉里哟，心中的歌，心中的爱！阿里郎，阿拉里哟，心中的爱，我的爱！我的爱！

在那山冈传来，在那河边飘来。那是山水的眷恋，那是你我的情怀，催绿着长白林海，阿里郎，在那山冈传来，在那河边飘来。那是山水的眷恋，那是你我的情怀，编织着美好的未来。阿里郎，阿拉里哟，永远的歌，永远的爱！阿里郎，阿拉里哟，永远的歌，永远的爱！我的爱！

아리랑 가락속에

(녀성3중창)

김정 작사
김웅 작곡

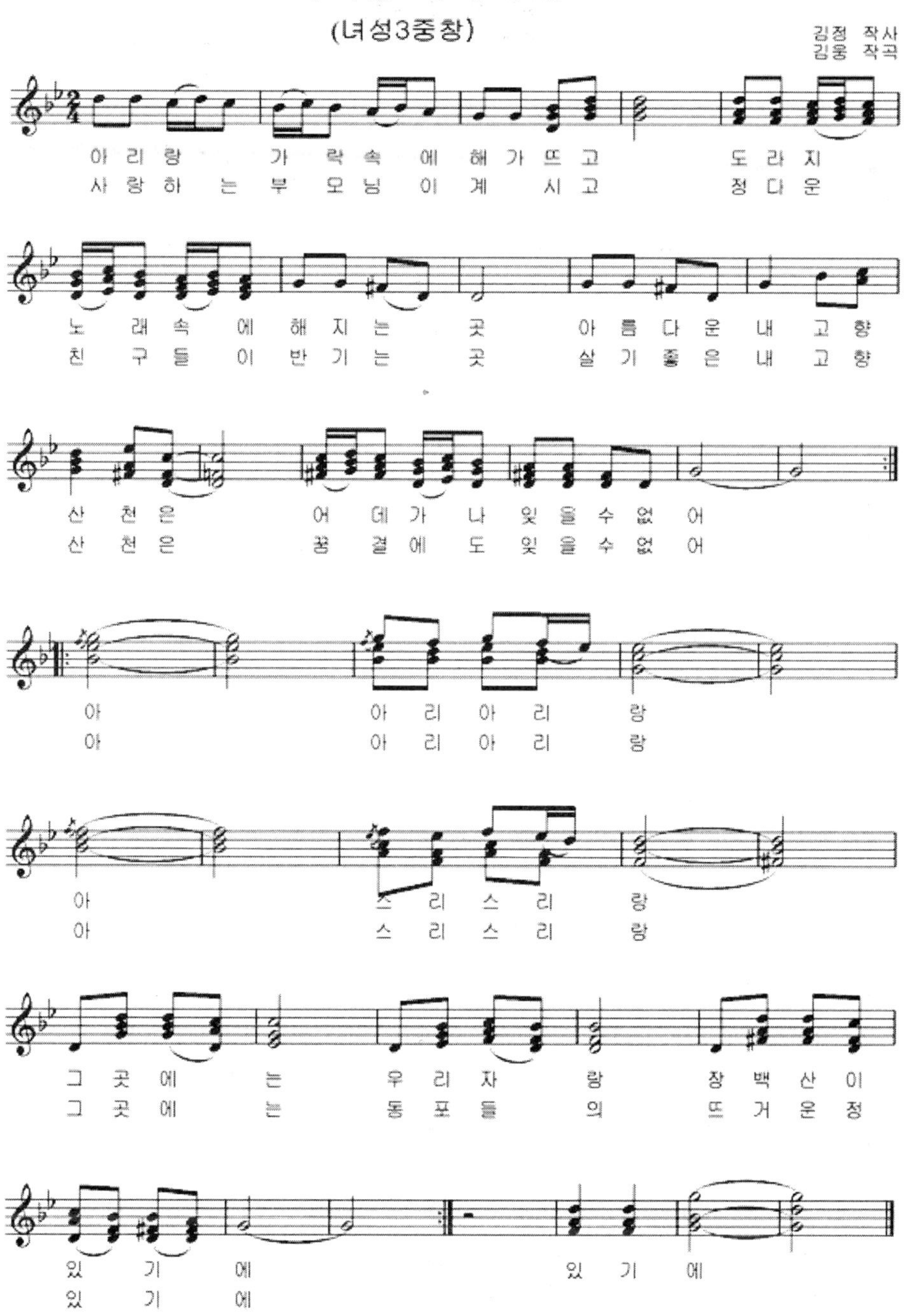
아 리 랑 가 락 속 에 해 가 뜨 고 도 라 지
사 랑 하 는 부 모 님 이 계 시 고 정 다 운
노 래 속 에 해 지 는 곳 아 름 다 운 내 고 향
친 구 들 이 반 기 는 곳 살 기 좋 은 내 고 향
산 천 은 어 데 가 나 잊 을 수 없 어
산 천 은 꿈 결 에 도 잊 을 수 없 어
아 아 리 아 리 랑
아 아 리 아 리 랑
아 스 리 스 리 랑
아 스 리 스 리 랑
그 곳 에 는 우 리 자 랑 장 백 산 이
그 곳 에 는 동 포 들 의 뜨 거 운 정
있 기 에 있 기 에
있 기 에

爱在延边
邓智星 词
孙文虎 曲
♩= 180
1=C 3/4
图 们 江 畔 看到你 豪 迈 壮 观，天 池 水 滋 润 你 青春的笑 颜。长 白 山 有 我 深深的 眷 恋，神奇的土 地 写 满 传 奇 和 璀 璨。爱 在 延 边，
海 兰 江 畔 爱上你 春 意 盎 然，金 达 莱 舞 动 你 腾飞的诗 篇。阿 里 郎 是 我 不变的 爱 恋，富饶的土 地 拥 抱 辉 煌 和 灿 烂。爱 在 延 边，

可爱的家园，你是我魂牵
温馨的家园，对你的祝福
梦绕魂牵梦绕的思念。
永远永远在心中挂牵。
黑土地孕育幸福幸福的甘
延边人编织吉祥吉祥的画
甜，多彩的风情芬芳
卷，激情的欢歌唱响
coda
D.S
我的心田。千年万
千年万年。
年。

연변아리랑

조일권 작사
김 철 작곡

멋 이로 다우리산천 아리랑스리랑아라리요 노 래하 자우리고향
춤 을춘 다우리산천 아리랑스리랑아라리요 자 랑하 자우리고향

아 리 랑 스 리 랑 좋 구 요 봄 이 오 면 진 달 래
아 리 랑 스 리 랑 좋 구 요 가 을 이 면 사 과 배

아 리 랑 스 리 랑 활 짝 핀 다 여 름 이 면 푸 르 른 벼 파 도 넘 실 넘 실
아 리 랑 스 리 랑 주 렁 진 다 겨 울 이 면 새 하 얀 눈 꽃 에 눈 부 신 다

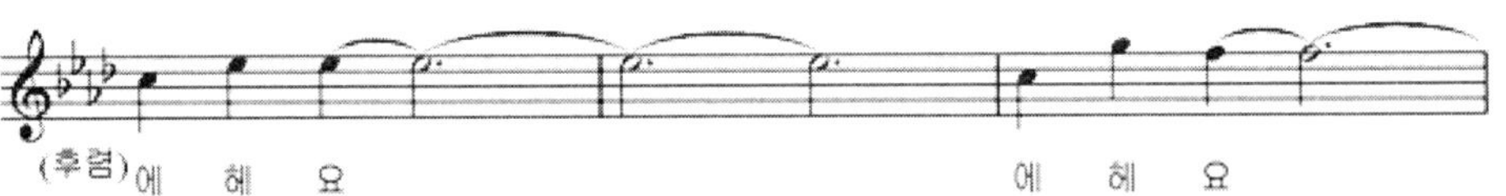
(후렴) 에 헤 요 에 헤 요

에 헤 요 데 헤 요 아 름 다 운 우 리 연 변

1.
2.
살 기 좋 아 라 살 기 좋 아

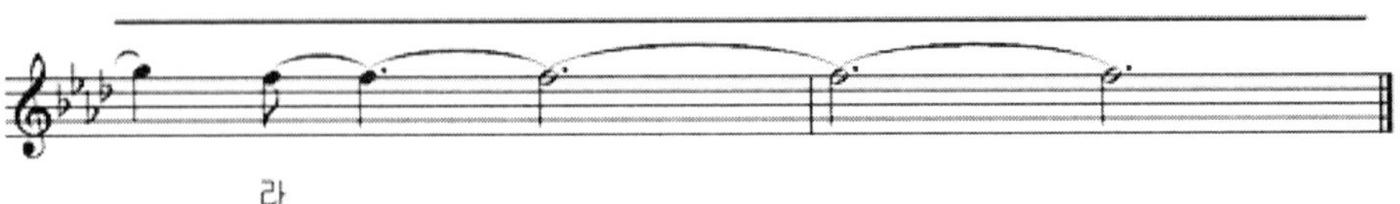
라

阿里郎，我的爱

李　国词
朴瑞星曲

抒情地

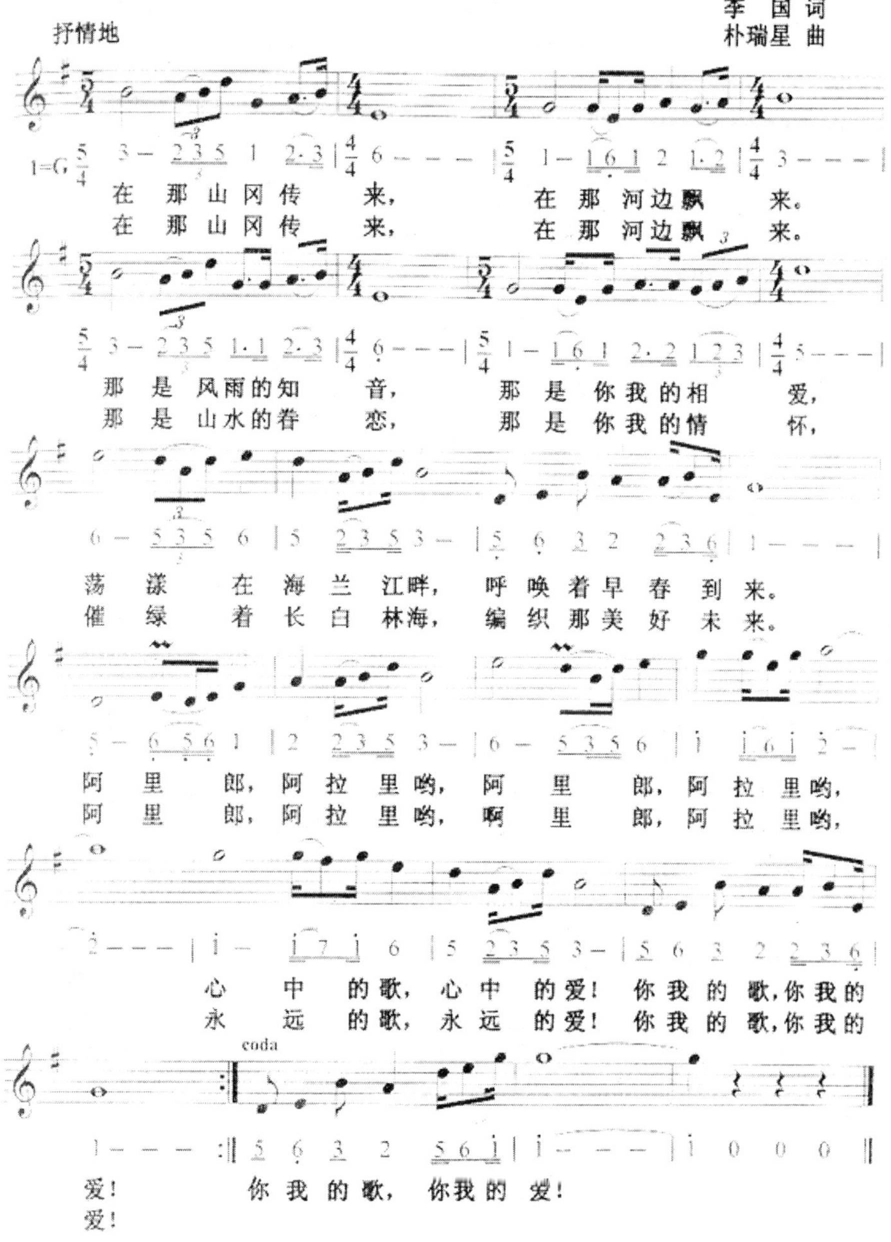

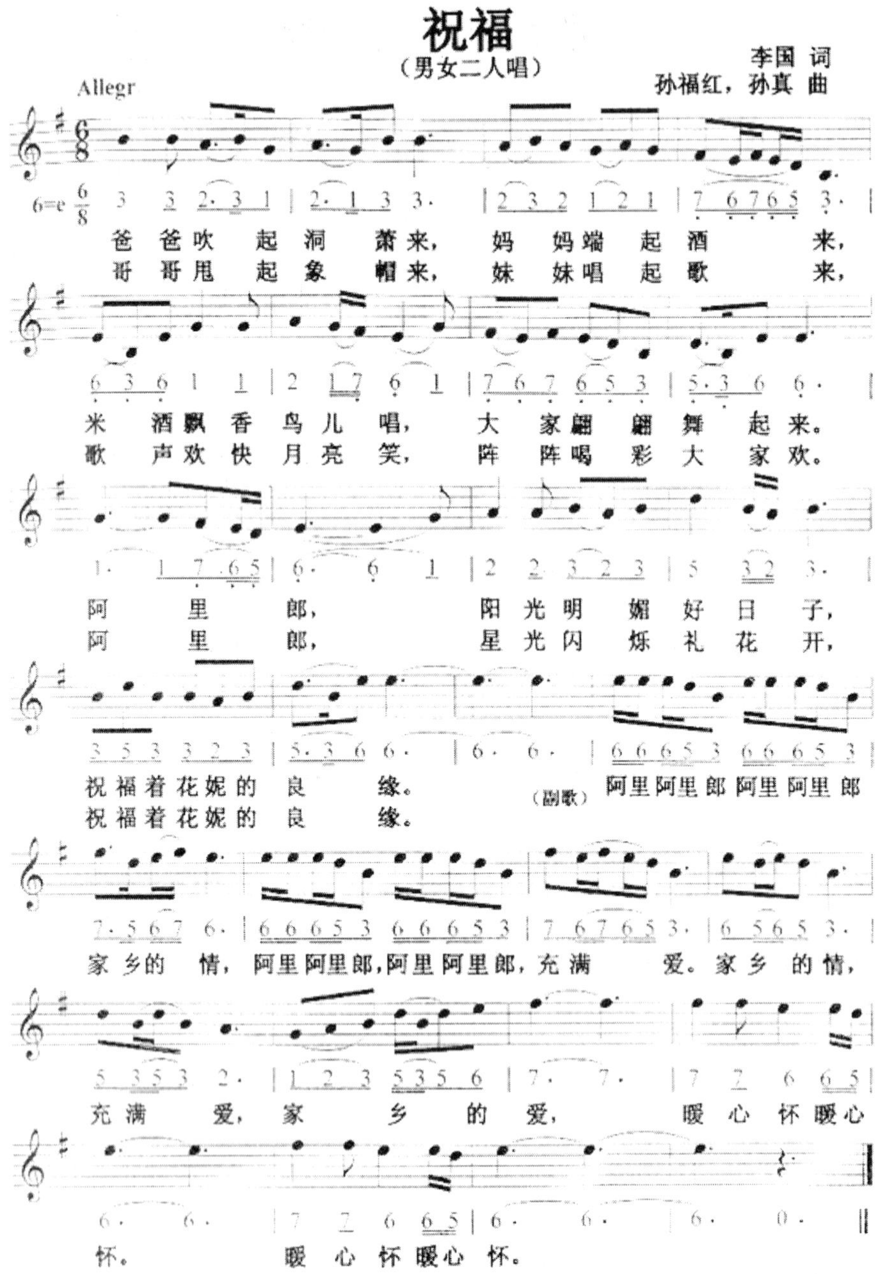
祝福
（男女二人唱）
李国 词
孙福红，孙真 曲
Allegr
6=e 6/8
爸 爸 吹 起 洞 萧 来， 妈 妈 端 起 酒 来，
哥 哥 甩 起 象 帽 来， 妹 妹 唱 起 歌 来，
米 酒 飘 香 鸟 儿 唱， 大 家 翩 翩 舞 起 来。
歌 声 欢 快 月 亮 笑， 阵 阵 喝 彩 大 家 欢。
阿 里 郎， 阳 光 明 媚 好 日 子，
阿 里 郎， 星 光 闪 烁 礼 花 开，
祝 福 着 花 妮 的 良 缘。
祝 福 着 花 妮 的 良 缘。
（副歌）阿里阿里郎 阿里阿里郎
家 乡 的 情， 阿里阿里郎，阿里阿里郎，充 满 爱。家 乡 的 情，
充 满 爱， 家 乡 的 爱， 暖 心 怀 暖 心
怀。 暖 心 怀 暖 心 怀。

장백송

김학천 작사
장천일 작곡

심원하고도 폭넓게
아 리 랑 아 리 랑 아 라 리 요
아 리 랑 아 리 랑 아 라 리 요
세월에싸여 온 장백의천년설 은 성 스러운우 리 마음이런 가
세월에실려 온 천지의전 설 은 슬 기로운우 리 숨결이런 가
창공에빛나 는 백두봉 은 영 웅적인우 리 거룩한기 상
지심을울리 는 폭포수 는 자 랑스런우 리 생명의기 상
아 리랑 아 리 랑 아 라리 이 요 아 리랑 아 리 랑
아 라리 요
요 아 라 리 요

长白颂

金学泉 词
张千一 曲

深远而宽广地
1=A
阿里郎阿里郎 阿拉里 哟！阿里郎阿里郎
阿 拉 里 哟！
千年的积 雪
古老的传 说
为什么这样长 白？那是圣洁民 族 无暇的心 态；碧绿的天 池
为什么经久不 衰？那是传大民族 坦诚的告 白；高耸的群 峰

像大海，那是蔚蓝的天　空　漂洗的胸　怀。
巨浪澎湃，那是生命的原　色　倔强的形　态。

（副歌）
阿里郎　阿里郎　阿拉里　哟！

阿里郎　阿里郎　阿拉里　哟！

D.S.2

D.S.1

哟！　阿拉里　哟！

长白姑娘

长白姑娘
里 咏 词
金京爱 曲
热情、欢快地 ♩=116
1=G 4/4
长 白 山 好 风光， 好 风 光 人 欣 赏；
长 白 山 好 风光， 好 风 光 人 向 往；
长 白 山 好 地方， 好 地 方 人 兴 旺。
长 白 山 好 地方， 好 地 方 人 赞 扬。
这 里 有 美 丽 的 山 和 水， 还 有 那 漂 亮 的
这 里 有 欢 乐 的 歌 和 舞， 还 有 那 多 情 的
好 姑 娘， 姑 娘 模 样 美， 心 灵 更 美，
好 姑 娘， 姑 娘 话 儿 甜， 笑 容 更 甜，
看 谁 能 打 开 她 的 爱 心 房。 啊
看 谁 能 成 为 她 的 爱 新 郎。 啊
哈！ 姑 娘， 长 白 姑 娘、
哈！ 姑 娘， 长 白 姑 娘、

就像那天池水好清香。阿里郎阿里郎
就像那金达莱好芳香。阿里郎阿里郎
阿拉里哟！长白山生活的福地，
阿拉里哟！长白山幸福的天堂，
姑娘的乐园哟，可爱的姑
姑娘的乐园哟，
娘哎。可爱的姑娘哎。
D.S.
长白姑娘哎！

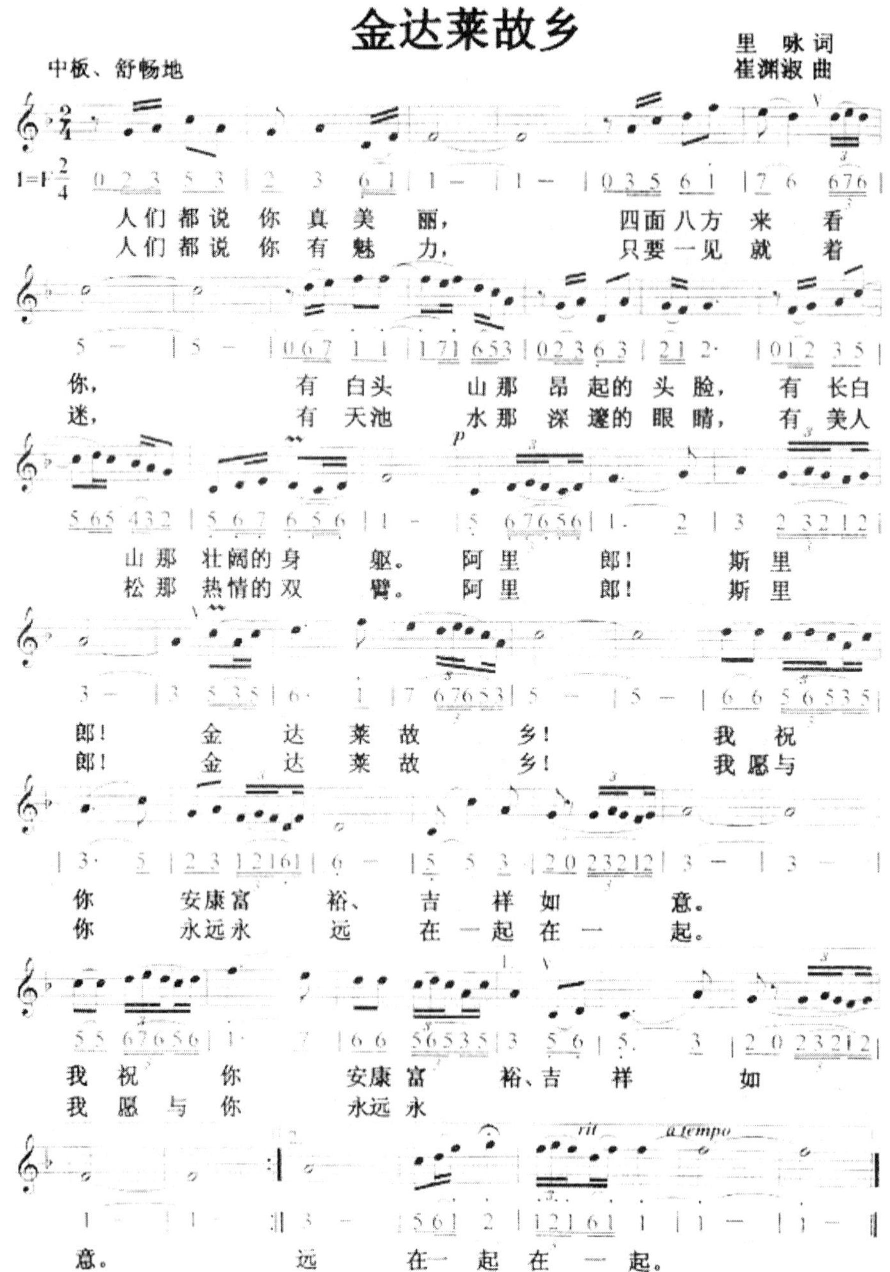
金达莱故乡
里 咏词
崔渊淑曲
中板、舒畅地
1=F 2/4
人们都说你真美丽，四面八方来看你，有白头山那昂起的头脸，有长白山那壮阔的身躯。阿里郎！斯里郎！金达莱故乡！我祝你安康富裕、吉祥如意。
人们都说你有魅力，只要一见就着迷，有天池水那深邃的眼睛，有美人松那热情的双臂。阿里郎！斯里郎！金达莱故乡！我愿与你永远永远在一起在一起。
我祝你安康富裕、吉祥如意。
我愿与你永远永远在一起在一起。
rit
a tempo

5) "연변 라디오 텔레비전의 가요 700수" 중에서 "아리랑"

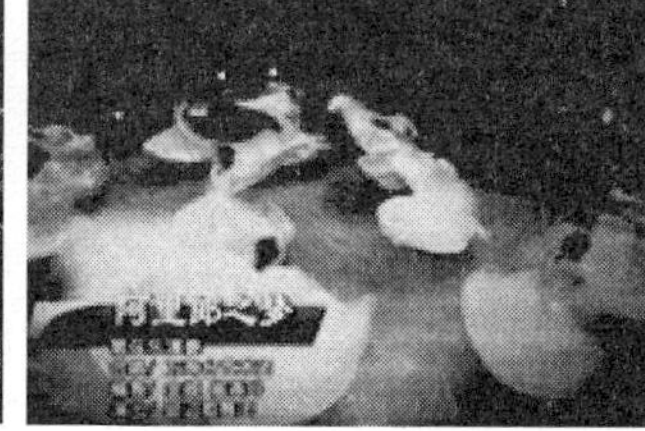

북한 평양 중앙방송, 중국 연변 텔레비존방송국 공동 생방송
" 두만강 아리랑" 프로그램

"아리랑 내 사랑 방송" 중심으로

연변텔레비전방송(延邊-放送)은 중화인민공화국 길림성 연길시에 있는 텔레비전방송국이다. 조선어, 중국어의 2개 언어로 방송되고 있다.

연변방송국은 1948년 11월 중국에서 최초로 우리말 라디오 방송 송출을 시작으로 1977년 12월 31일 연변텔레비전방송국을 개국하고 2006년 8월 10일 연변위성방송을 시작하는 등 1일 18시간. 조선어와 중국어 방송비중은 40% : 60%의 다양한 매체와 채널을 소유하고 있는 조선족 최대의 방송사다.

길림성의 "길림신문", 연변 조선족 자치주 내에는 주 방송국인 "연변 라디오 텔레비전" 방송국과 연길시의 "연길방송", 용정시의 "용정 방송국", 도문시의 "도문 방송국", 돈화시 "돈화 방송국", 훈춘시 "훈춘 방송국", 안도현의 "안도 방송국", 왕청현의 "왕청 방송국"과 "연변일보"등과 흑룡강성의 "흑룡강 조선족 라디오 방송국", "흑룡강 신문사"와 요녕성의 "요녕일보"등이 조선어 방송과 신문을 발행한다.

특히 연변 라디오 방송국에서 개국 이래 계속해서 국악인 민요 프로그램을 계속 해 왔으며, 문예부의 노래를 책으로 만든 "연변방송국 700수(곡)"이 있다.

이 책 속의 "아리랑" 관련 노래가 22곡이나 실려 있다. '아리랑'은 구전 민요보다 신아리랑 및 창작 아리랑이며, 조선족만이 아닌 한족 가수들과 함께 불렀으며, 설날, 추석 등 민속 행사와 명절, 국경일등에 빠짐없이 아리랑의 노래는 1~2곡정도 부르는 모습을 보곤 했다.

아리랑 내사랑 방송, 노래 책(연변 라지오텔레비전 방송국 방영)

1. 내 겨레 아리랑	김창회 작사, 리채렬 작곡
2. 두만강 아리랑	김승길 작사, 작곡
3. 백산 아리랑	리황훈 (전사-채보)
4. 새 연변 아리랑	김문회 작사, 김동하 작곡
5. 아리랑 녀인	리상각 작사, 최삼명 작곡
6. 아리랑 메아리	채관석 작사, 최룡운 작곡
7. 아리랑 무궁	윤태호 작사, 최삼명 작곡
8. 아리랑 사랑	리홍국 작사, 박서성 작곡
9. 아리랑 새 고개	박장길 작사, 문승호 작곡
10. 아리랑 세월	정호원 작사, 김창근 작곡
11. 아리랑 연변	백진숙 작사, 리혜수 작곡

12. 아리랑 우리노래 김영택 작사, 조 산 작곡
13. 아리랑 정가 김 파 작사, 윤금님, 라종산 작곡
14. 아리랑 주막 리성비 작사 최룡운 작곡
15. 아리랑 처녀 김학송 작사, 리규님 작곡
16. 아리랑 정 철(전사-채보)
17. 아리롱 이상각 수집(1960년대)
18. 아리스리 내사랑 강효삼 작사, 하룡배 작곡
19. 연변 아리랑 조일권 작사, 김 철 작곡
20. 열두 아리랑 정호원 작사, 오영란 작곡
21. 장백 아리랑 김태현 작사, 최룡운 작곡

내 겨레 아리랑

김창회 작사
리채렬 작곡
마복자 노래
아 리랑 아 리랑 아리랑아라리 요
아 리랑고 개로 넘 어간 다
어 머 니 손 잡 고 넘 던 고 개
노 다 지 찾 아 서 넘 던 고 개
백의넋 이 살 아 서 숨 쉬 는 고 개
웃 음 꽃 피 우 며 반 기 는 고 개
내 겨레 아 리랑아 라리 요
동트는고 개 로 동 트는 고 개 로 넘 어 간 다
넘 어 간 다

두만강아리랑

김승길 작사
김승길 작곡
박설화 노래
두 만 강 아리아리랑 두 만 강 아리 아리랑
푸른물이 출렁이는 력사의강 두 만 강
두만강은 천백리라 천선의강 두 만 강
몇 천 년을 흘렀어도 변함없는 두만 강
두 나 라의 인 민 들이 살아가는 두 만 강
아 리랑 아 리랑 아 라 리 요
아 리랑 아 리랑 아 라 리 요
두 만강 아 리랑 아 라리 요
두 만강 아 리랑 아 라리 요
목배타고 타향살이 그옛님이 다 가 서
참대떼목 화폭이라 뽀트 달려 신 나 네
얼씨구나 절씨구나 두 만강 아리 랑 아라리가났 네
1.
2.

백산아리랑

1=C 5/4

민 요
리창훈 전사

3 — 3 3 — | 6 5 3 6 1 — | 2 — 2 1 1 6 1 |
아 리 랑 아 리 랑 아 라 리

6 5 3 — 3 — | 6 5 3 6 1 — | 2 2 1 6 5 3 |
요 아 리 랑 어 절 씨 구

6 — 6 6 5 6 | 6 — — 6 — | 3 — 3 3 — |
영 화 보 다

2 · 1 3 3 · 2 | 1 2 2 2 1 1 6 1 | 6 5 3 — 3 — |

6 — 6 1 — | 2 2 1 6 5 3 | 6 6 6 6 5 3 6 |

6 — — 6 — ‖

장백산 련봉에 아침해 뜨고 해란강 푸른 물에 해산넘치네
옛날을 생각하니 눈물이 나고 오늘을 생각하니 웃음이 나네
모아산 높다고 뽐내지 말아 벼난가리 우쭐우쭐 태산을 넘네
위대한 공산당 모주석은요 우리들 행복에로 이끌이주네

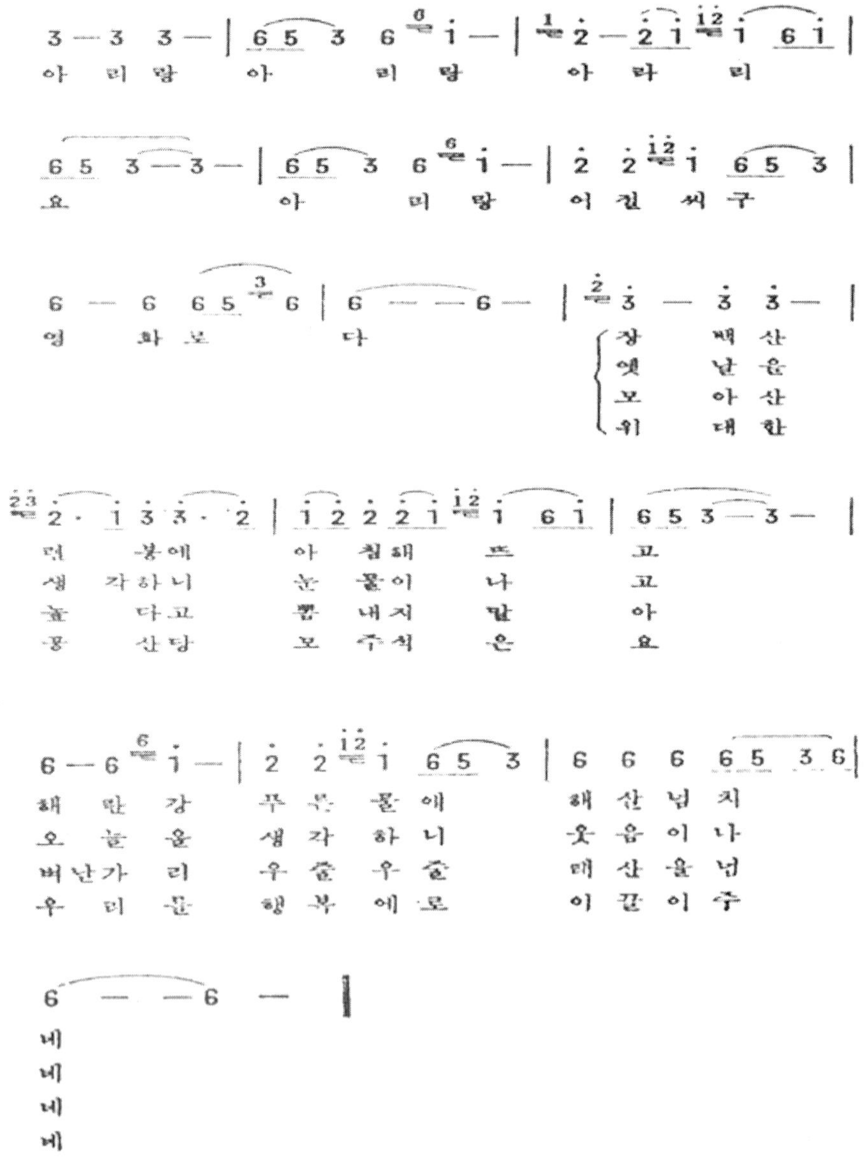

새 연변아리랑

김문회 작사
김동하 작곡
송경철 노래
온누리에 장백산은 웃음날리고
산과들에 소와양떼 넘치흐르고
고향벌에 두만강은 희망심누나
록색입쌀 차돌같아 밥맛좋구나
새천년의 황금태양 남먼저 맞아
수도무대 들썽하게 굴러놓고서
꽃피나는 연변땅에 새세상 온다
온세상의 손님들을 맞아들인다
(후렴)아하 아리랑아라리요
아하 아 아라 리요
천지 개벽 다가오는 새연변아 리랑
새연 변 아 리랑

아리랑녀인

(애달픈 아리랑)

리상각 작사
최삼명 작곡
2007. 9.
보통속도
(전주)
고요한 밤 어두운 골목길에 서 아리랑노래여 울져
흐릅니다 천년이 발등밝고 들어선집에 서
쫓겨난 본댁은 아리랑녀 인 아리랑 아리랑
아리랑녀 인
아리랑 노래를 불러주고는 한끼니씩 얻어먹 던
녀 인 이 그만엄동설 한 에

얼어 죽었습니 다 쓸 쓸 한 동 네 는 잠 들지못
고 아 낙네들 웃고름 을 적 십 니 다
고요한 밤 어 두 운 골 목 길 에 아 리랑
노 래 그냥흐릅니 다 아 리랑 노
그냥흐릅니 다 아 리랑 녀 인 노 래
아 리 랑 녀 인 노 래

아리랑 메아리

채관석 작사
최룡운 작곡
김혜옥 노래
민요풍으로 건드러지게
아 리 랑 아 리 랑 아 라 리 요
아 리 랑 고 개 로 넘 어 간 다
열 두 고 개 울 리 는 장 백 의 폭 포 수
굽 이 치 며 흐 르 는 두 만 강 이 울 소 리 는
할 아 버 지 부 르 신 아 리 랑 의 메 아 리
할 머 니 가 부 르 신 아 리 랑 의 메 아 리
백 의 넋 이 살 아 숨 쉬 는 정 겨 운 노 래
백 의 얼 을 굳 게 지 키 는 어 엿 한 노 래
우 리 민 족 희 비 애 얽 힌 우 리 의 멜 로 디
우 리 민 족 자 랑 얽 힌 영 원 한 멜 로 디
세 월 의 언 덕 넘 어 정 답 게 울 려 간 다
아 리 랑 아 리 랑 아 라 리 요

아리랑 무궁

윤태호 작사
최삼명 작곡
2002. 2.
시 조는 구슬 이 요 아리랑은백의의 넋
하 늘밖 에 가 서도 그구슬로엮는자 옥
아 리 랑 편장들 을 옥구슬로수놓으 니
그 노 래 만국땅에서 새 장을펴는구 나
울 리 는 가야금줄엔 그 가락만빛일 세
세 상 에 빛으로피는 아리랑은무궁하 리
설음에지친노 래 피와땀에절던노 래
설음에지친노 래 피와땀에절던노 래
(후렴) 아 아
오 늘 은 걸음걸 음 서사시를쌓노 라
아 아 아 아
아 아

아리랑 사랑

리흥국 작사
박서성 작곡
한선녀 노래

저 산언덕을 넘어 이 강반에 울렸
저 산언덕을 넘어 이 강반에 울렸
네 비바람의 친구여
네 산과 물의 정이여
너와 나의 사랑이여 해란강 반에
너와 나의 희열이여 장백림
메아리쳐 새봄을 맞이하네
몽등이여 행복을 엮어가네
아리랑 아라리요 아리랑 아라리요
영원한 사랑 노래 영원한 너와 나의 사랑
rit.
영원한 사랑 노래

아리랑 새 고개

박장길 작사
문승호 작곡
김지협 노래
눈이 온 다 친 구 야 거 리 에 나 오 라 팔 을
눈이 온 다 친 구 야 거 리 에 나 오 라 어 깨
벌 려 하 늘 을 껴 안 고 외 쳐 라 마 음
펴 고 당 당 히 활 개 쳐 보 아 라 마 음
의 어 두 움 이 하 얗 게 가 셔 지 고 구 름
의 괴 로 움 을 한 점 한점 파 묻 으 며 해 솟
낀 얼 굴 에 둥 근 해 가 떠 오 르 리 아.
는 얼 굴 로 이 세 상 을 헤 쳐 가 자
아 친 구 야 눈 빛 을 빛 내 라 마 음 잡
고 아 리 랑 새 고 개 넘 어 보 자
D.S
(결속구)
자 아 리 랑 새 고 개 넘 어 가 보 지

아리랑 세월

방송드라마 <아리랑> 주제곡

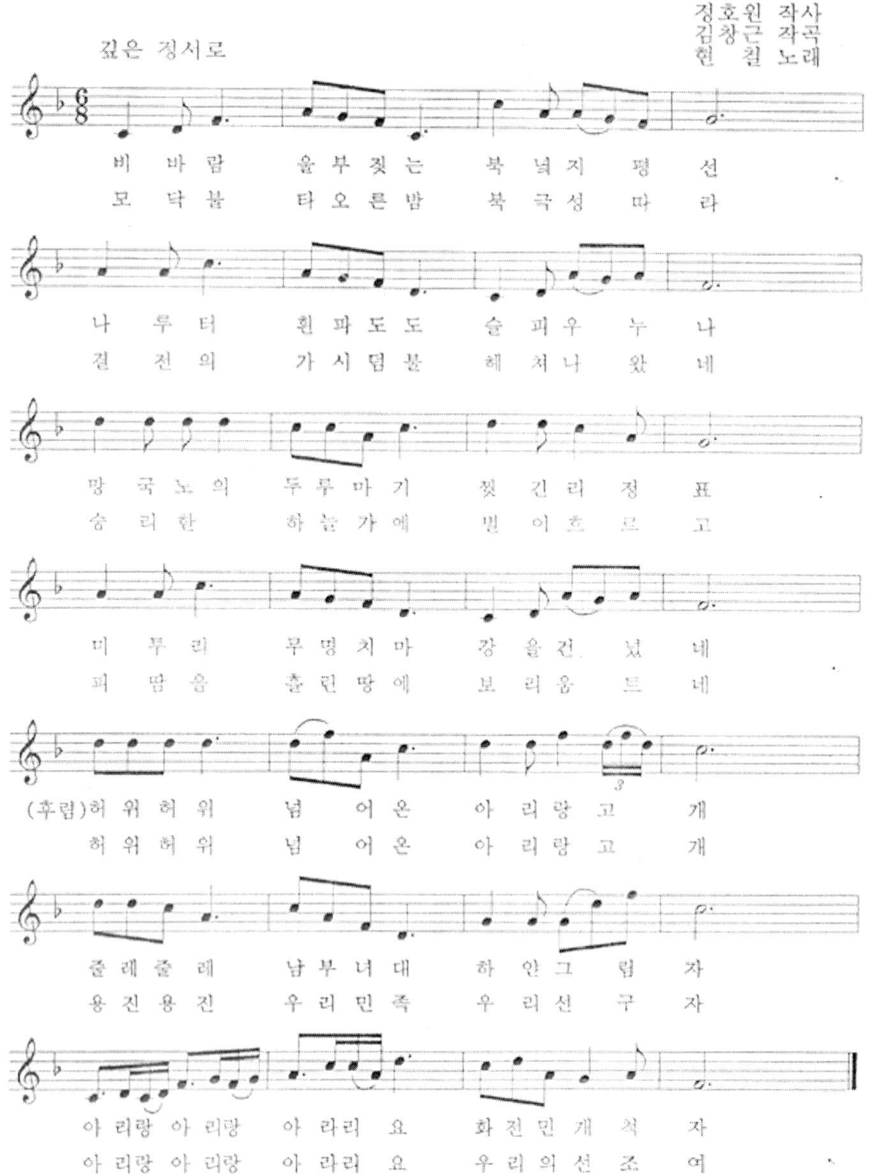
정호원 작사
김창근 작곡
현 철 노래
깊은 정서로
비 바 람 울 부 짖 는 북 녘 지 평 선
모 닥 불 타 오 른 밤 북 극 성 따 라
나 루 터 흰 파 도 도 슬 피 우 누 나
결 전 의 가 시 덤 불 헤 쳐 나 왔 네
망 국 노 의 두 루 마 기 찢 긴 리 정 표
승 리 한 하 늘 가 에 별 이 흐 르 고
미 루 리 무 명 치 마 강 을 건 넜 네
피 땀 을 흘 린 땅 에 보 리 움 트 네
(후렴)허 위 허 위 넘 어 온 아 리 랑 고 개
허 위 허 위 넘 어 온 아 리 랑 고 개
줄 레 줄 레 남 부 녀 대 하 안 그 립 자
용 진 용 진 우 리 민 족 우 리 선 구 자
아 리랑 아 리랑 아 라리 요 화 전 민 개 척 자
아 리랑 아 리랑 아 라리 요 우 리 의 선 조 여

아리랑 우리노래

김영덕 작사
초 산 작곡
리철혁 노래
세 월 과 더 부 러 부 르 고 부 르 는
세 월 과 더 부 러 강 산 이 변 하 여 도
아 리랑 우 리 노 래 불 러 도 끝 없 이 라
아 리랑 우 리 노 래 오 늘 도 변 함 없 네
아 리랑 그 가 락 에 장 상 모 춤 을 추 고
아 리랑 그 장 단 에 우 리 기 쁨 노 래 하 고
아 리 랑 장 단 맞 춰 우 리 행 복 노 래 하
아 리 랑 가 락 맞 춰 우 리 소 망 불 러 가
네 (후렴) 아 리 랑 우 리 노
네
래 아 리 랑 고 개 를 넘 고 넘
이 지 구 촌 곳 곳 에 서 너 도 나
도 부 르 고 부 른 네

아리랑 연변

백진숙 작사
리하수 작곡
박소연 노래
두 만 강건 너 이 땅 에
아 리 랑부 르 면 진 달 래 꽃
첫 괭 이 박 을 때
붉 게 붉 게 피 어 나 고
할 아 버지 는 아 리 랑 의
아 리 랑부 르 면 황 금 파 도
하 얀 꿈 심 으 시 고
넘 실 넘 실 춤 추 는 곳
자 치기 발 이 땅 우 에
헝 게 던 족 손 에 손 잡 고
높 이높 이 휘 날리 던 날
행 복하 게 살 아가 는
아 버지 는 아 리 랑가 락 에
아 름다 운 아 리 랑고 향
덩 실 덩 실 춤 추 셨 네
우 리 의 연 변 이 라 네

아 리랑 아 리랑 아 라 리 요
아 리랑 아 리랑 아 라 리 요
내 고 향
연 변 과함 께 걸 어 온 아 리
랑 백 의 겨 레 의
영 원한 멜 로디 여 아 리랑 연 변 이
rit
어 아 리랑 연 변 이
a
여

아리랑 정가

김 파 작사
윤금남, 리생산 작곡.
바신계으로
2. 아리아리랑 스리스리랑 아라리가났네 가을에는사랑좋지
3. 아리아리랑 스리스리랑 아라리가났네 산국화 피어나니
아라리가 났네 서푸리 눈날 물으라 아리아리아리랑
아라리가 났네 청초꽃 시절 됐다고 아리아리아리랑
아라리가 났네 풍년새 가날 아울이 아리아리아리랑
사랑도싫으라고 아리아리아리랑 음흥
사랑도가을하라 아리아리아리랑 음흥
대답을하 래 요 음 흥
그렇구말 구 요 음 흥

아리랑 주막

리성비 작사
최룡운 작곡
박소연 노래
건드러지게
한잔 술 에 별 이솟 는 아리랑고 개
새장 구 아 울 려 라 아리랑고 개
두잔 술 에 달 이뜨는 아리랑주 막
가야 금 아 울 려라 아리랑주 막
별이솟고달이 뜨 는 물레방아돌아 가 고
이 밤이다 가 고 새 날이밝 으 면
고 향 찾는 길 손 들 향수에젖는다 오
우 리 성산 장 백 산 가는길인런다 오
아리아리랑고개 아리아리랑주막 이주막 미물 면
아리아리랑고개 아리아리랑주막 이즈막 나시 면
그 리 운 어머님 이 어머니보인다 오
천 하 절 승 장백산 이 장백산보인다 오
coda
장백산보 인 다 오

아리랑처녀

김학송 작사
리규남 작곡
나 는 야 아리랑 처녀 피 어나는 진 달래
나 는 야 아리랑 처녀 아 롬다운 백도라지
연 분홍 치마자락 날 리면서 웃음짓네
앞 산에 뒤동산에 뿌 리박 고 살아가네
장 백 산 천 지 물에 산 짝 찬 미 역 감 고
두 강 에 고 운 마음 산 짝 찬 꽃 이 놓 고
구 름 밖 에 하 늘 밖 에 푸 른 꿈 을 펼 치 가 네
하 얀 배 꽃 하 얀 마 음 노 래 하 며 춤 을 주 네
아 리랑아 리랑 아 라 리 요 아리랑 열두고개 넘 어 간 다
아 리랑아 리랑 아 라 리 요 아 리랑 열 두고개 넘 어간 다
(결속구)
rit
아 리랑 열두고개 넘 어 간 다

아 리 랑

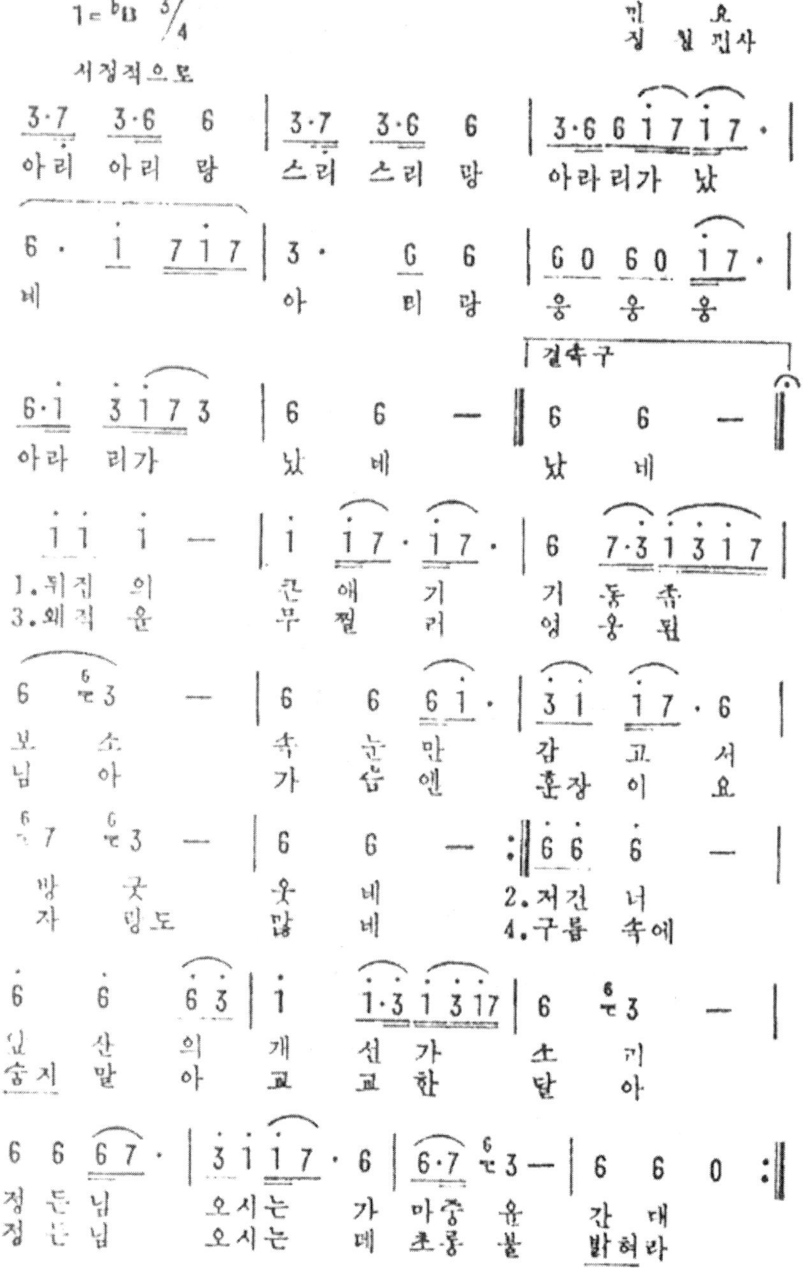

1=♭B 3/4

민 요
정 일 편사

서정적으로

3·7 3·6 6 | 3·7 3·6 6 | 3·6 6 1̇ 7 1̇ 7· |
아리 아리 랑 스리 스리 랑 아라리가 났

6· 1̇ 7 1̇ 7 | 3· 6 6 | 6 0 6 0 1̇ 7· |
네 아 리 랑 웅 웅 웅

결속구

6·1̇ 3 1̇ 7 3 | 6 6 — ‖ 6 6 — ‖
아라 리가 났 네 났 네

1̇ 1̇ 1̇ — | 1̇ 1̇ 7 · 1̇ 7 · | 6 7·3 1̇ 3 1̇ 7 |
1.뒤집 의 큰 애 기 기 동 속
3.쇄직 을 무 젤 러 영 웅 된

6 3 — | 6 6 6 1̇ · | 3 1̇ 1̇ 7 · 6 |
보 소 속 눈 만 감 고 서
님 아 가 슴 엔 훈장 이 요

7 3 — | 6 6 — :‖ 6 6 6 — |
방 긋 웃 네 2.저건 너
자 랑도 많 네 4.구름 속에

6 6 6 3 | 1̇ 1̇·3 1̇ 3 1̇ 7 | 6 3 — |
앞 산 의 개 선 가 소 리
숨지 말 아 교 교 한 달 아

6 6 6 7 · | 3 1̇ 1̇ 7 · 6 | 6·7 3 — | 6 6 0 :‖
정 든 님 오시는 가 마중 을 간 대
정 든 님 오시는 데 초롱 불 밝혀라

아 리 롱

아리롱 아리롱 아라리요
아리롱 고개로 넘어간다
뻐꾹새 울며는 풍년이 오고
까치가 울며는 님이 온다.

아리롱 아리롱 아라리요
아리롱 고개로 넘어간다
해발름 벌발름 교장바지
달서 고개로 넘나든다.

아리롱 아리롱 아라리요
아리롱 고개로 넘어간다
오며 가며 빛만 뵈고
요내 간장을 다 녹이네.

아리스리 내사랑

1=♭E 6/8

강효삼 작사
허동배 작곡

건들건들하게

5 6 6 6 | 5 6·5 3 3 | 1 2 2 3 |
이 동 네 저 동 네 좋 은 총 각
맏 아 들 혼 사 를 어 렵 다
약 혼 날 신 끝 은 애 당 초
폐 장 감 많 아 야 잘 사 는

1 2·1 6 6 | 5 6 6 6 | 5 6·5 3 3 |
많 아 도 웃 마 을 그 총 각 이
마 오 시 부 모 모 시 겠 다
묻 라 도 변 함 없 은 그 마 음 을
가 요 마 음 이 맞 아 야

1 2 2 3 | 2·1 6 1 1 | 2 2 2 1 6 2 2 2 1 6 |
나 는 좋 아 요 아리아리랑 스리스리랑
자 청 을 했 다 오
너 는 나 는 안 다 오
금 슬 이 라 오

2 3 3 5 1 6 2 · | 3 3 3 3 3 5 6 6 6 5 3 | 5 6 6 1 6 5 6 · |
아라리가났네 아리아리아리스리스리랑 아라리가났네

5 1 1 1 5 2 1 · | 1 — — | 2 3 2 1 6 5 1 61 6 · | 6 — — |
아리아리 랑 어절 씨 구

5 6 6 6 1 | 5 6·5 3 3 | 1 2 2 3 | 2·1 6 1 1 ‖
내 사 랑 이 로다 내 사 랑 이 로다

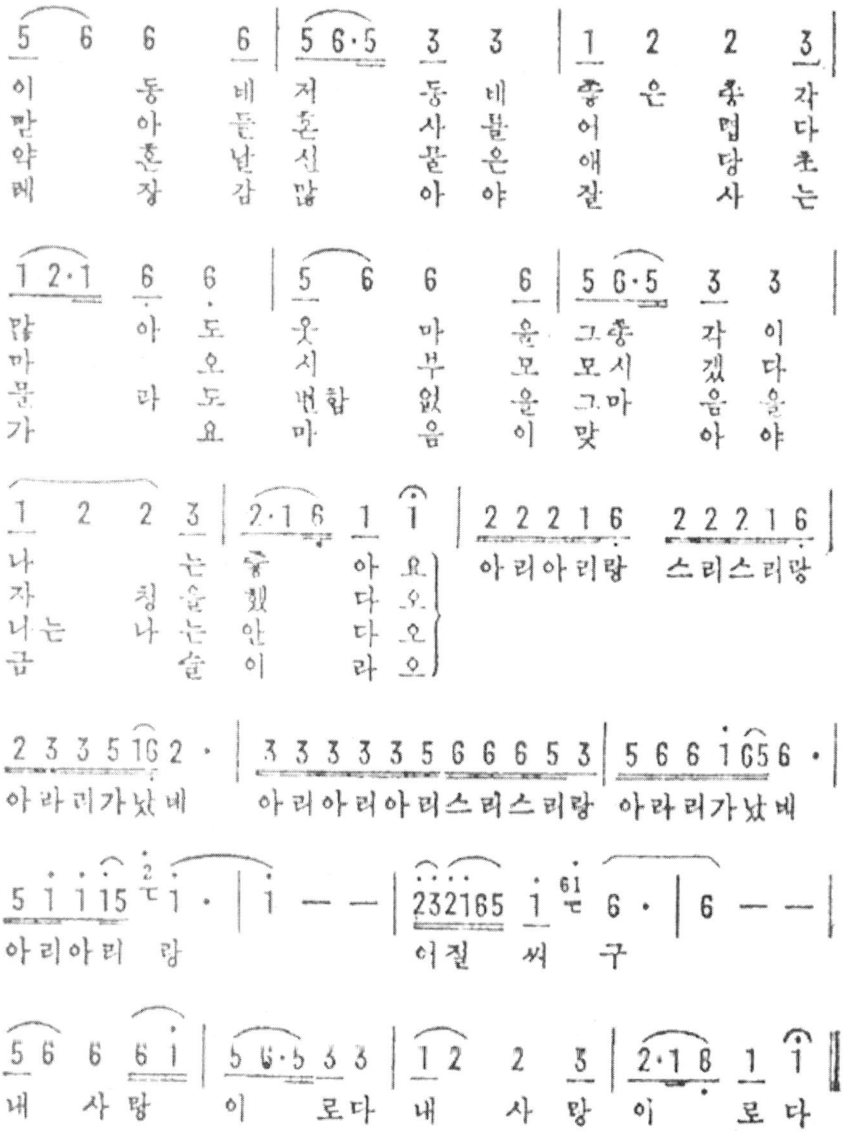

연변아리랑

조일권 작사
김 철 작곡

6=f 12/8
멋이로다우리산천 아리랑스리랑아라리요 노래하자우리고향
춤을춘다우리산천 아리랑스리랑아라리요 자랑하자우리고향
아리랑스리랑좋구 요 봄이오면 진 달래
아리랑스리랑좋구 요 가을이면 사 과배
아리랑스리랑활짝핀다 여름 이면푸르른 벼파도 넘실넘실
아리랑스리랑주렁진다 겨울 이면새하얀 눈꽃에 눈부신다
에 헤 요 데 헤 요
에 헤 요 데 헤 요
에헤요 데헤요아름다운우리연변 살 기 좋 아
에헤요 데헤요아름다운우리연변
라 살 기 좋 아 라

열두아리랑

정호원 작사
오영란 작곡
장홍련 노래
♪ = 55 굿거리장단
둥 기 당 당 울 리는 열 두 줄 가 야 금
울 긋 불 긋 록 수청 산 열 두 쪽 병 풍
청 청 동 인 아 가 씨 열 두 폭 꽃 치마 라
신 랑 신 부 들 리 리 열 두 하 님 이 라
아 리 아 리 스 리 스 리 열 두 고 개 에
열 두 새 로 곱 게 짠 무 명 치 고 리
흰 옷 의 숨 결 이 열두나 메 아 리
민 속 촌 농 악 무 열두나 거 리 라
후렴 : 에루화 어절시 구 열 두 아 리 랑
열 두 모 장 상 모 열두달 가 락

장백아리랑

김태현 작사
최룡운 작곡
렴수원 노래
자유롭게
아리 랑 아라리요 장 백 아라리 아라리 요
천 년 설 이고지고 노 래 엮 은 백의민족 아 리 랑
상 상 봉 정기타고 꿈 을 키 운 백의민족 아 리 랑
전설속에 이 민 력 사 그려왔네 원한서린 눈물이요
선률속에 이 강 산 을 빛내왔네 천 년꿈 품었느냐
장백폭포 쏟아가며 이 강산 고이지켜 겨레넋 을
흰눈길을 어루쓸며 이 강산 고이지켜 겨레넋 을
심어가네 아 리랑 아 리랑 장백아 라리 아라리 요
꽃피우네 아 리랑 아 리랑 장백아 라리 아라리 요
천 만 년 울 려 가리 장 백 아 라 리 요
천 만 년 울 려 가리 장 백 아 라 리 요
D.S. 아 리 랑

중국 조선족 아리랑 가사와 악보 찾기

중국지역 해방 이전 아리랑

중국지역 해방 이후 아리랑

중국에서 채보 된 전통민요 "아리랑" 악보

중국 동북지방 해방 전•후의 아리랑

중국 동북에서 태어난 창작 아리랑

연변 조선족 자치주 기념 "아리랑" 관련 노래...

新 延边歌曲 (신 연변노래 중, 아리랑 관련 노래)

"연변 라디오 텔레비전의 가요 700수" 중에서 "아리랑"

*** 아리랑 내 사랑 방송, 노래 책**